Manifesto of Freedom
and Independence avoiding 3C's,
Closed spaces, Crowded places,
Close-contact
in the Centralized World

「3密」から「3疎」への社会戦略

ネットワーク分析で迫るリモートシフト

金光 淳
KANAMITSU JUN

明石書店

はじめに

2020年初頭から全世界を襲い始めた新型コロナウイルス感染症（COVID-19）の急速な拡大は私たちの生活を一変させ、経済社会において新たな生活様式を普及させつつある。同時に、この厄介な伝染病は通常の年であれば易々と流行語大賞を獲ったかもしれない数々の新語・流行語を誕生させている。最初は「クラスター」「不要不急の外出」「ロックダウン」などが言説空間を賑わせた。やがて緊急事態宣言に応じて職場や学校、店舗が休止状態に追い込まれる中、「オンライン授業」「オンライン会議」「オンライン飲み会」「オンライン婚活」「オンライン副業」や「リモートワーク」「リモート出演」「リモート観戦」「リモートドラマ」といった遠隔的活動に関する言葉が充満し始めた。「オンライン演劇」「オンラインライブ」などの新たなアートや芸能活動の試みも始まっている。

折しも筆者が勤務する大学でも新たにTeams《チームズ》を導入し、5月11日からリモートによる授業が開始された。去年からずっと行くのを楽しみにしていたパリでのソーシャル・ネットワーク分析の国際会議（「サンベルト会議」と呼ばれる）もヴァーチャルなオンライン形態の学会に変更された。発表を予定していた地元京都での観光学術学会も中止になった。そして現在は再開しているものの、筆者が大好きな現代アートを観賞できる美術館やギャラリーも一時は休館の憂き目を見て、京都・岡

図　新型コロナウイルスの感染拡大防止に向けたポスター

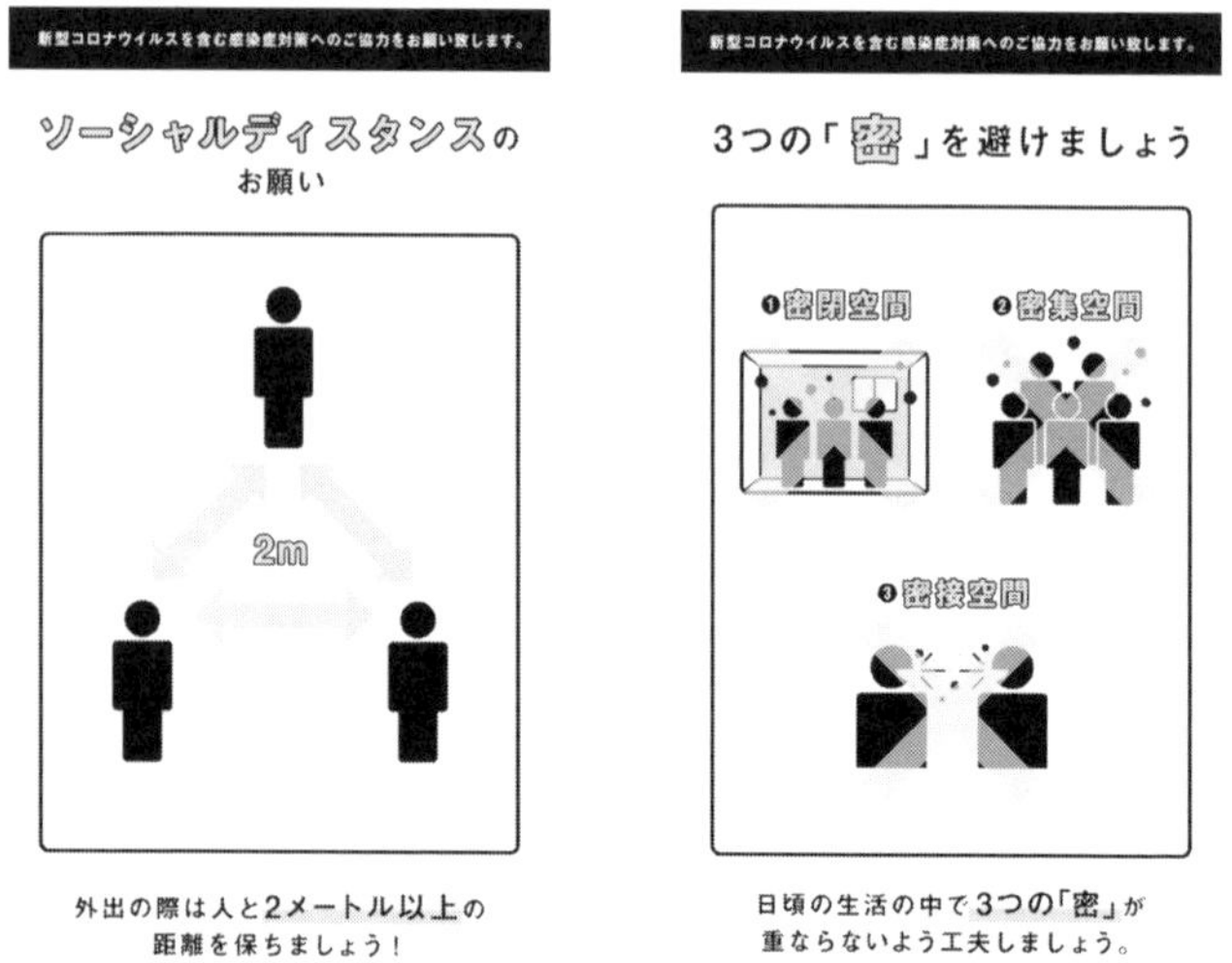
新型コロナウイルスを含む感染症対策へのご協力をお願い致します。
ソーシャルディスタンスのお願い
2m
外出の際は人と2メートル以上の距離を保ちましょう！
新型コロナウイルスを含む感染症対策へのご協力をお願い致します。
3つの「密」を避けましょう
❶密閉空間
❷密集空間
❸密接空間
日頃の生活の中で3つの「密」が重ならないよう工夫しましょう。

出所：パルコデジタルマーケティングのウェブサイト内で無償ダウンロード可能。

崎、東京・六本木での現代アート探索の散歩や遠出もできなくなった。

ポスト・コロナ社会の言説空間の中で最も響いた言葉は、「**3密（密閉、密集、密接）**」と「**社会的距離化＝ソーシャル・ディスタンシング**（国際的には「ソーシャルディスタンス」とは言わない）」である（図を参照）。これは筆者がソーシャル・ネットワークやソーシャル・キャピタルの研究者であることによる。この言葉は、文字通りスーパーの買い物で2メートル離れて列に並ぶとか、対面の話し合いを避けて、離れて座るという物理的な距離をとるという意味で使われていることはもはや誰でも知っているが、筆者がこの本で提案するのは、**各個人が社会集団、組織からある程度全面的な「社会的距離」をとることを良しとする社会関係構**

造の再編成である。

以下の章において提唱されるのは、旧来しばしば唱えられてきた「持続可能な循環型社会」でも単純な「分権的な地域社会」でもない、ソーシャル・ネットワークによる「**中心のない社会的空間モデル**」である。つまり個人が「ネットワークの中心」に依存、埋没せず、個人が遠隔に位置しても組織、企業と「一腕置いた（arm's-length）距離感」「ゆるやかな社会的距離」「疎《そ》な関係」をとる社会モデルである。

この社会的距離戦略の構想のためには、幅広い知識と批判的思考、分析力、エビデンスが必要となる。そのために、この本では筆者がこれまでに行なった創造都市の社会地理学的研究（金光 2017a; 2020）と在宅労働に関する労働社会学的研究（金光 2017b）、アート・フェスティバルに関する研究（金光 2018a; 2019）、他の経営学的研究（金光 2010）で得た知見、エビデンスが利用される。また筆者が長年培ってきた**社会ネットワークモデル、理論による補強**が試みられる（金光 2003; 2011; 2014）。ここでは**社会学、経営学、ネットワーク科学、経済地理学といった学際的なアプローチを採用**している。

この本では少しだけ難しい数学用語や統計用語も出てくるが、それらには簡潔な解説を加えており、一般読者にも理解できる内容となっている。コロナ危機の最中にある経済社会システムに不安を抱えている多くのビジネスパーソン、労働者、行政の立案者、生き方を模索している若い読者、とりわけ将来のキャリア形成に迷っている女性や志のある社会的起業家、就活を控えている大学生に手にして頂き、コロナ禍で不確実な将来の羅針盤にしてもらいたい。

目次

序章

コロナ禍でわれわれの生活はどうなったか

1 現代資本主義社会とコロナ感染

世界中で新型コロナウイルス感染症（COVID-19）、俗にいう「コロナ」という妖怪が猛威をふるっている。２０２０年8月には政府による緊急事態宣言の解除後の活動開始やＧｏＴｏトラベルキャンペーンなどが裏目に出たのか、大都市でコロナ感染の第2波が襲い、現在は沖縄や鳥取などの地方を含めて全国各地に拡大している。筆者の住む京都では祇園祭《ぎおんまつり》も今年は大々的な巡行を中止し、五山の送り火も松明《たいまつ》を数個しか灯さない静かなお盆を迎えた（いたずらで大文字にライトが点火される珍事も起こったが……）。

地域再生の施策立案のために総務省が中心となって開発した地域経済システム**RESAS**では、新型コロナの日本経済への影響を捉えるために**V-RESAS**というサイトを構築しているが、9月10日の画面では**図序-1**のような全国的な状況が掲載されている。前年同月比ではＰＯＳ（Point of Salesの略で「販売時点情報管理」のこと）での売上高以外は甚だしい落ち込みである。

社会学者の間では、われわれの生きている現代の複雑化した世界は、**ソーシャル・ネットワーク形態をとる流動性が高まった「流動的社会」**であると言われている（Bauman 2000=2001）。このすべては移動性、流動性の相のもとに観察しないと何も見えない時代になってきているという考え（Urry 2002=2014; 2007=2015）はすでに定着しているが（「移動論的転回」と呼ばれる）、筆者は社会学者ではある

図序 -1　新型コロナの日本経済への影響

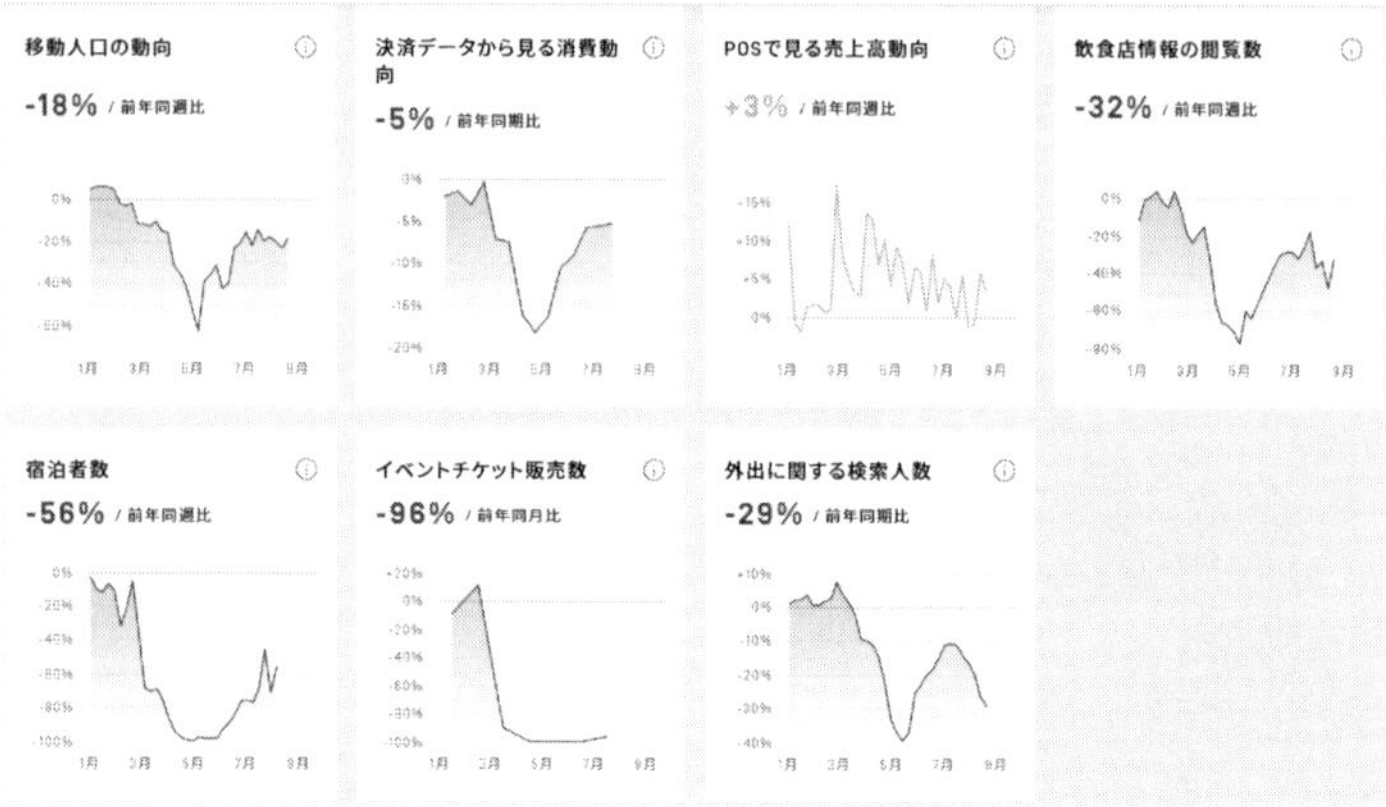

出所：V-RESAS ウェブサイト（2020 年 9 月 10 日時点）。

ものの、ソーシャル・ネットワーク分析者の常として経営や経済に関する論文を多く書いている。つい最近も日本を代表する雑誌の特集号「資本主義の未来」で「無形資産産出を担う創造階級の空間的編成とその効果」に関する論文を書いた（金光 2020）。

実は今、経済学者の間ではハスケルとウェストレイクによる『無形資産が経済を支配する』（Haskel and Westlake 2018=2020）や非物質化した資本主義論（諸富 2015; 2020）など、非物質化し、無形資産の生産が主となった資本主義の変質に対する関心が高まっている。新自由主義的資本主義はグローバル化したネットワークでつながりすぎた世界をつくり出しただけではなく、GAFA《ガーファ》（Google, Apple, Facebook, Amazon の 4 社）に代表されるＩＴ技術、サービスなどの無形資産、非物質的生産を特徴とする新しい段階にある。コロナ禍でもリモートシフトで高利益を出しているＧＡＦＡは、アメリカの批判的ジャーナリストであるナオミ・クラインに言わせれば「**ショック・ドクトリン＝惨事便乗型資本主義**」そのものである（Klein 2010=2011）。空前の利益をあげるＧＡＦＡの４人のＣＥＯたちは７月にアメリカの公聴会に呼ばれ、吊るし上げられる形となった。

無形資産経済化した資本主義とは、機械類に代表される物理的資本への投資より、機械類を高度に作動させ、製品を生み出すための研究開発投資の方が高いという逆転的な現象に典型的に表徴される**「非物質的な転回」を特徴とする資本主義**である（諸富 2015; 2020）。急速なＡＩ（人工知能）化がこれを加速していることは間違いない。われわれはネットワーク経済化が甚だしく進んだ世界に生きており、デジタルシフト、リモートシフトした人はこのことは痛いほど実感したはずである。デジタル技術による業務やビジネスの変革（デジタル・トランスフォーメーション）を指すＤＸなる言葉も流行り出した。

この**無形資産資本主義では物的生産における熟練／非熟練労働者よりも、研究開発、プログラミング、デザインやブランディング、マーケティングによって価値を生み出すスキルを持ったクリエイティブ層が求められる**ため、このような**スキルを持った一部の人的資本に恵まれた層と、そうでない層の所得の二極分化が進む階級社会が生まれる**と言われている。現在では**リモートワークができる層とできない層との分断**も広がっているとされる。

現在の資本主義では空間は創造的な知識を生み出す場として投資対象となっており、都市空間も二極分化（富裕層地区と非富裕層地区）が進んでいる（橋本・浅川 2020）。そのように分裂した都市空間で今回のコロナ禍が拡大しているのである。コロナウイルスはまさにこのような亀裂の入った社会空間に巧みにつけ込んだ。実はここ数年、ヨーロッパでは発展途上国の貧困から逃れて先進国に流入する移民のネットワークが問題となっていたことを思い出してほしい。これは人の移動のネットワークを形成し、コロナ感染拡大経路となっていたと思われる。**コロナは、いわば新自由主義的資本主義という妖怪が生み出した「流動的な世界」で生まれた「超妖怪」**と言って良いだろう。しかも、つながりすぎたこの世界で、人々のネットワークを通じて感染するため、**ソーシャル・ネットワークを巧みに利用して増殖する点は「資本」と同じ**であると言ってよかろう（金光 2018b）。

この本は、もともとポスト・コロナ時代の働き方と社会についてソーシャル・ネットワーク論的に考察する本として執筆を依頼された。しかし書き進めるうちに、ソーシャル・ネットワークの専門家としては、ソーシャル・ネットワークを巧みに利用して感染するコロナそのものも対象にせざるをえないと痛感するようになった。というのも筆者は、今回のコロナ禍でクラスター感染を出しマスコミで大きく報道された大学で教える教員だからである（なんという宿命であろうか！）。

コロナはいまだ正体不明の妖怪である。われわれはこの得体の知れない妖怪にどのように立ち向かい、これと共存していく社会をどのようにして主体的に生きていけば良いのだろうか。この問いに答えるには相当幅広い学問的視野が必要になるが、幸い筆者は信じられないほどのさまざまな分野の研究をしているので大丈夫である。

まず、現在起こっている社会生活上のシフトについて確認しておこう。

2　リモートシフトした働き方と学び方

この本を手にした社会人の方は、現在ほとんどテレワーク（在宅勤務）で働いているという方も多いだろう。自宅ばかりではなく、マックやスタバ、コワーキングスペース、あるいは空室の急増でサービスを始めたホテルや旅館といった「サード・プレイス」で働いている方もいるだろう。少数かもしれないが、地方にサブ拠点を見つけ、あるいは自分の田舎に戻ってリモートで働いているという方もいるだろう。

厚生労働省とLINE《ライン》が合同で行なった、コロナに関する全国調査の結果を表す図序-2は、テレワーク実施率が都道府県で異なっていることを示している。オフィス中心の仕事をしている人だけの結果であるものの、全国平均で26・8%の人がテレワークを行なっており、ピークの4月12〜13日の調査では東京都で50%を超え、神奈川、千葉、埼玉の各県でも30%を超えた。また大阪で26・3%、福岡で20・2%であった。この数字は、政府目標の70%には程遠いものであるが、在宅率は4%程度と言われたコロナ以前のテレワーク率をはるかに上回るオフィスワーカーが「リモート状態」にいたことは確かである。

読者には現在でも在宅勤務という方も多いであろう。一般的なパターンとして、中〜大規模の企業や中央・地方政府などに勤め、分散通勤で週のうち3日だけ出勤という方々かもしれない。ど

図序-2　オフィスワーカーのテレワーク実施率

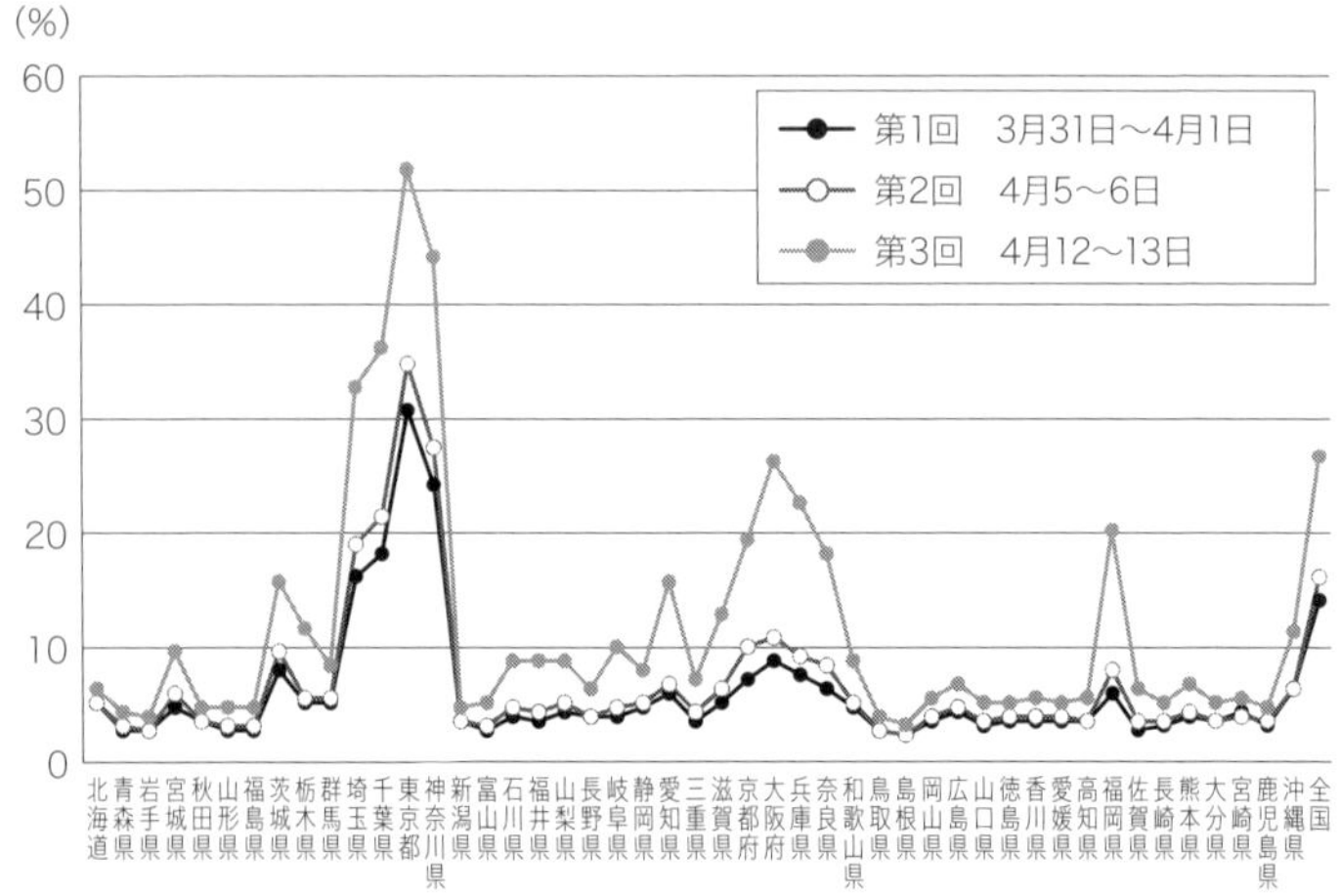

出所：厚生労働省・LINE 合同調査（2020 年）。

ういう形態にしろ、すでに数年前からテレワークを実施していたＩＴ企業以外の方々の多くは、このコロナ禍で初めてテレワークを体験し始めたはずだ。最初は戸惑ったものの、今ではZoom《ズーム》やTeamsでの会議や情報機器を使ってのリモートな働き方にすっかり慣れたはずである。

もしあなたが就活生＝大学4年生だとしたら、最初は戸惑ったZoom面接をすでに何社も受けたはずであるし、最後までオンライン面接で内定を得たという経験をした方も少なくないだろう。もしあなたが3年生以下の学生なら、馴染みのないTeamsなどで5月頃から始まったオンライン授業にも慣れてきたはずである。ただ、残念なことに1年生はいまだに他の学生と面と向かって話したことがないという方もいるだろう。筆者の大学では秋からの学期も大人数講義はすべてオンラインである。

このようにリモートで働いたり学んだりすることは、おそらく今回のコロナ禍がなかったら急速に普及しなかったことは明らかだが、みなさんは以前の働き方、学び方と比べてどちらが自分にとってメリットがあると感じているだろうか？　「以前より働きやすい、学びやすい」と感じている方は少なくないだろうし、「以前の方が良いが、仕方ない、でも意外に悪くない」「会社には言えないが、本音としてはもう元には戻れない」と感じている方も少なくないだろう。企業の経営側もこのことは十分に感じ取っているはずだ。

筆者は大学で春学期には「産業社会学」「経営社会学」「データ分析」「ソーシャル・ネットワーク論」「リーダーシップ論」とゼミを教えたが、多くの大学教員は出勤日が週3日ほどと他の「労働者」より少なく、やりたい研究をやるために大学に籍を置く「自由人」である。気軽な服装で昼間から市中の書店や古書店を歩き、カフェで読書をしながら論文を書いている。しかし反骨精神旺盛な京都の大学人らしくメーデーには赤旗のもとにデモに参加し、京都市役所前で解散する。まるでパリのような写真が筆者のInstagram《インスタグラム》（@junkanamitsu）にも載っているので観賞してみてほしい。

実は筆者はもともとほとんど研究室で仕事をしない。オンライン授業になって滅多に研究室に行かなくなった。研究室は社会学、経営学、科学史、科学哲学、数学、経営学、情報工学という多分野の1万冊弱の本が収められた私設図書館、本置き場にすぎない。すでにパソコンもプリンターも自宅に移している。筆者は30年以上のマック歴があり、8キログラムを超すMac Portableでさえ銀座で持ち歩いていたようなベテランモバイル族である。現在もMacBook ProとiPad Proを持ち

写序-1　賀茂川河原でリモートワーク

出所：筆者撮影。

歩き、数学、統計計算さえもモバイルで行なう。しかし、先にも紹介した大学でのコロナ・クラスター発生で週5回、洛中の自宅マンションからオンライン授業を行なうようになった。教授会も京都府立植物園に近い賀茂川《かもがわ》河原のベンチで参加したことさえある（写序ー1）。経営社会学の授業では、企業ブランドの話をしながら、「今ここはApple Store Kyotoから70メートルの場所で、有名なフランス高級ブランドの京都店裏である」というような話をして場を和ませる。

　このような自由人である筆者は当然、現在の方がもっと自由で働きやすくなったと感じるし、研究時間も大幅に増えたというのが実感である。また授業もゼミを除いてはオンライン（リモート）の方が以前よりはるかにやりやすいと感じている。そうすると学生の方はメリットを感じているのだろうかと不安になるが、自身の授業アンケート調査によると、学生もほぼ同意見である。各種の調査でも評判は良いようだ。

　学生にとっては機材と通信環境を揃えることへのハードルの高さはあるものの、オンライン授業のメリットは数あまたあるはずだ。まず場所を選ばず、また録画によって授業を何度でも繰り返し観ることができる。これは実験のある理系科目ではなかなか難しいところもあるが、文系科目においては概ねオンライン授業で十分な成果を得られているのではないだろうか。１００人以上の大人数講義での教員と学生との距離感は逆に近くなったような気がする。

反面、オンライン授業はゼミには向かない。新ゼミ生とは長い間会えなかったし、研究に欠かせないフィールドワークができないのは決定的に痛い。最近の研究テーマとしているアート・フェスティバルの調査合宿もできなくなった。それにもかかわらず、コロナ禍が沈静化しオン・キャンパス授業が復活できる条件が整ったとしても、このようなオンライン形式の授業を15回のうち数回入れることは学生と教員の双方にとってメリットがあると感じている。というのも、この授業形態は教員・学生双方の通勤、通学の負担を大幅に軽減し、教員は研究の、学生は学習の時間を確保できるからである。またオンライン主体の授業は「反転授業」（従来の授業とは１８０度異なり、自宅学習で知識を習得し、授業では解説や発展問題を扱う形式）も挿入可能で、以前より手厚い授業ができる。チャットで学生と直に即座にやりとりができるのも大きなメリットである。このようなことは以前も可能ではあったが、ソフトウェアも面倒なものであったし、学生もパソコンやタブレットはほとんど大学に持参していなかった。また「画面の共有」で外国に帰っているゼミ学生の回答も即座に見える。さらにオンラインの授業システムはアプリとの連動がスムースで、教材の作成、管理がしやすいため学習上のきめ細やかな対応ができるという面でも双方にとってメリットは高いというのが筆者の意見であるが、どうであろうか？（文科行政の方々にもこのような現場大学教員の声を真摯に受け止めて頂ければ大変ありがたい）

さて学生には申し訳ないが、ここからは働く人々に焦点を当てて話を続けてみたい。ただ、これからこの本でする話は、やがて「労働者」となるべきほとんどの学生にとってきっと将来の参考になるはずなので、以下の章でも読み続けて頂きたい。

今回のコロナ禍で「リモート状態、あるいはモバイル状態での働き方」が注目されるようになったことは、同時に単にテレワーク論やモバイル（ノマド）ワーク論にとどまらず、働くことの意味と人生の意味を深く議論する絶好の機会を与えている。巷にこの本が出る頃には「テレワークのハウツー本」や「新しい時代の働き方」「ニューノーマルの企業経営」といった類のビジネスパーソン向けの書籍が数多く出回っているはずである。また「ウィズ・コロナ時代の〜」などという専門的な本も出ているだろう。筆者のオススメはシカゴ大学の寮で昔一緒だったこともある小林慶一郎（本人は覚えていないだろうが）らの書いた専門書である（小林・森川 2020）。

リモートシフトはオフィスから製造現場、開発現場、営業現場にも及び、ドラマなどのテレビ番組からエンターテインメントはもちろんのこと、飲み会、葬儀や男女の出会い、帰省にも及んでいる。さすがに観光はオンラインでは飽きたらなかったのだろうが……。

この本の中で筆者が論じたいのは、以下のような疑問に答えることである。

リモートシフトした中で、ポスト・コロナの社会戦略としてどのような働き方、社会のあり方があるか？　働く者は企業とどう付き合っていけば良いのか？　テレワークは働く者にとってどんなメリットがあり、あるとすればどのようなデメリットがあるのか？　そもそも「テレワーク」

や「在宅勤務」と「リモートワーク」は同義語のように使われているが、それらは同じなのか？　モバイルな働き方はアリなのか？　フリーランスという働き方が注目されているが、テレワークとどういう関係があるのか？　それは増えていくのか？　「フリーランス」と「フリーエージェント」はどう違うのか？　危険な大都市から逃れて移動する生き方はどのように可能なのか？　どこを都市モデルにしたら良いのか？　どういう起業があるのか？　人とどのように付き合って、どのようにキャリアを積み上げていけば良いのか？　……つまり**密閉、密集、密接の「3密」を避けつつ、どうやって社会イノベーションを起こして幸せに生きていくのか**という大問題である。いま経営者も労働者も不安に満ちたポスト・コロナ社会で生活せざるをえない中、従来の働き方、経営、都市政策に関する多くの問いが噴出している。この本は基本線としてはソーシャル・ネットワーク分析の立場からのエビデンス、学問的な裏づけを示しながら書かれた半専門書である。しかしオリジナルなデータ分析とさまざまな領域の知見を統合している。脱線話もジョークも散りばめている。何より図解が多いので読みやすいはずである。

この本を料理にたとえた場合、有名ブランドのファーストフーズ（＝著名な人物が急いで書いたお手軽な本）ではなく、あまり知られていないが腕の良い調理人が最新の技術を使い、自家栽培した豊富な食材を使って作ったバラエティに富むフルコース料理である。ぜひ一般の方々に「アカデミック」な内容を味わってほしいという思いで腕によりをかけて作った。ところどころで少しクリティカルなスパイスが効いていると感じるかもしれない。しかし相当コストパフォーマンスの良い料理

図序-3　この本のメニュー

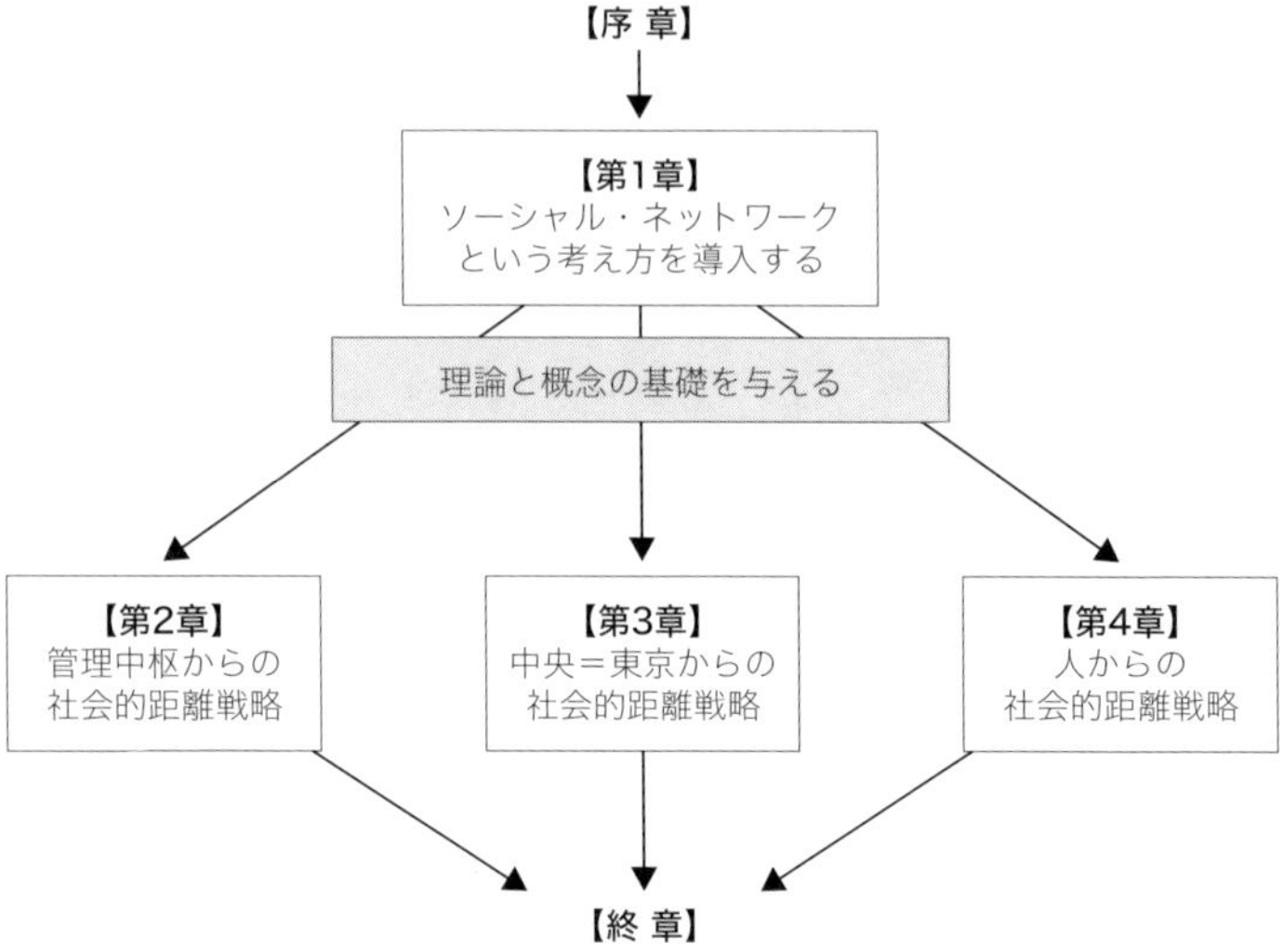

出所：筆者作成。

であるという自信がある。十分に味わって堪能してほしい。

　この本のメニューを簡単に紹介しておこう（図序-3）。

　まず第1章では、社会現象の本質を捉える際に欠かせない「**ソーシャル・ネットワーク**」という概念が導入され、ネットワーク分析のツールと共に、ソーシャル・ネットワーク理論に基づいて社会構想を巡らす準備、読者にとっての「予習作業」がなされる。この分野の専門家であれば読み飛ばして頂いて構わないが、多少難解だと感じる方でも、続く議論の基礎となるため専門書を片手にぜひ読み込んでほしい。ソーシャル・ネットワークの基本概念、スモールワールド理論、ソーシャル・キャピタル論（構造的凝集《ぎょうしゅう》論、構造的空隙《くうげき》論）などお馴染みの理論のほか、「構造的折り込み」などの比較的最近の理論とゲオルク・ジンメルの古典的理論の読み返しによる新しい解釈が提案される。

続く第2章においては、**「管理中枢」からの「疎」戦略**が展開される。コロナ禍を遡る5年前に筆者が独自の視点から行なった調査結果のレビューを行ない、最新の状況をふまえて「テレワーク的働き方」の可能性を探る。また、組織に雇われない自立的な働き方であるフリーランスという働き方の可能性が、最新の政府調査データなどの再解釈によって検討される。

第3章では、**「中央＝東京」からの「疎」戦略**が展開される。まず、人口移動の詳細な分析から移動の実態が検討され、「よそ者」の意義、地域で生きていくことの意義が議論される。アーティスト＝ボヘミアンな生き方、「しょぼい起業モデル」、「京都の小商いモデル」を経て、「文化都市での起業モデル」が提唱される。

第4章では、**「人」からの「疎」戦略**としてネットワーク理論的な知識論に基づいてオンラインでのライフシフト、ネットワーク形成の可能性が検討される。さまざまなソーシャル・ネットワークで社会的交際を広げながら、ゆるい連帯で生きる戦略が検討される。また、テレワークを基礎にした、女性に特化したキャリアモデルが提案される。

終章では、展開してきた議論をまとめ、ポスト・コロナの社会生活のあり方、未来のある経済と社会を提唱したい。

第1章

ソーシャル・ネットワーク論を導入する

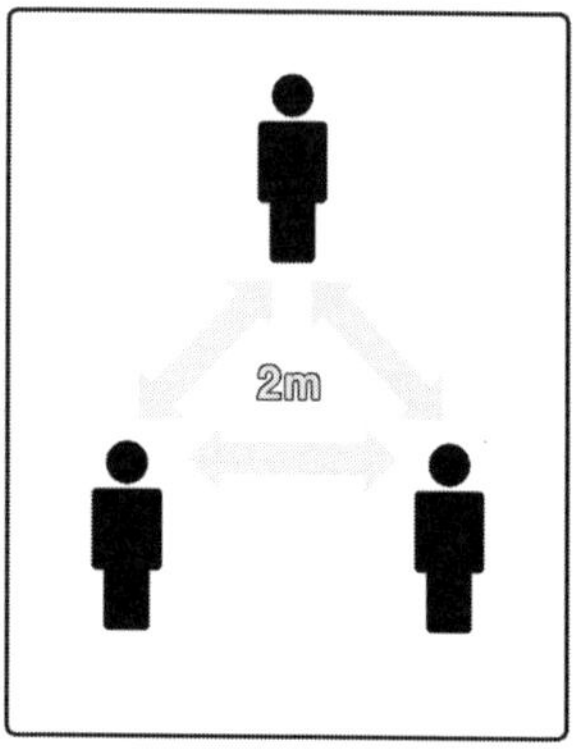
2m

1　社会をどう見るか ——ネットワーク思考

大学の「現代社会論」の最初の授業で「『社会のイメージ』を絵にして提出してください」と言うと、さまざまな絵が提出される。職業の名前を書いてそれがつながった絵を描いて出してくる学生もいれば、個人を表す〝●〟が箱に詰まった絵もある。ピラミッド上の社会構造にお金の絵を描いてくる学生もいる。正解はない。「これは良い」と思わせた「作品」を次の授業の時間に褒めるだけである。

この世界はつながった世界、流動的な世界である。これを表現する方法は、ラインやドットや矢印である（図1―1）。人類学では人類の営みを、ひとつながりの社会的線状構造「ラインズ」（Ingold 2007=2014; 2015=2018）と考えることが流行っている。「ラインズ」は誕生以来個人が辿ってきた道筋であり、イヌイットが北極の雪原に残した活動、狩猟の痕跡もそのように表せる。

図 1-1　社会の流動的イメージ

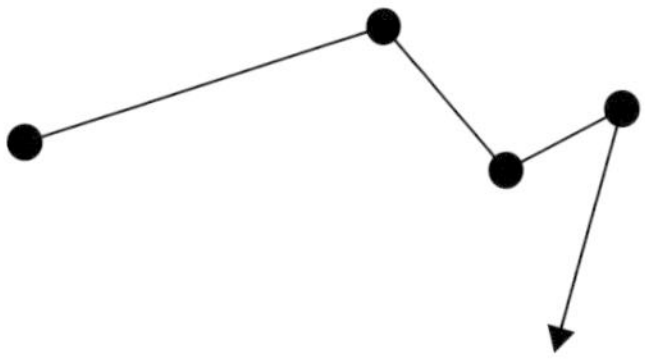

出所：筆者作成。

「ラインズ」は労働社会学では就職、結婚などのライフイベント、所属した組織、そこで知り合った人々、動員された機械などのさまざまな要素がつながって形成された「軌跡」と考えることができる（図1―2）。この「ラインズ」は常に生成過程にある。生成過程の中で、以前つながっていたものは途中で断ち切られ、イベントごとに別のものがつながって

図1-2　ある女性の人生の「ライン」と推移

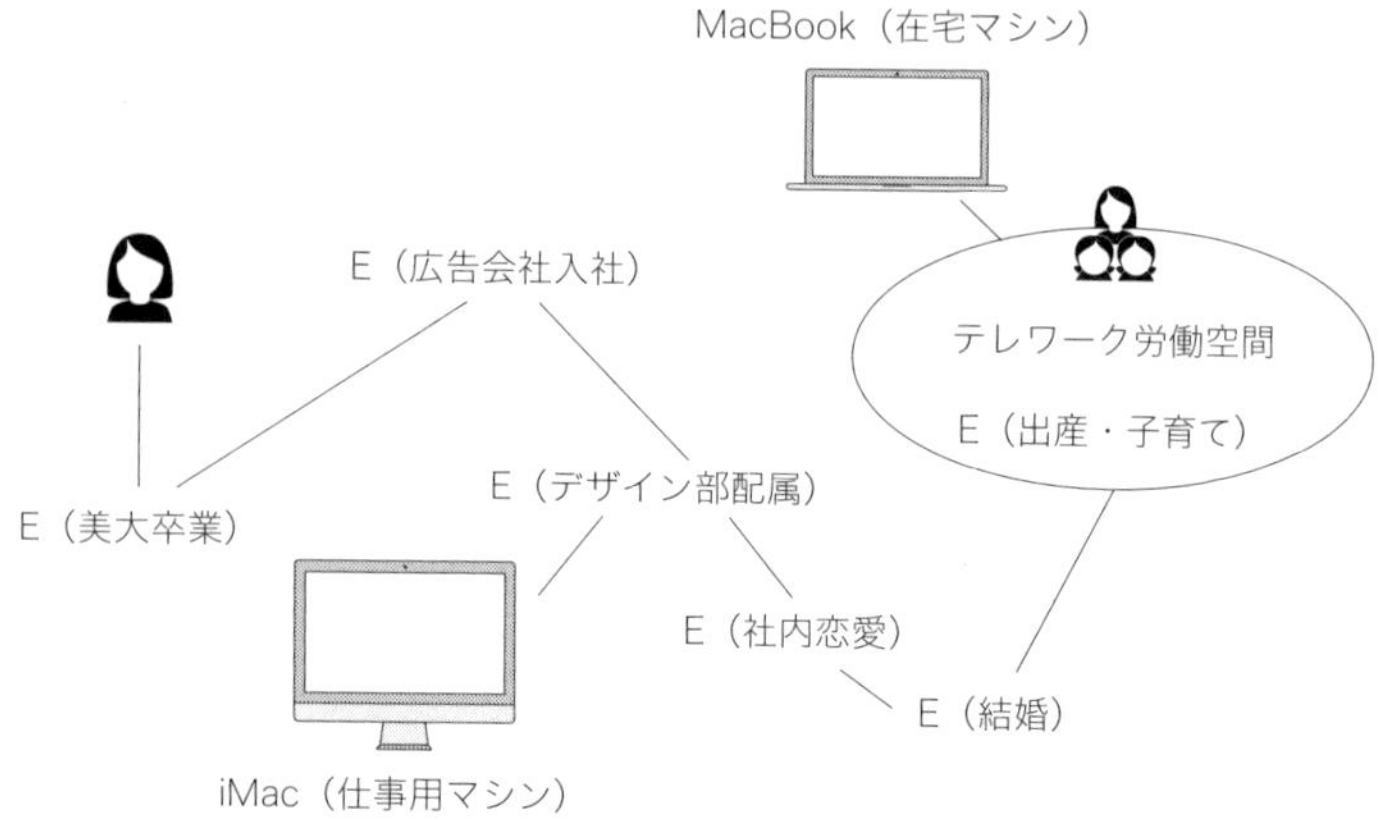

出所：筆者作成。

くる。たとえば結婚し、子供が生まれて産休に入れば結婚の時につながっていた組織とはつながりは切れる。その代わり、新たにつながるのは近所のママ友であり、育児書でありベビーカーである。また一駅先に住む両親である。産休から戻ればまた会社につながる場合もあれば、のちに導入する「テレワークという労働機械」につながる場合もある。「ラインズ」は常にイベント、ヒト、モノとの切断と接続の過程にある。当然自分自身もそのラインの構成要素である[1]。

各人が残したラインは、人がn人いれば、nのn乗以上ものラインが複雑に交錯し、網目状のものとなる。これはドゥルーズ＝ガタリ流に言えば「メッシュワーク」である（Deleuze and Guattari 1980=1994）。これは何十億もの人々の人生の痕跡が複雑に織りなす生命の網の目である。これを調べるのはかなり困難な作業であり、有名な社会学者のピエール・ブルデューは弟子らとブルーカラー労働者、農民、商店主、失業者、外国人労働者52人にインタビューし、代表的なタイプを選んで「社会状況」を観察しようとした（Bourdieu 1993=2019）。この社会という構造物は、そのようなサンプルのライフヒストリーのさまざまな記述的方法を使って日記やインタビュー調査、エスノグラフィなどによって生き生きと捉えられるであろう。そのような社会調査は「分厚い記述」を特徴とする。最近では文学作品にしてこれを記述しようとする研究者も現れている。

さまざまな研究法がある中で筆者が好むのは、エスノグラフィよりも「ラインズ」「メッシュワーク」を「数学的な接続システム」に変換してモデル化することである。それはソーシャル・ネットワーク分析と呼ばれる数理的アプローチである。社会学者の多くにはこの数理計量的アプローチは嫌われているが……。

この章では**本書における今後の展開上欠かせないソーシャル・ネットワークという考えを導入し、第2・3・4章で行なう「3つの『疎』戦略」提案のためのフレームワークを与える**こととしたい。しかしながら、本書は純粋な専門書ではないので技法的、数学的な説明は簡素なものにとどめ、実際のネットワークデータによる職場のネットワークを分析しながらソーシャル・ネットワーク分析の手法と理論を具体的に紹介することとしたい。

2　具体例によるソーシャル・ネットワーク入門

ネットワーク分析の構成部分

ソーシャル・ネットワーク理論（ネットワーク分析）とは、「ヒトを含むモノの関係性」から現象を見るネットワーク思考、分析体系であり、社会構造を数理的に解析する方法である（金光 2003）。社会現象はヒトとヒト、ヒトとモノ、モノとモノがつながり、相互に関連しているという「関係性、関連性」からでないと捉えられないという発想である。「社会」という塊は存在しないし、「個人」に還元できるわけではないからである。このような発想は広い意味ではアクター＝ネットワーク理論と呼ばれる（Latour 2005=2019）。ネットワーク分析は、高度に数学的な方法で結晶化されており、ネットワーク現象は普遍的な現象であるためより一般的にネットワーク科学とも呼ばれ、自然科学（生物学、物理学）ではもちろんのこと、人文科学でも応用され始めている。ここでは日本語訳で読める文献で最良のアルバート＝ラズロ・バラバシ（Barabási 2016=2019）を挙げておこう。

ソーシャル・ネットワーク分析＝理論は、以下の3つの構成部分からなる。

① ネットワークの特徴を捉えて計量する指標、数学モデル、それに関する計算アルゴリズム

② ①と関連の深い個別的な命題モデル（「三者関係」と「バランス理論」「相同性《そうどうせい》」、「構造同値性」「クリー

クとクラスター」「中心―周辺構造」、「弱い絆の強さ」と「強い絆の強さ」、「構造的閉鎖」と「構造的空隙」など）

③　それらを統合したある程度汎用性の高い理論体系（ソーシャル・キャピタル論、スモールワールド理論など）

このうち①のアルゴリズムは「データサイエンス」の重要な部分としても組み込まれるようになっており、「関係データの分析法」と呼ばれ、RやMathematica（Wolfram Language）、Phython などで実装されている（石黒・林 2016）。

職場をソーシャル・ネットワーク分析する

ある職場にA、Bの社員＝労働者がいるとする。労働者AからBへの関係性はA↓Bというベクトルとして定義される（逆にBからAへの関係はB↓Aとされる）。また相互に関係がある場合、関係は双方向のA⇅Bで表される。AB間の関係をダイアド（二者関係）と呼ぶ。ダイアドは雑談の頻度などのように「重み」を与えることもできる。

ここにCという労働者が入社してきたとする。A、B、Cにはこの瞬間潜在的には三者関係（トライアドと呼ばれる）が存在する。今この3人は重要なタスクのために強力なチームを組むようになったとする。しかし、この3人の関係では、1か月経ってもBとCの間にまったく雑談が生まれていないとする。この職場のトライアドは次のようなネットワーク図（＝通常「グラフ」と呼ばれるが、円グラフのようなデータを表現したものではなく、「ノード」と呼ばれる点と「エッジ」と呼ばれる辺がつながった関係構造のことを指す）で表すことができる（図1―3）。

　そこで少しこのトライアドについて考えてみよう。もしBとCがまったく雑談をしていないとなると、このチームは直感的には「チームワークが欠けている」と言えるが、理論的に説明すると、それは本来あるべき相互関係が欠けた「不均衡な三者関係」である。A→B、B→C、C→Aのように推移的な関係性が成り立っていないことを「（情緒的に）不均衡」、成り立っていることを「（情緒的に）均衡」と考える理論である。これは「認知的不協和」の理論、あるいは「バランス理論」とも言われ、不均衡な三者関係は「禁じられたトライアド」とも呼ばれる。もし会社にこのようなトライアドが数多く分布していると、コミュニケーションがつながらず、この企業は大丈夫なのか、ということになるかもしれない。また、すでに「つながっているダイアド」A→B、B→Cから推移してC→Aが「つながる＝推移する」ことは、普及現象メカニズムの基礎にあることに留意してほしい。また「均衡したトライアド」は「関係を閉じ込めてしまう」ことにも注意が必要である。これは「クラスター」と呼ばれ、厳密に定義すると凝集的な部分集団のこ

図1-3　禁じられた（不均衡な）トライアド（左）

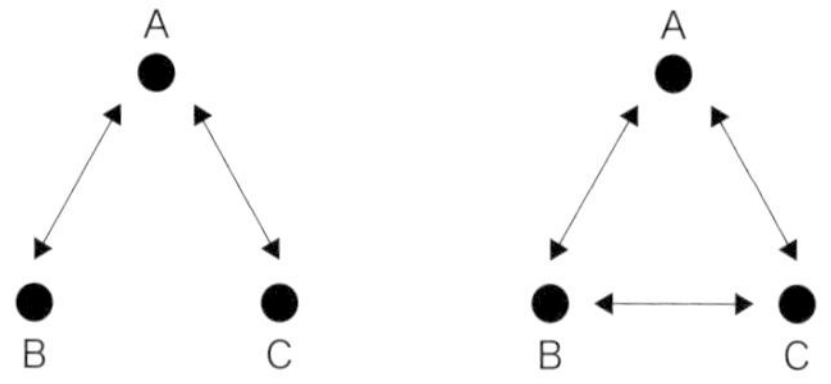

出所：筆者作成。

とである（「クリーク」とも呼ばれる）。序章で言及した筆者の勤務先での**コロナ・クラスターも密閉性と推移性、ネットワーク拡張性が同時に存在するために生じた**という点が重要である。

ところで、このような社員の間の関係（ベクトル）をすべて調べて集めた「ネットワークデータ」によって、企業の職場全体のネットワークを表現できる。ここで東京にあるコンサルティング会社の社員間の職場ネットワークを例として挙げてみよう（金光 2010）。これは社内のコンサルタント自身によって社内アンケートで得られたネットワークデータに基づいているが、ここでは社員間の関係性を1〜3あるいは1〜5の頻度で評価させている。収集した9種類のネットワークデータのうち、いま「雑談ネットワーク」を見てみよう。

図1－4の「雑談ネットワーク」は、雑談の頻度を5段階スケールのうち、相互に第3レベルの頻度で雑談しているものだけ抽出したものである。ネットワーク図から雑談ネットワークは非常に密であり、何でも気軽に言い合える関係が形成されていることがわかる。通常ならばこの職場は「風通しの良い職場」ということになる（ちなみにこのコンサル会社は風土改革の組織デザインのため、雑談関係の構築を重要な手段と考えている）。

しかし、コロナ時代の今であればこの職場は典型的な「3密」状態にあり、「危険な職場」ということになる。組織的な「風通しの良さ」が生み出した密接・密閉の社会空間は、逆にコロナ・クラスター感染の典型的な温床になってしまうとは……皮肉である。

また**「均衡したトライアド」に閉じ込められてしまうと、実は感染のリスクだけではなく、同じよ**

図 1-4　あるコンサルティング会社の「雑談ネットワーク」

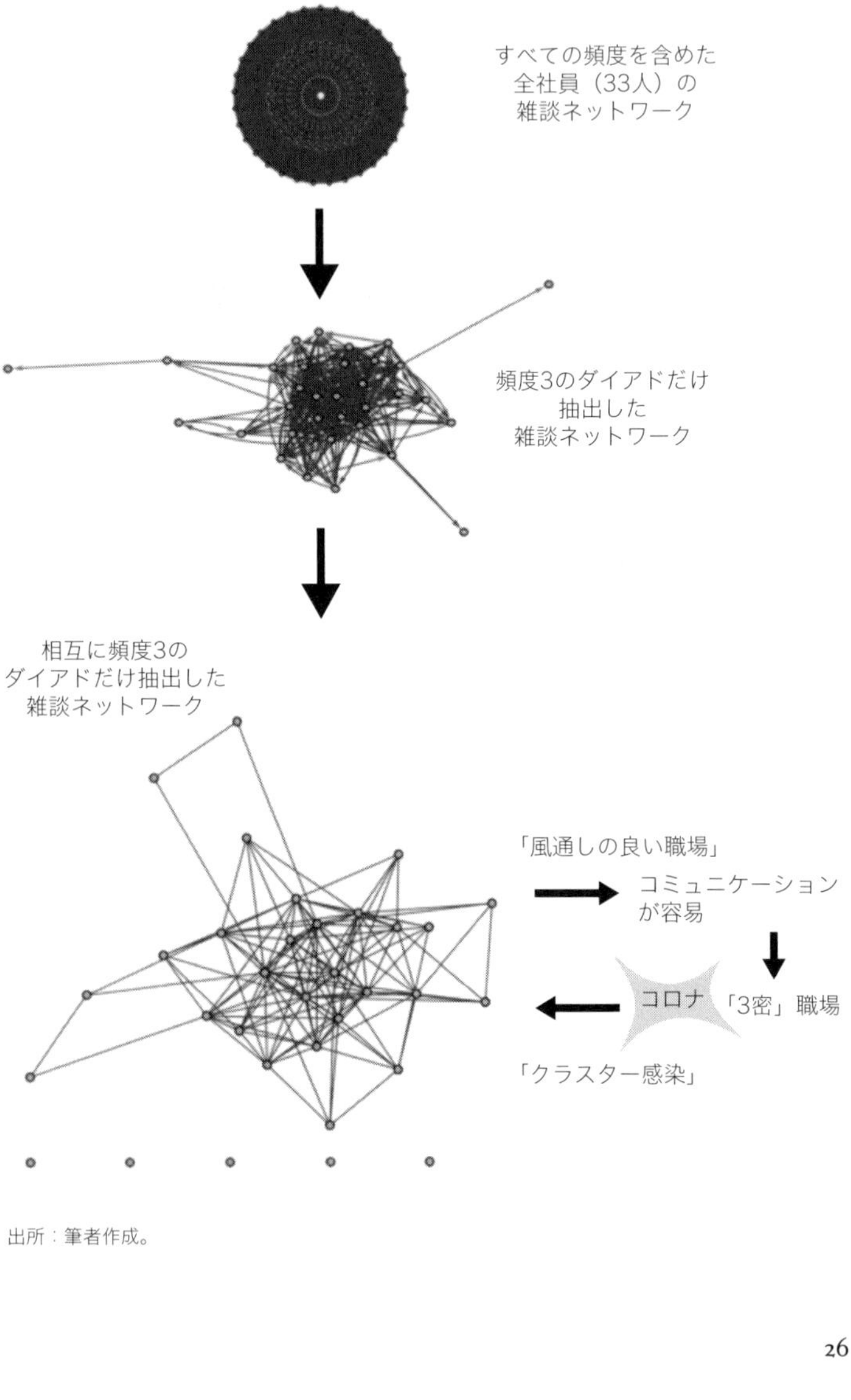

出所：筆者作成。

うな人だけが集まって、同じ発想しかできなくなってしまう弊害もある（同じような人が集まってネットワークを形成する傾向を「ネットワーク相同性」と呼ぶ）。SNSという閉鎖空間であっという間に同じような意見や情報が拡散されることは、賢い読者ならお気づきであろう。

さて、この職場を特徴づけるために、いくつかの構造指標を導入すると便利である。職場全体の密度（「ネットワーク密度」）、社員自身の周りの密度（「エゴネットワーク密度」＝「局所クラスター係数」）、職場全体のクラスター密度（「大局クラスター係数」）、社会的距離＝「ネットワークでの距離」などである。これらはコロナの感染ネットワークとも非常に関連性の高い指標であるので、それぞれ簡単に解説しておこう。

「ネットワーク密度」は、ネットワークの各人がすべてのメンバーとつながっている状態に対する、現実の結合数の割合で表される。これはシンプルな指標である。

「局所クラスター係数」とは、自分（エゴ）の周りに他人（アルター）がどのくらい密に結合しているかを、自分の周りにできうる最大数のトライアドのうち実際にできているトライアドを数えればその割合で計算できる。集団全体の「大局クラスター係数」は全員分の「局所クラスター係数」の平均で定義される。「大局クラスター係数」の大きいネットワークは、密集度が高いことを示している。

「ネットワークでの距離」は、2人の個人と個人との間を1メートルとか2メートルとかの物理的な距離で表現しているのとは異なって、ネットワークでつながった主体（エージェンシー）の距離D_{ij}をiからjに到達するための最小ステップ数として定義するものである。この距離をすべてのペアについて求めて、ネットワーク全体の平均的な距離を求めることができる（ただしネットワークは連結している必要がある）。各ペアの距離を平均したものは最短パス長と呼ばれ、それぞれの人が他人に到達しうるのに必要なステップ数を表しており、この値が小さいほどネットワークはコンパクトであることを示している。

ここで導入した3つの指標で実際に先のコンサル会社の雑談ネットワークを測ってみよう。このネットワークは全体の形からもわかるように、「中心」に結合が偏っていることが見て取れるが、そのネットワーク密度は0・33、大局クラスター係数は0・53である。また平均距離パス長は1・77で、それぞれの人が2人弱隔ててつながり合っているコンパクトな構造であることを示している。

また別の組織の例を見てみよう。

2番目のネットワークの例は、東京の介護施設の職員71人の例である（金光 2009）。今度は頻度2レベルの「相談ネットワーク」の最大の連結部分（「最大連結成分」と呼ばれる）となる60人からなる部分ネットワークを取り出した（図1－5）。

このネットワークは第1の先の雑談ネットワークと異なり、職場の空間的な配置により分散していることがわかるが、ネットワーク密度は0・21、大局クラスター係数は0・65である。また平均距離パス長は2・23である。注意したいのは、このネットワークの全体の密度は低いにもかかわらず、大局クラスター係数がきわめて高いことである。これは**空間的に分散化しているがゆえにローカルな高いクラスター密度が発生している**ことを示している。これは実際に多くの介護施設で発生

図 1-5　ある介護施設内の「相談ネットワーク」

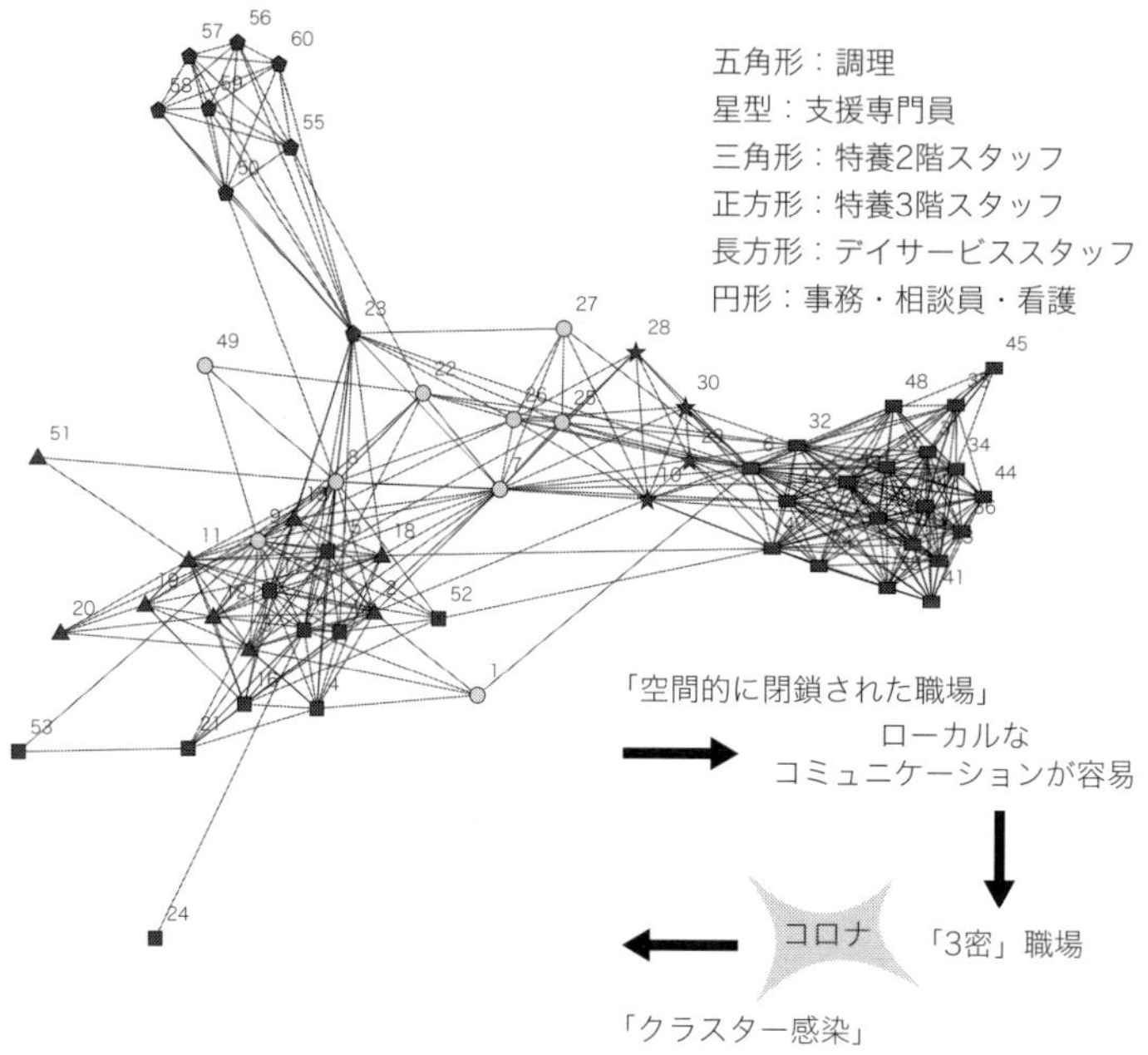

出所：筆者作成。

したコロナ・クラスター感染の説明にも利用できる結果である。空間の配置と人員の配置などを工夫する必要がある。

ネットワークの「中心」とは

ネットワークの指標の中で最もよく使われるのが、ネットワークの中心、中心性という概念と指標である。一般的なイメージと異なって、社会ネットワークは分散構造を呈しているのではなく、東京一極集中のようなきわめて集中構造をしていることが知られている。これを生み出すネットワーク・メカニズムは、スモールワールド現象

図1-6　中心ー周辺構造

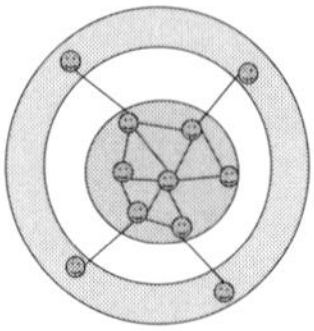

出所：筆者作成。

を説明する数理モデルのところでまた紹介するが、一部のノード＝点の集合が結合を集め、「密集」する部分を形成してしまうからである。この凝集的部分を中核（コア）、そうでない部分を周辺という。図1―6はこれを理念的に表現したモデル（これに実データを当てはめ最適化を行なう）である。例として図1―7（上）で表されたコンサルティング会社の仕事上の「協働ネットワーク」の場合を見てみよう。

　図1―7（左）の行列は隣接行列と呼ばれ、ネットワークを結合対でなく、対応する行と列で表現する方法である。たとえば、行3と列4の「1」はコンサルタント3と4の協働関係の有無を示しているが、この行列を利用して、行と列を同時に入れ替える計算をすると、中核と周辺の2つのポジションの関係を「$\begin{smallmatrix}1&0\\1&1\end{smallmatrix}$」というポジションの関係に置き換えた場合に計算的に得られるが、かなり複雑な計算が必要となる。

　そこで単純にコア成分を求める方法としては、k―コアという概念がある。これは次数（結合数）kを持つノード＝個人で連結している部分を抽出する方法である。数字を1から順に増やして抽出していき、それ以上の次数ではつながっていない極限的な成分を求める。コンサルタントの協働ネットワークの例では、最大6人でつながっている部分が極大（極限的に最大という意味）で、その成分（部分）は図1―8の濃い色で示される部分である。これは業務上の中核メンバーと思われる。それ以外は定義上、程度の差はあるが周辺と見なされることになる。

図1-7　コンサルティング会社の「協働ネットワーク」

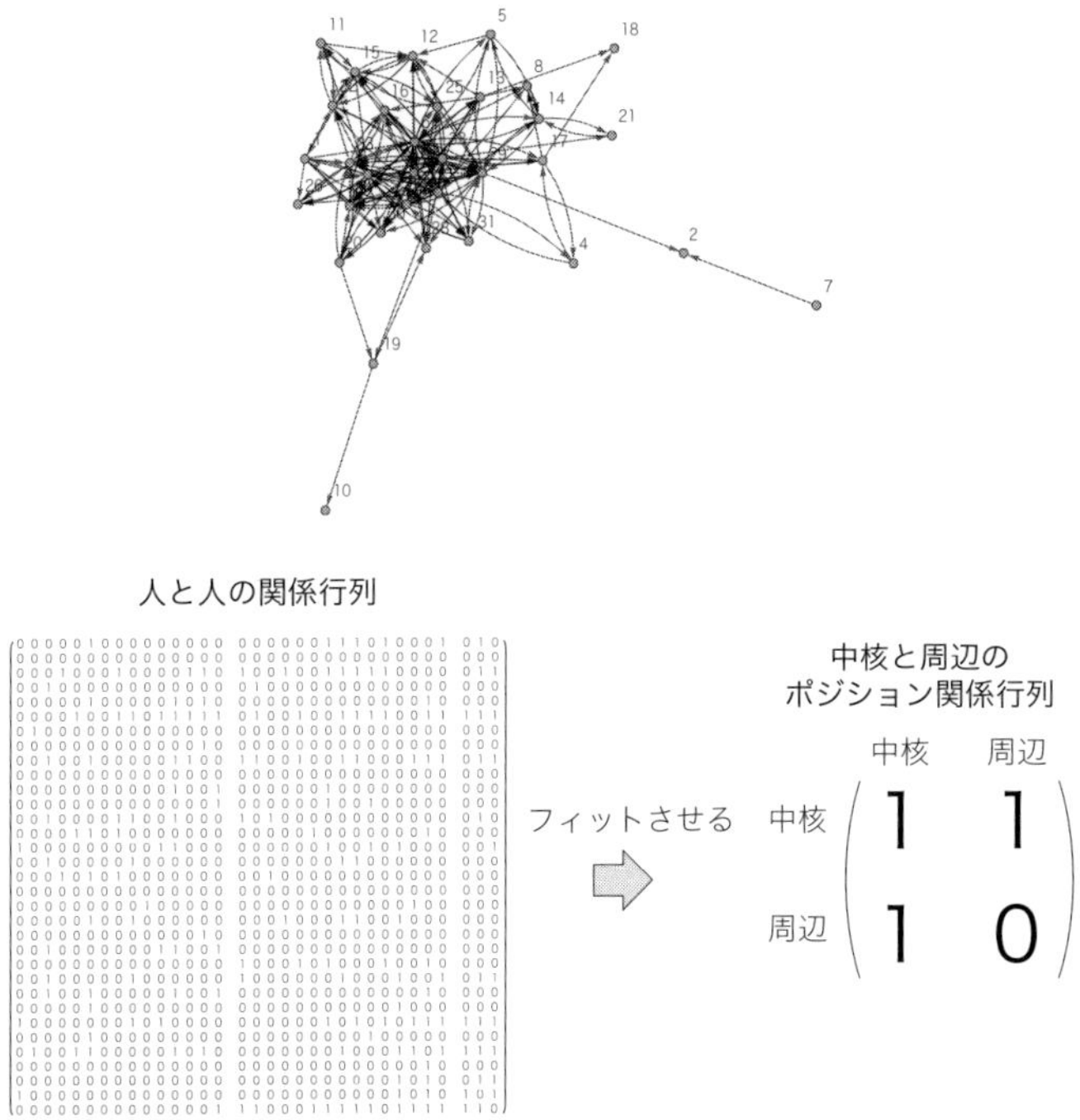

出所：筆者作成。

中央化した構造を点（個人）レベルで測定する方法としては中心性の測定がある。「ハブ」＝結合の多いノードとする〈中心〉を次数中心と言い、その度合いを測定したものを次数中心性（スコア）という。職場で言えば、コミュニケーションの流れを制御する人々に結合が集中することになり、まさに職場のコア部分に相当することになる。また先に提示した距離概念に従って、他の点までの距離の近さ（短さ）によって中心を定義することができ

図1-8　コンサルティング会社の「協働ネットワーク」の6－コア

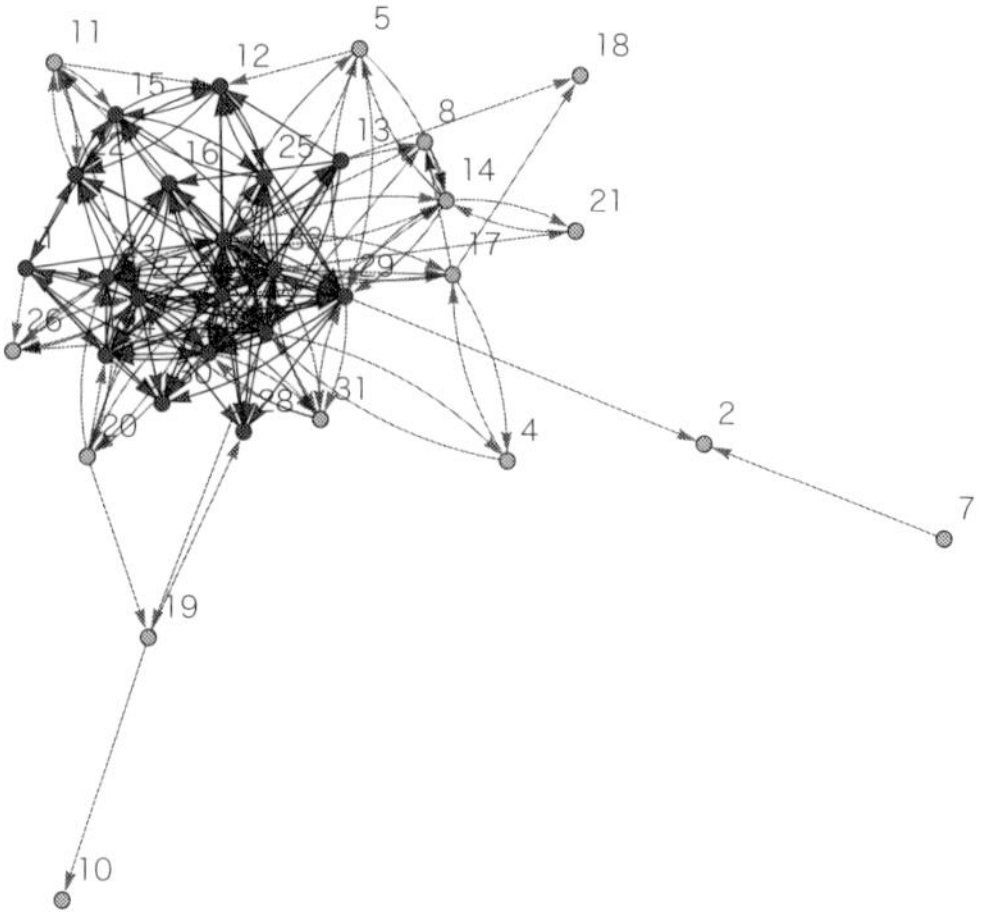

出所：筆者作成。

る。これを近接中心性という。職場の例で言えば、みんなから距離が一番近い人を中心的人物＝リーダーと考えることにほぼ相当する。

これに対して、社会学や人類学では、これとはまったく異なる中心概念が考案されている。他の人に通じる最短路に位置するポジションである程度を媒介度として測定し、それを媒介中心性として測定する考え方である。媒介中心というのはわかりやすく言えば、人と人の間を取り持つ仲立ちとしての関与度を指標化したものである。他に情報が距離を通じて劣化していく様をモデル化した情報中心性や、情報の伝達をモデル化した放射中心性などの中心性指標がある。

また近年、インターネットのリンク構造の解析からページランク中心性という、影響力のあるホームページを抽出するアルゴリズムに基づいた中心性尺度が開発されている。この基礎には、社会学らしいステイタス中心性という考えがある。ステイタス中心性とは、「ステイタスの高い人は、ステイタスの高い人から多く選ばれる人である」という「循環的な、ぐるぐる回った」関係性から定義するものである。このような定義の仕方を、「定義されるべきものの中にすでにその要素が含まれている」ため「再帰的《さいき》定義」という。プログラマーの方であれば、再帰的定義による関数のプログラム定義の仕方があるのをご存じであろう。これを一般の方が理解するのは少し難しいかもしれないので、わかりやすい例を挙げよう。再帰性は、「京都が（おそらく東京より）ブランド都市として世界的名声を獲得しているのは、ステイタスの高い西欧人、米国人あるいはステイタスのある世界中の富裕層に選ばれるからである」というう少し差別的に聞こえる際どい定義に含まれている。これはブランドがブランド性を獲得する内在的ダイナミズムをネットワークモデルで表現したものであり、ブランドパワーは、このようなステイタス中心性で定義できることを表している（金光 2007; 2009）。

このようなステイタス中心性をホームページの引用関係に応用して、「よく引用される影響力のあるホームページは、影響力のあるホームページからリンクを受けるページである」ということから再帰的に定義する中心性がページランク中心性である。計算にはマルコフ過程という確率モデル（未来の挙動が現在の値だけで決定され、過去の挙動と無関係であるという性質を持つ確率過程モデル）が使われているが、この中心性では影響力の及ぶ範囲のパラメーター（減衰率）を指定する必要がある。

また、中心化した構造をネットワークレベルで測定する方法が存在するのでネットワークが中心に偏る傾向性を測定できる。そのために各点の中心性を平均と偏差から標準化したスコアで表す方法などがある。これらを含め、専門的なことについては拙書などを参照願いたい（金光 2003; 安田 1996）。

3　統合的理論の概観

ネットワークを分析するためのソーシャル・ネットワーク分析＝理論のうち、統合的理論である「スモールワールド理論」と「ソーシャル・キャピタル論」についてあらかじめ詳しく紹介しておこう。これらの理論はのちの議論においてもヒントを与えてくれるような重要な知見や論点を含んでいるからである。手短に解説しておこう。

スモールワールド理論（1970年代まで）：短距離でつながる世界の不思議

ネットワークが予想以上に少数の人を介してすぐにつながる「スモールワールド現象」を説明することをめざした理論で、現在では数学モデルによって体系化され「6次元の隔たり」と言われるが、聞いたことのある方も多いだろう。この現象は、もともとはハンガリーの小説家カリンティの1929年の小説『鎖』において、世界が縮まったことを示すための方法として、「でたらめに名前を挙げた人から、よく知っている人を通じて5人でその人に到達するのではないか」と書かれている。1960年代に数学者がスモールワールドを数学で表現したが、その研究は抽象的なものであった。ハーバード大学の社会心理学研究者スタンレー・ミルグラムは被験者を電気椅子に座らせるような「きわどい実験」を行なう研究者であるが、彼が1967年に低予算で行なったのが、カリンティの小説を確かめる社会実験であった。

ミルグラムら（Milgram 1967=2006; Travers and Milgram 1969）は、ネブラスカ州のオマハ（ネブラスカ・サンプルという）とボストン（ボストン・サンプルという）からボストン郊外のシャロンに住む1人の株式仲買人をターゲットに、「この手紙を届きそうな人に想定して次々と送ってくれ」と頼む社会実験を行なった（図1−9）。手紙にはターゲットの住所や職業、卒業した学校が書いてあり、また写真なども添付されてフォルダーに入っている。これを届けて、その度にミルグラムに「誰に送ったか」の報告をするというものであった。この実験で送付された296通のうち22％ほどの64通が実際に届いた。届いた44通のネブラスカ・サンプルのうち媒介者の数は平均5・5人であった。実は物理的距離の離れたネブラスカから送ったフォルダーと、ボストンから送ったフォルダーでは、ネブラスカから送ったフォルダーの方が若干媒介者を多く必要としたが、その数はあまり違わなかった。つまり**物理的な距離はあまり重要ではない**という、ポスト・コロナのリモートワーク、テレワーク時代にとっては心強い結果を50年近く前に出していたのである。

この手紙の到達には、ファネリング効果（入り口が狭く、出口が広い鞴《ふいご》の形状からこう言われる）といって、少数の3人を通じて48％が到達するという集中現象も見られた。これは新宿の「夜の街」で少数の

図1-9　スモールワールド実験の概要

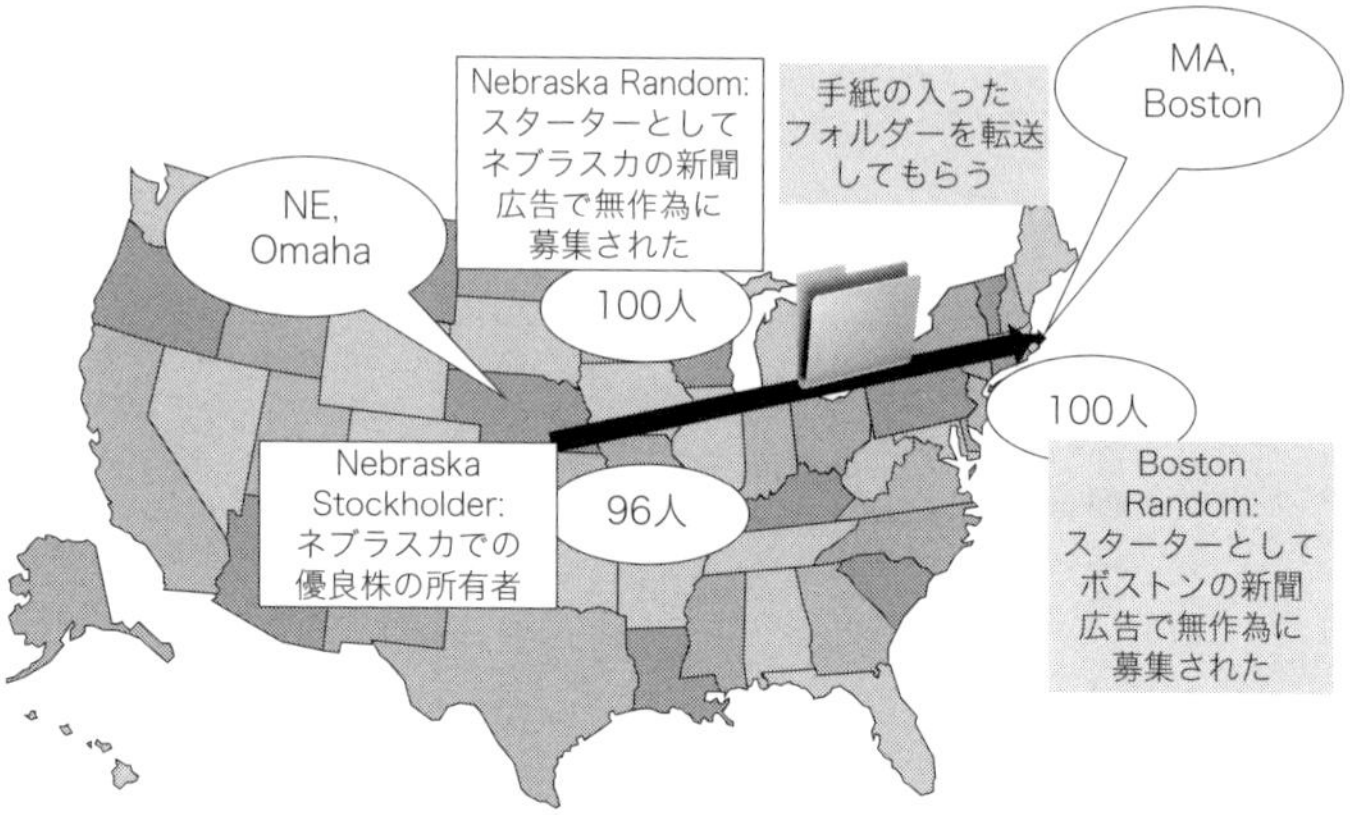

ネブラスカサンプルでは44通が届いた。仲介者数,
最頻値：6　中央値：5　平均：5.5
転送した数：
　女性→女性　56人
　男性→男性　58人
　女性→男性　18人
　男性→女性　13人

出所：筆者作成。

接客者（ホスト、ホステス）からコロナ感染が広がっていくのと同じ構造である。ミルグラムら（Korte and Milgram 1970）は数年後、ロサンゼルスで同じような実験である「人種間の伝わり方」を比較するという実験を行ない、白人と黒人のサンプルを比較し、白人をターゲットにした方が早く手紙が到着すること、つまり**人種間の分断がある**ことも確認した。

　2020年に起きたアメリカの警官による黒

人殺害とその後の展開から明らかなように、アメリカにおける根深い人種間の分断構造が約50年後の今も変わっていないことを思うとため息が出る。日本でも筆者の大学院の先輩である三隅譲治（有名なPM理論の三隅二不二《じゅうじ》の息子である）が日本で同じような実験を行なっている（三隅・木下 1992）。

さて、このようなスモールワールド現象の背後には、「弱い絆」の強さや「ブリッジ」の果たすネットワークでの役割がある。弱い絆というのは非常に定義があいまいな概念であるが、普段から一緒にお酒を飲むわけでもなく、年に一度くらい会って話をしたりするような関係のことを言う。

マーク・グラノヴェター（Granovetter 1974=1998）は大学教員を除く弁護士や会計士、企業コンサルタントなどの専門職の転職において「弱い絆」が頻繁に利用され、満足度の高い転職をもたらすことを見出した。この理由を説明するために彼が持ち出したのが、ブリッジという概念である。ブリッジとは、クラスター間を結ぶ唯一の結合（＝橋辺）であり、そのような辺は「弱い」ことを、グラノヴェター（Granovetter 1973=2006）はバランス理論を使って数学的に証明した。これを説明しよう。

図1-10　弱い紐帯とブリッジ

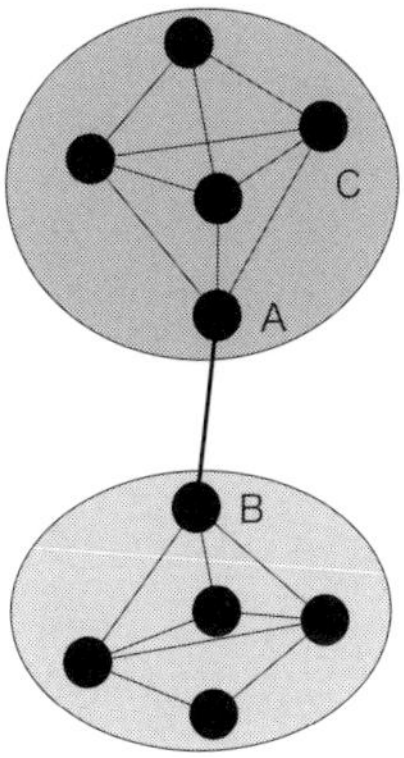

出所：筆者作成。

2つの分断されたクリーク（クラスター）を結ぶ唯一のリンクを「ブリッジ（橋渡し）」と呼ぶが、いま図1-10のように上のクラスターにあるACとABがつながっているとする。すべてのブリッジは、どのクラスターにも属していないので弱い紐帯《ちゅうたい》である。反対に

ACはクリーク内の関係なので強い紐帯である。もしABが強い紐帯であれば、先ほどのバランス理論によりBCの間にも強い紐帯があるはずであるが、実際には存在しない。したがってABは弱い紐帯でなければならない。証明終わりである。これは背理法という数学的証明方法であり、中学校か高校でも習う証明法である。覚えている方もいるだろう。

この弱い紐帯によってネットワークが簡単に拡張されるので、アメリカ大陸を横断するほど長くつながることになる。理由としては、①強いコミットメントを求められないので気楽に維持できる、②弱いので維持するのにコストがかからない、③したがって情報的なパフォーマンスが良い、からである。6次元の隔たりの秘密はこれであった。また、弱い紐帯のおかげで同じクリーク内では同質性が高く、境界が存在し、すでに知れ渡っている情報しか存在しないが、ブリッジ=弱い紐帯によって別のクリークに属している人々につながるので、それだけ未知の情報が入って来やすいことも起こる。これが耳寄りな転職情報が入ってきた背後のメカニズムである。

ただ、グラノヴェターの「弱い紐帯の強さ」論に対して、別の社会ネットワーク分析研究者であるクラックハート（Krackhardt 1998; 1999）は、グラノヴェターがバランス理論で捉えた情緒的な紐帯は、実際は強い紐帯であり、本当は「強い紐帯の強さ」だと批判している。クラックハートは「強い紐帯」をあえて避け、ギリシャ語のフィロス（*philos*）という親密さを表す結合を導入し、お互いの交流、感情的交流、長い時間で定義される「フィロス」=愛に基づいた関係、たとえば友人ネットワークを使いながら、変化に対応するには信頼を育む「強く、情緒的で、時間に育まれた」関係性が重要であるとしている。これはのちに述べる、「ジンメル紐帯」という結合モデルにも関連している。

強い結合と弱い結合に関しては経営学における知識や技術の移転論で多くの研究がなされており、ハンセン（Hansen 1999）は、ある大手電機メーカー41部門の120の新製品開発ユニットを調べ、複雑な知識の移転には「強い紐帯」が有効で、複雑でない知識の移転には「弱いユニット間の紐帯」が迅速に対応できるとした。またハンセン（Hansen 2002）は同データを使い、強固な直接結合（強い絆）は非コード化された（プログラムや仕様書化されない）知識の移転の問題では有利だが、維持コストがかかるためコード化された知識の移転には向かないとしている（図1-11）。**強い紐帯はプログラムや仕様書に書かれることのない、身についた「知識」を「対人接触」によって伝授することを基本としている**からである。反対に、**コード化された知識はプログラムや仕様書化されるので、「対人接触」によって伝授する必要はない**のである。

図1-11　知識移転とコード

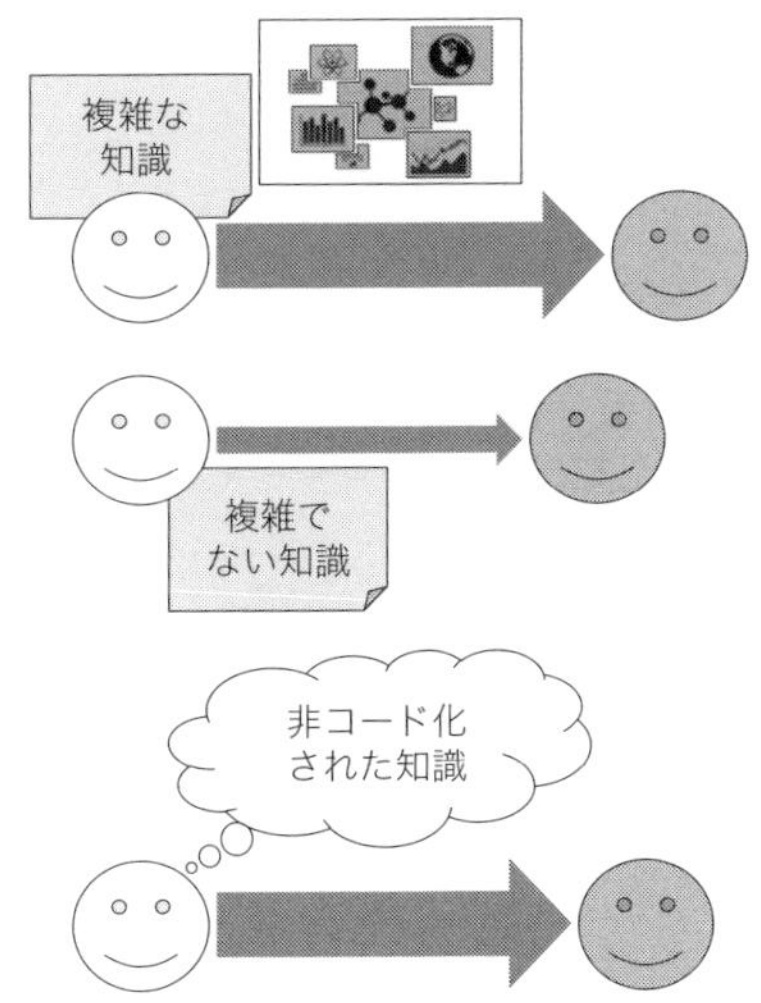

出所：筆者作成。

現在のポスト・コロナの現場での知識移転を考えると、基本的にはオンラインによってしかコミュニケーションできない状況では、**いかにコード化されないものを「弱**

図1-12　ネットワークへの投資としてのソーシャル・キャピタル

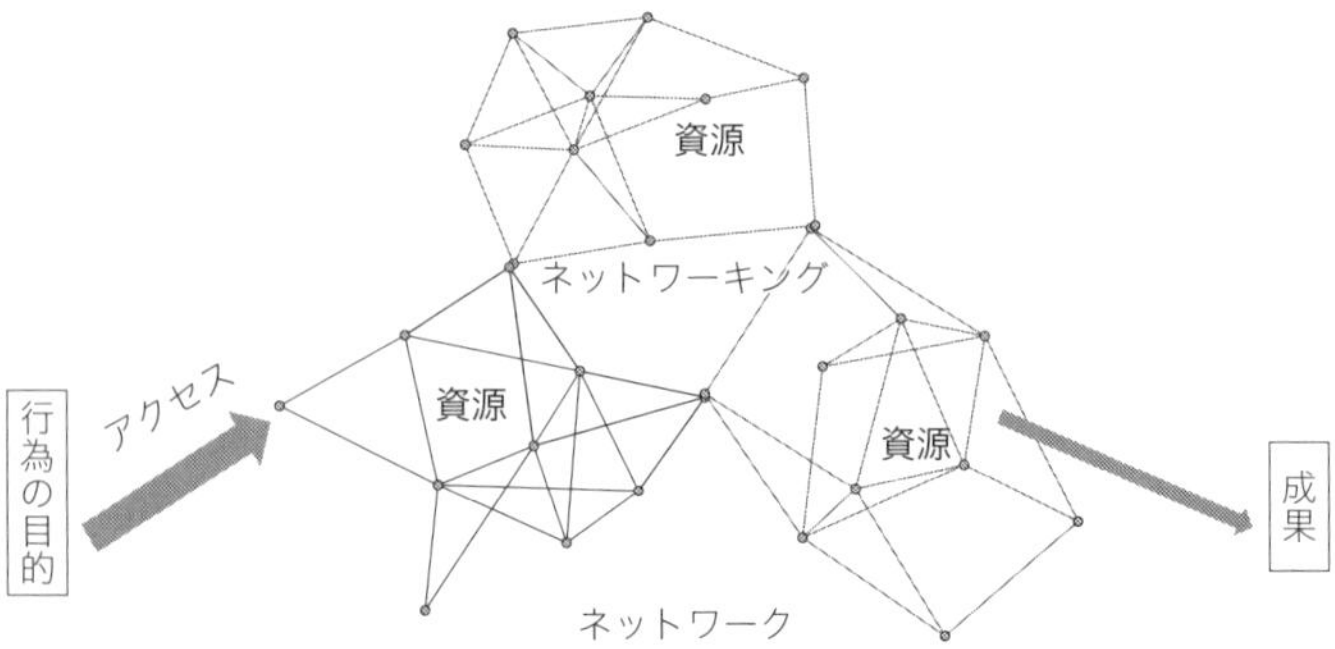

出所：筆者作成。

い絆」で伝えるものに落とし込んでいくかが重要になるであろう。ＡＩの発達によって、工場などにおいても大量データの学習によって知識の移転を補助していくようになることが予想できる。

ソーシャル・キャピタル理論：ネットワークという資本に投資する

　ソーシャル・キャピタルとは、図１－12に表されたように、社会ネットワークに投資され、それにアクセスできる資源である。たとえば人間関係を資本として利用し、弱い絆を用いて転職情報を得ること、バッグにアメを入れている「大阪のおばちゃん」がその社交的ネットワークを活かして保険の契約を取る場合などがその例である。わかりやすく言うと、あらゆる人間関係が「資本」として社会生活に利用できるという考え方である。非常に重要な考え方なので、少し専門的に紹介しておく（実は筆者はこの分野の研究者として知られている）。

　ソーシャル・キャピタルがどのように生産され、どのように流通、再生産され、どのような効果をもたらすかという過程に注目する理論はソーシャル・キャピタル論と言われる（金光 2011; 2018b）。政治学、社会学など他の社会科学一般で展開されるが、経営学での研究が圧倒的に進んでいる（入山 2019）。アドラーら（Adler and Kwon 2002）は経営分野でのソーシャル・キャピタルの7つの特徴を挙げている。

①他のすべての資本と同様に、（不確実だが）将来の利益の流入を期待して他の資源が投下しうる長期的な資産であること
②他の資本と同様に、転用可能で、兌換《だかん》的であること。ただし経済資本への兌換率は流動性と「粘着性」のために、かなり低いこと
③他の資本と同様に、他の資源と代理的、補完的なものであること
④他の物的資本、人的資本と同様に、しかし金融資本と異なり、メインテナンスを必要とすること。ただし物的資本と異なりその償却《しょうきゃく》率は予測しがたく、人的資本と異なり使用によって価値が増すこと、また文脈的変動によって陳腐化しやすいこと
⑤きれいな空気、安全な街と同じくある形態のソーシャル・キャピタルは公共財であること
⑥他のすべての資本と異なり、アクターに内在するのではなく、社会関係に存在すること
⑦経済学者が「資本」と呼ぶ他の資本と異なり、量的な尺度になじまないこと

ソーシャル・キャピタルでは特に④が重要である。もし転職したいあなたがいるとして、旧友や元の取引先の人間関係を頼りに、転職情報を頼むことは重要である。しかし、だからといってすぐに転職情報が舞い込むわけではない。オンラインの時代にはInstagramのフォロー関係から仲良くなって、突然に仕事のチャンスが舞い込むこともある。ポスト・コロナの時代にはむしろこの傾向は強くなり、**オンラインを基礎にして人間関係が形成されることが避けられなくなる**。この問題は第4章で詳しく扱う。

オンラインであろうとオフラインであろうと、行為者としての諸個人は、自分の目的を達成するためにネットワークのトポロジー（形状、位置関係）を利用し、ネットワークをうまく利用して社会的資源（地位、情報、ヒト、モノ、カネ、資格）にアクセスするように結合相手を探索する。したがってこのとき、**結合する相手の社会構造のポジションは特定の資源へのアクセスのために重要**になる。ネットワーク上では資源が特定の人や集団に偏在し、不平等に蓄積されているからである。

アクセスされるべきソーシャル・キャピタルのネットワークトポロジーとして、次の3つの類型化がなされている（図1－13）。第1のものは〈結束型ソーシャル・キャピタル〉である。このタイプは凝集的なグループメンバーの間で生まれる信頼の醸成と規範の確立によって生まれる団結力や連携の良さに起因する集団力である。コミュニケーションが円滑で、まとまりの良いチームは目的を達成しやすい。たとえば同じ地方の出身者で職場のメンバーが構成されている場合、方言で会話が進み、同県人意識に基づいて職場の団結力は高く、仕事は早く進む場合がこれに当たる。

図 1-13　ソーシャル・キャピタルの 3 類型の特徴比較

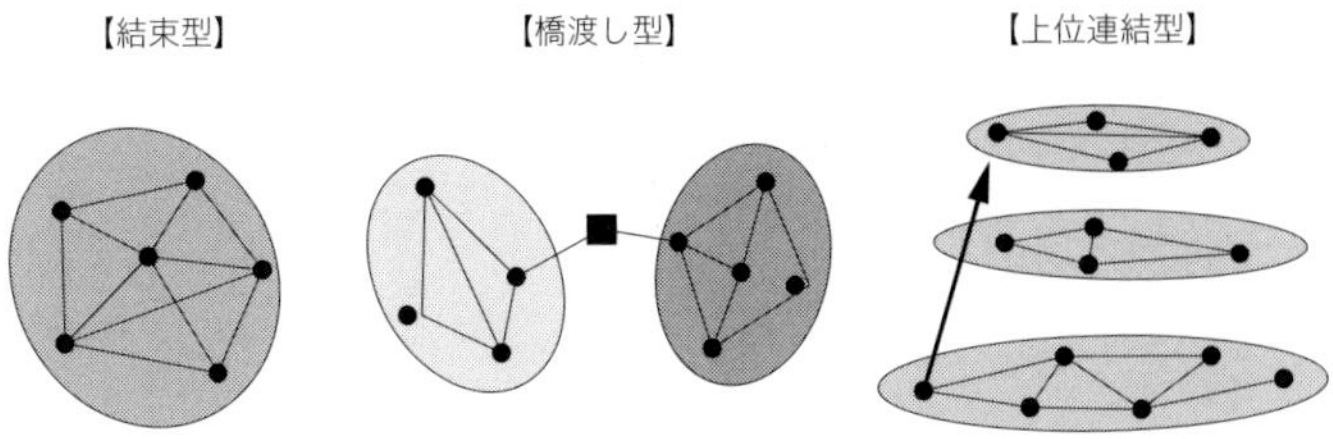

資本の源泉，特徴	メンバーの内的凝集性	外部者との連結	上位者との連結
目的，効果	内的連帯性の確保	外部資源の獲得 新たな関係の創出	エンパワーメント
ネットワーク構造	閉鎖	ブリッジ	上位連鎖

出所：筆者作成。

第2のタイプは〈橋渡し型ソーシャル・キャピタル〉である。複数以上のクラスターをつなげるような媒介者によって内部者が外部者につながることで、新しい知見や異なった資源が流入してくる。これによってイノベーションが促進されることがある。ブリッジとしての仲介者は起業家的な役割を担うことになる。異業種交流会はこのネットワークトポロジーを利用したものである。

第3のタイプは、非常に特殊なネットワークトポロジーであるが、階層的に組織されたネットワークにおいて、下位者を直接上位者に連結することによって不平等を補い、新たな関係を創出するきわめてラディカルなネットワーキングである。〈上位連結型ソーシャル・キャピタル〉と呼ばれる（Woolcock 2001）。このソーシャル・キャピタル概念は、階層的に組織された開発途上国の部族間関係に国際機関が介入し、社会関係を構築する実践的視点から考え出されたもので、あまり一般的ではないが、ある局面においては重要なネットワーク戦略である。地域活性化にはこのようなソーシャル・キャピタルが重要になってくることがある。たとえば有名な現代アーティストが「アーティスト・イン・レジデンス」で地方に住み込んでリサーチを行なう、そのとき地元の無名アーティストはこのアーティストと一緒に作品をつくることで知名度が上がる。

これらのネットワークのうち、タイプ1のソーシャル・キャピタルと密接に関連するジェイムズ・コールマンの閉鎖論と、タイプ2に関係するロナルド・バートの構造的空隙論を詳細にレビューしておこう。

閉鎖論VS構造的空隙論

教育社会学者、数理社会学者として20世紀後半最大の米国社会学者に数えられるジェイムズ・コールマン（Coleman 1988=2006）は、地域コミュニティが学校とPTAに参加する親の間で形成する凝集的なネットワークに注目する。学校と親だけでなく、親同士のPTAネットワークが築かれている場合、安全・安心が保証される。ネットワーク閉鎖性が外部からの侵入を防いでくれるからである。凝集性はクラックハートの言うように、強い絆により「強く、情緒的で、時間に育まれた」関係性を構築してくれる。これは目的合理的＝道具的ではないコンサマトリー（何か目的を達成するのではなくそれだけで意味がある＝自己充足的）な関係性である。

社会学者であるが、ビジネススクールで組織論を教えるバート（Burt 1992=2006）は構造的制約や

図 1-14　第三者利益と構造的空隙

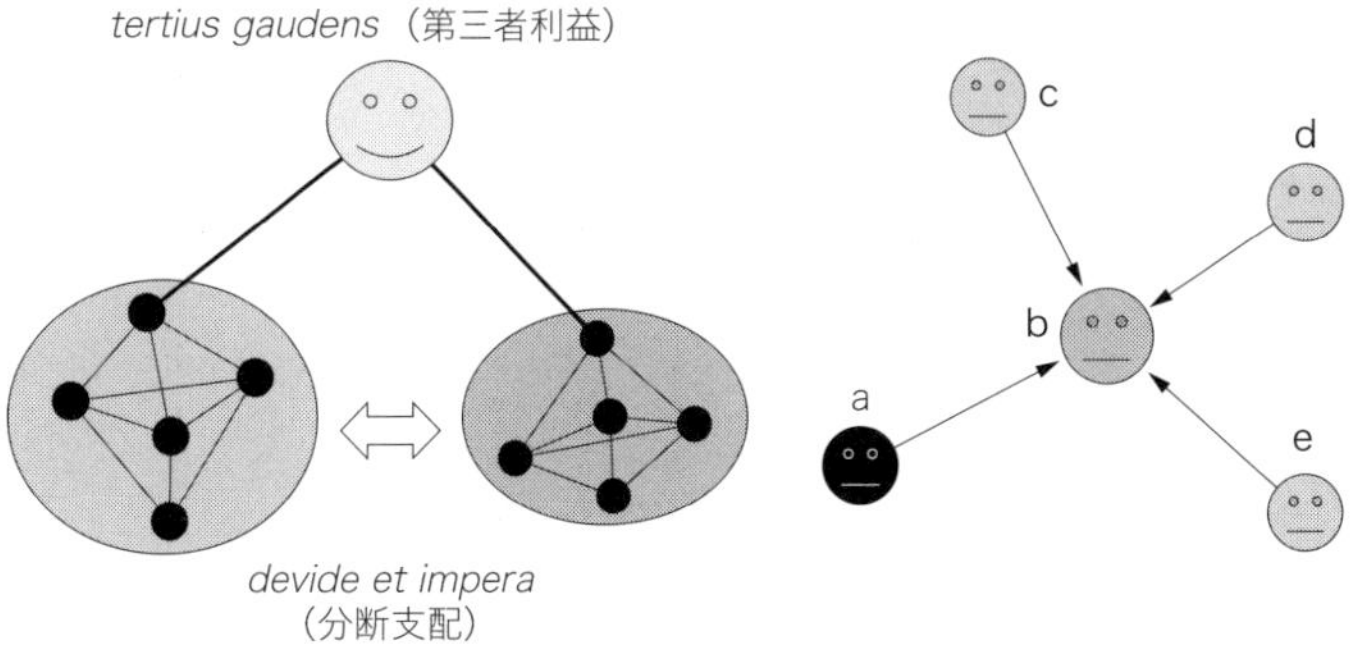

出所：筆者作成。

自律性という概念を提出し、それを構造的空隙論へと発展させた。彼はジンメル（Simmel 1908=1994）の第三者利益（*tertius gaudens*）と分断支配（*devide et impera*）の考え方から（図1－14（左））、ブローカー機会の関数としての構造的空隙を理論化し、そのようなソーシャル・キャピタル概念を強調する。つまり、互いに対立的な関係にある二者の間を取り持って、第三者利益を得るという発想に基づいたソーシャル・キャピタル概念である。

構造的空隙論は、もともとグラノヴェターの「弱い紐帯の強さ」に対する批判として登場した。バートはそれを競争においてアドバンテージをもたらす概念として理論化したため、ネットワーク閉鎖性による規範の確立、連帯性を強調するコールマンのソーシャル・キャピタル論と対置されるようになった。

バートは構造的空隙を「構造的制約」という次のような尺度で計ろうとする（図1－14（右））。いまaはbと業務上の取引関係にあるとする。しかし、bにとってa以外に他に3人の取引関係者がいるので、aは構造的に（＝ネットワーク的に）自律性が低いことになる。逆に言えば構造的に制約が大きい。反対に4つのオプションがあるbは自律性が高く、制約が小さい。バートの構造的な自律性は、ただ独立性が高いというだけではなく、aを仲介してc、d、eの間に新たな取引関係を創出する可能性がある。つまり、aとc、aとd、aとeの間には「ネットワークの穴」が開いている。バートはこれを「構造的空隙」と名づけたのである。つまり〈構造的空隙〉は〈制約〉の逆数として定義され測定されることになる。実際には簡単な行列計算が必要になるが、それについては専門書を参照願いたい。

バートが展開したこのファッショナブルな理論は分断支配を戦略的に肯定し、隙間を狙って自分の利益だけを得ることを強調するため、平等を重んじ社会批判的視点の強い社会学では不人気であるものの、自由市場での企業の競争という価値観を推進するビジネススクールでは重宝されている。コールマンのネットワーク閉鎖モデルとバートの構造的空隙の2種類の対比的ソーシャル・キャピタル概念は、競合的なものとして扱われながらも補完性を持ち、どちらも重要な視点としてその効果が検証され続けている。しかし、どちらかというと構造的空隙の限界を指摘しているものが多く、構造的空隙論そのものに「穴が開きつつある」といっても過言ではない。バート（Burt 2005）自身、閉鎖論の有効性を意識せざるをえず、前書以来久しぶりに出された書に『仲介と閉鎖（*Brokerage and Closure*）』とタイトルを付け、対比資本概念の争いを調停しようとしている。

構造的空隙論の枠組みへの対案としてはクラックハート（Krackhardt 1992）の理論がある。彼はジンメル（Simmel 1908=1994）の考えからバートが注目した第三者利益と分断支配の概念では捉えられていない社会関係の重複を「ジンメル紐帯」として抽出し、以下のように定義する。

定義（ジンメル紐帯）：　二者は彼らがお互いに相互的かつ強く結合しているとき、また彼らが相互的にかつ強く少なくとも共通の1人の第三者に結合しているとき「ジンメル結合している」と呼ばれる。

図では、BCはABCとDBC2つのクリーク＝クラスターに属する。

図1－15ではBCがジンメル紐帯に当たり、バートのような競争的な枠組みでは捉えないで、ABCとDBCを仲介、調停する役割がある。ジンメル紐帯の考え方は実はソーシャル・ネットワークの本来の持つ意味を考える上で重要な意味合いを持っている。クラックハートが挙げている別の例で見てみよう。

図1-15　ジンメル紐帯

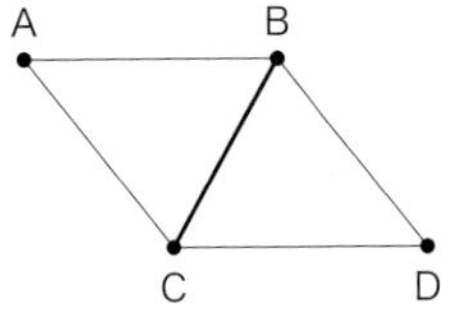

出所：筆者作成。

図1－16は2つのクリークに所属するエゴの例であるが、このエゴは、構造的空隙論によれば、ライバルがいるので多少〈構造的制約〉を受けるものの、2つのクリークの間のブリッジとして新たな結合を張って支配するコントロールパワーを持つと見なされる。[2] しかしクラックハートのジンメル紐帯論では、エゴは2つのクリークから大きな制約を受けていることになる。というのは、このエゴは2つの集団＝クリークに属し、どちらか

図 1-16　構造的空隙論とジンメル紐帯の比較

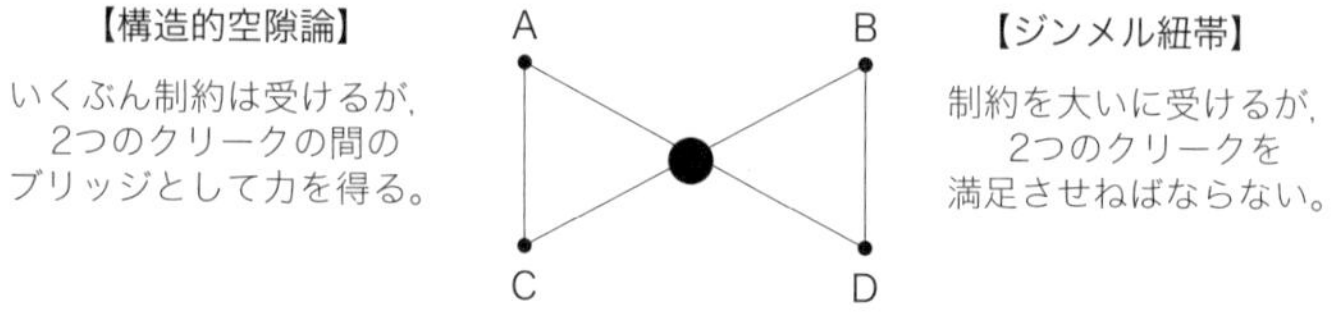
【構造的空隙論】
いくぶん制約は受けるが,
2つのクリークの間の
ブリッジとして力を得る。
A
B
C
D
【ジンメル紐帯】
制約を大いに受けるが,
2つのクリークを
満足させねばならない。

出所：Obstfeld（2005）を参考に筆者作成。

の規範に従わなければならないからである。しかし、それだけに集団を結びつける重要な役割を果たしていると共に、個人は独自のアイデンティティ＝個性を発達させることもできる。同じジンメルの理論から出発しても構造的空隙論とジンメル紐帯論では強調点が異なり、前者ではブリッジが生成されたかどうかに焦点が当たり、後者では集団の規範的統合力に焦点が当たる。これは先のバート対コールマンの戦いが同じ土俵で繰り広げられていることになる。

それでは、どのような場合に構造的空隙論は正しく、どのような場合にジンメル紐帯論が正しいのだろうか。クラックハート（Krackhardt 1992）自身の説明を要約すると、「集団の規範に制約される行動の種類に依存し、それが私的なものであれば（お互いにその行動が見えないので）行為者は自由に行動し、第三者利益が実現されやすく、構造的空隙論の説明力がまさる。反対にその行動が公的なものであれば、その行動がだれにも見えることで規範が効いてくるので、ジンメル紐帯論がまさる」ということになる。これは、バート（Burt 1992=2006）の理論は「自由な」プレイヤーが繰り広げる競争的な市場でのみ通用する議論で、公の領域においては適用性の低い理論であることを暗に示しており、きわめて興味深い説明である。経営学者には好まれるが多くの社会学者がバートの構造的空隙論を無視ないしは避ける理由もこのあたりにあるのだろう。

さて、21世紀に入って構造的空隙論はさらに批判にさらされることになる。アフージャ（Ahuja 2000）は国際的な化学産業企業間の特許データで、技術的協働に関する直接結合、間接結合、構造的空隙の効果を測定し、直接結合、間接結合のイノベーションへの効果はあるとしたものの、構造的空隙の増加はイノベーションに対して負の効果があるとした。さらにバート自身の院生でもあったレーガンスとズッカーマン（Reagans and Zuckerman 2001）とレーガンスら（Reagans, Zuckerman and McEvily 2004）は、研究開発請負企業のネットワークを分析し、ネットワークの強弱以上に、ネットワーク凝集性とネットワークレンジ（ネットワークの多様性）が知識移転に効果があることを示した。

これに関連して、もうひとつ興味深い議論としては、オブストフェルト（Obstfeld 2005）が展開する第三者和合（*tertius iugens*）論である。この概念は、和合するという意味のラテン語 *iugens* に基づいているが、構造的空隙論で強調された第三者利益（*tertius gaudens*）と違い、分断統治のようなコントロールの意味合いがなく、エゴがアルターの間を調整し、調和的結合を促すような第三者関係の形成である（図1-17（左））。

第三者和合と構造的空隙は深い関係にあり、図1-17（右）のように、ダイナミックなプロセスで見れば、相転移可能な相対的なフェーズでしかないことがわかる。つまり、時間1のネットワークが、時間2でAにより和合された場合、時間3において構造的空隙が生成されうる。ところが

図 1-17　第三者和合と構造的空隙

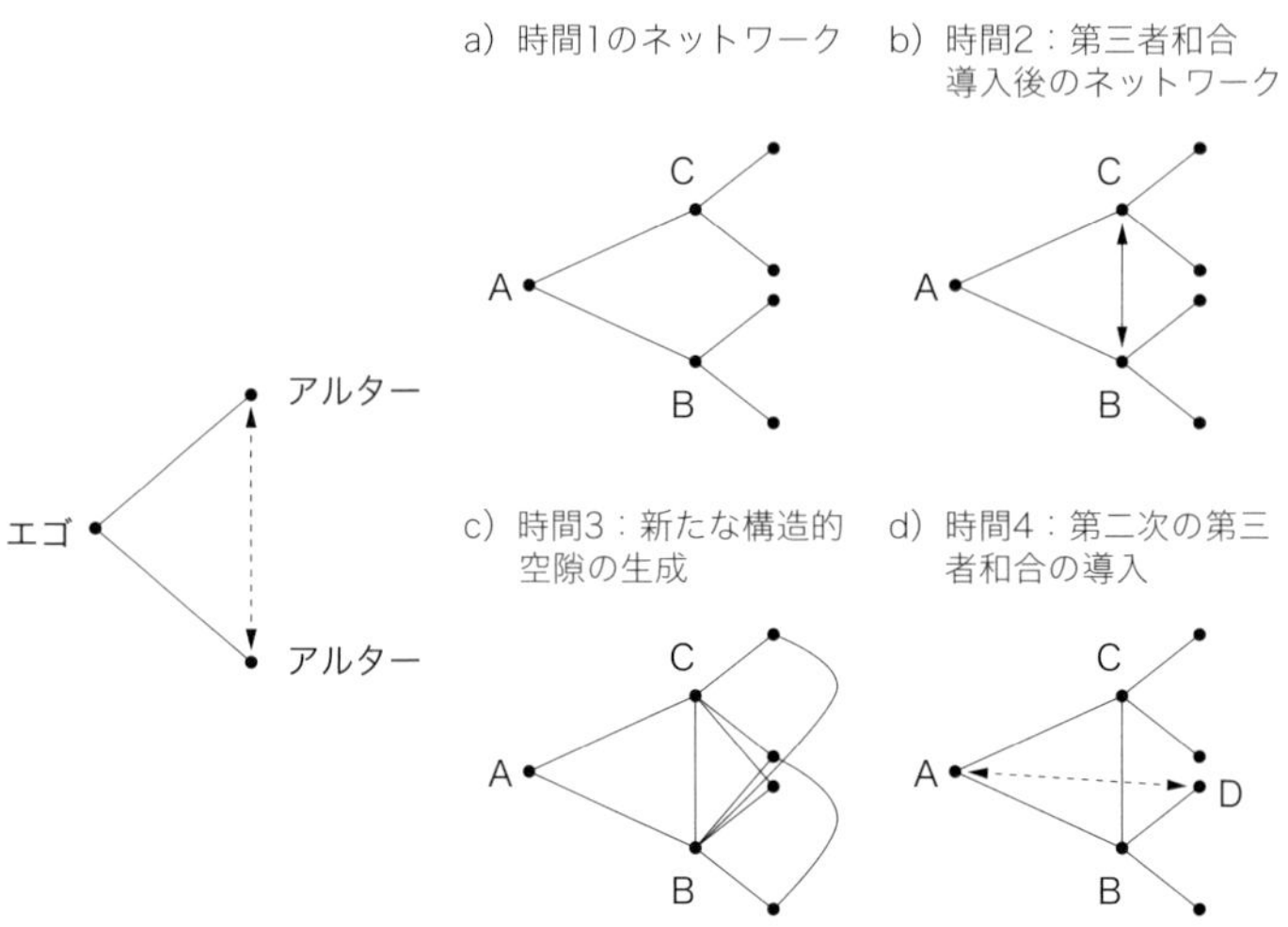

出所：筆者作成。

時間4においてBがAとDを和合させると状況はまた異なってくる。このようにして新たな和合が、新たなアクターを加えながら展開していくようなプロセスの場合、これは新たな知識保持者の組み合わせを生み出すようなイノベーション・プロセスを誘発することになる。同時にそのような過程において新しいメンバーが加わるので、密度は下がり凝集性が増すことはない。彼の議論のおもしろさは、このようなイノベーションを生み出すプロセスにおいて、必ずしもネットワークの分断と支配という構造的空隙の競争的メカニズムからではなく協働的な新結合により、しかも常にアクターも加わりながら結合が増すので凝集性の増加を伴わない知識の生成を説明している点である。

これはのちに紹介する「構造的折り込み」

論に受け継がれている。「密」な、凝集的な関係を避けつつ、新たに他者が加わり創造的な関係を構築することが要請されるようなポスト・コロナ時代のイノベーションには有効なモデルとなりうる。実際に地方での移住者による起業の説明にも使えそうな概念である。

スモールワールド理論（1990年後半以降）：現実の社会のモデルとしてのスモールワールド

1960年代から始まったスモールワールド現象の解明は、その後しばらく研究テーマとしては半ば忘れられたものになった。しかし1995年のWindows95《ウィンドウズ》の発売はインターネットの時代の始まりを告げるものであった。若いみなさんは生まれた時からインターネットは当たり前にあり、何でもウェブで調べることに慣れているだろうが、それ以前は一般の人がネットにアクセスするということはきわめて難しかった。

1990年代半ば、インターネットの台頭によって世界中がつながれる時代が到来した。このような社会状況と、飛躍的に向上したコンピューターの処理能力でソーシャル・ネットワークが「自然科学者」によって本格的に研究されるようになった。ワッツとストロガッツ（Watts and Strogatz 1998）は今や古典となった論文において、スモールワールド現象を説明するためにコンピューターシミュレーションを行ない、その発生を説明するモデルを提出した。

まず、スモールワールドを実現するネットワーク、スモールワールド・ネットワーク（SWN）の条件を挙げておこう。それは①メンバーが多くてもお互いの距離が近いこと、②しかし同じような人＝近くの人とは群れている、③自由に交際相手を選択する、という結果生成されたネットワークである。このようなネットワークの条件①②を一部実現しているネットワークとして、一方の極に、全員が近傍にいる人々と同じ人数だけ交際をしているネットワーク、レギュラー（正則）・ネットワークを考える。その反対の極に、人々が自由にランダムに交際しているネットワークを考える。これはランダム・ネットワークと呼ばれる。

ＳＷＮを生み出すメカニズムを、彼らは微小な確率（再配置確率）で（近傍ではなく）「離れた相手」にリンクを張る＝結合するということで実現させた。ランダムな結合確率を増加させれば微小確率でスモールワールド・ネットワークが発生する（図1－18）。

こうして得られたＳＷＮは、大きな点の数からなり、希薄に結合する非中心化したグラフで、最短パス長は同等のランダムグラフのそれに近いが、クラスター係数はそれに対応するランダムグラフのそれよりずっと大きい。つまり**小さい平均パス長**（L）**と大きなクラスター係数**（C）**を持つようなネットワーク・モデル**である。

微小な遠距離交際によって、スモールワールドが実現し、平均距離が縮まることは、有名なデザイナーが東京から地方に移住することで東京のデザインのクリークと地方の距離が縮まるような現象にたとえられる。現実のネットワークでは一国の首相でも知人の数は知れているので、もし日本国民のネットワークを考える場合には1億2000万人以上という巨視的なネットワークの中では無視できるほど小さい山のように集中しているクラスターにすぎない。しかしパワーという観

図 1-18　スモールワールド・ネットワーク（SWN）発生モデル

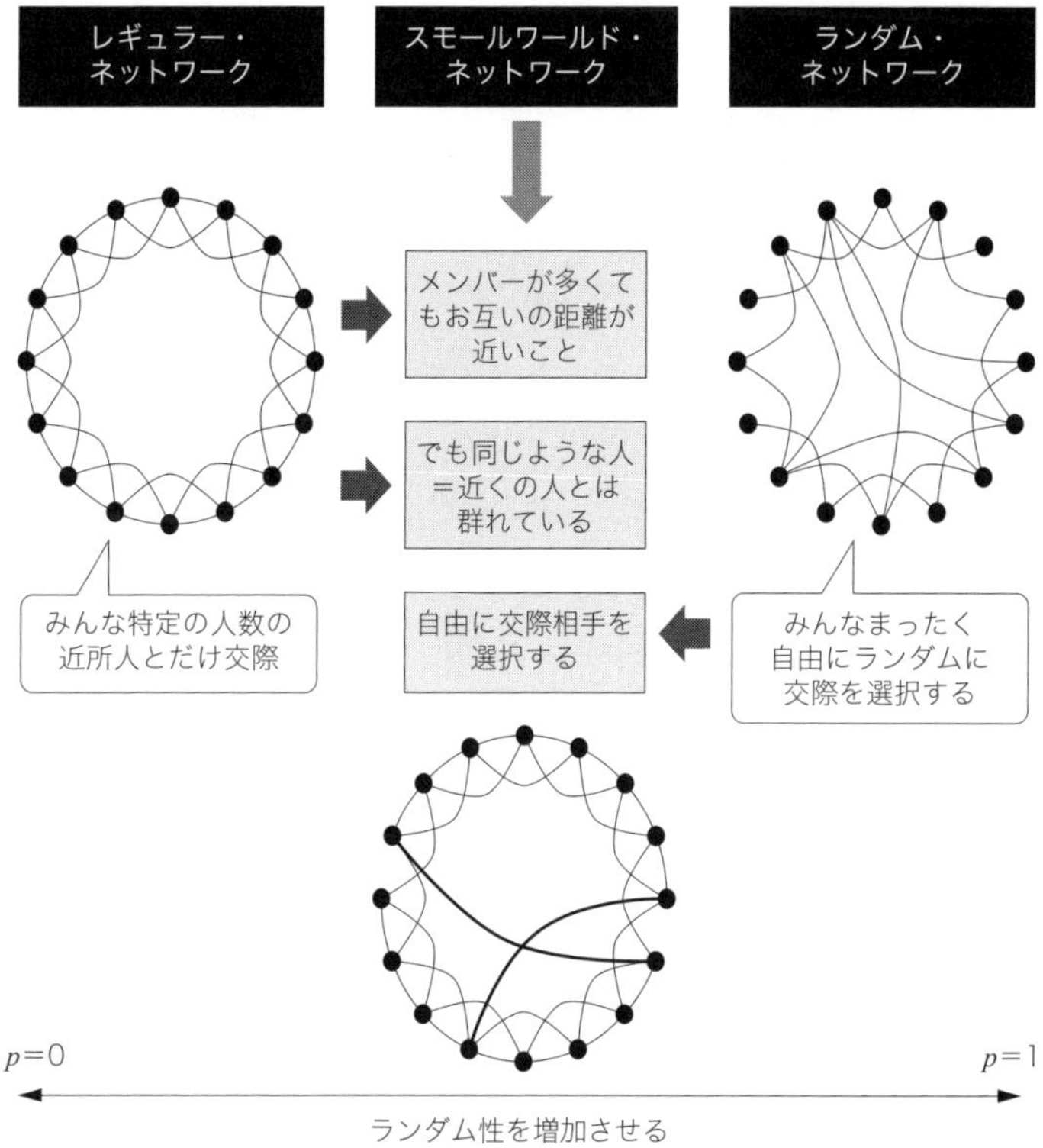

出所：Watts and Strogatz（1998）を参考に筆者作成。

点から考えればきわめて「重要な」少数の人に集中していることは否定できない。先ほど導入したステイタス中心性やページランク中心性は高いのである。

ＳＷＮは現実の多くのネットワークだけではなく脳神経のネットワークなどでも観察されるが、説明のために単純化したモデルであり、それを実際の社会はこうであるというふ

図1-19　優先的選択のしくみ

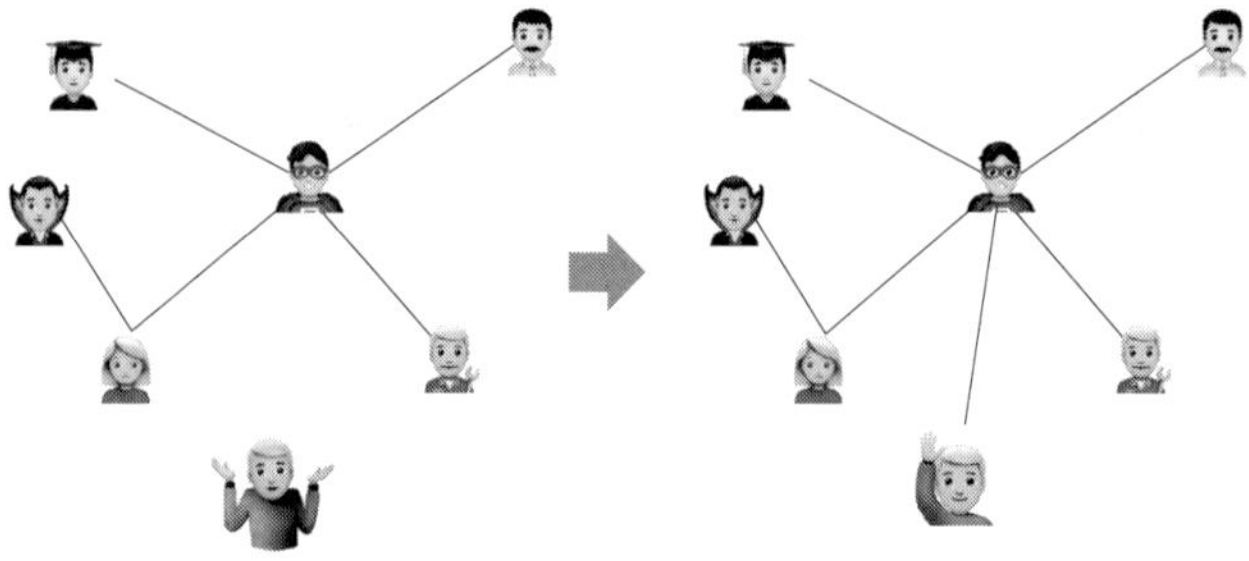

出所：筆者作成。

うに実体化することはできない。実際このモデルで説明できることは多くない。このモデルでは説明できないことのひとつが東京一極集中構造を生み出してしまうような集中現象である。一部のものが雪崩的に流行してしまう現象もこれである。このような集中現象はどのように発生してしまうのだろうか？

この問題に答えを出したのが、バラバシ＝アルバート（Barabási and Albert 1999）である。彼らは優先的選択という「すでに結合の多い点に、より大きい確率で結合する」というルールを導入してモデル化した。たとえば図1－19のように今誰かの力を借りたいと思っている人がいるとして、その人は頼る相手を探す場合、すでに多くの人から頼られている人に頼もうとするのは自然である。こうして選ばれた「スーパーマン」はさらに多くの人に頼られるスーパーマンであり続けることになる。

このルールに従ってネットワークを成長させると（何本か結合を追加していくと）、図1－20（左）のような「マリモ状」のきわめて中心に偏ったネットワークができあがる。図1－20（右）のグラフはその分布を示し、x 軸は何人の人に選択されたか

図 1-20　スケールフリー・ネットワークとその分布

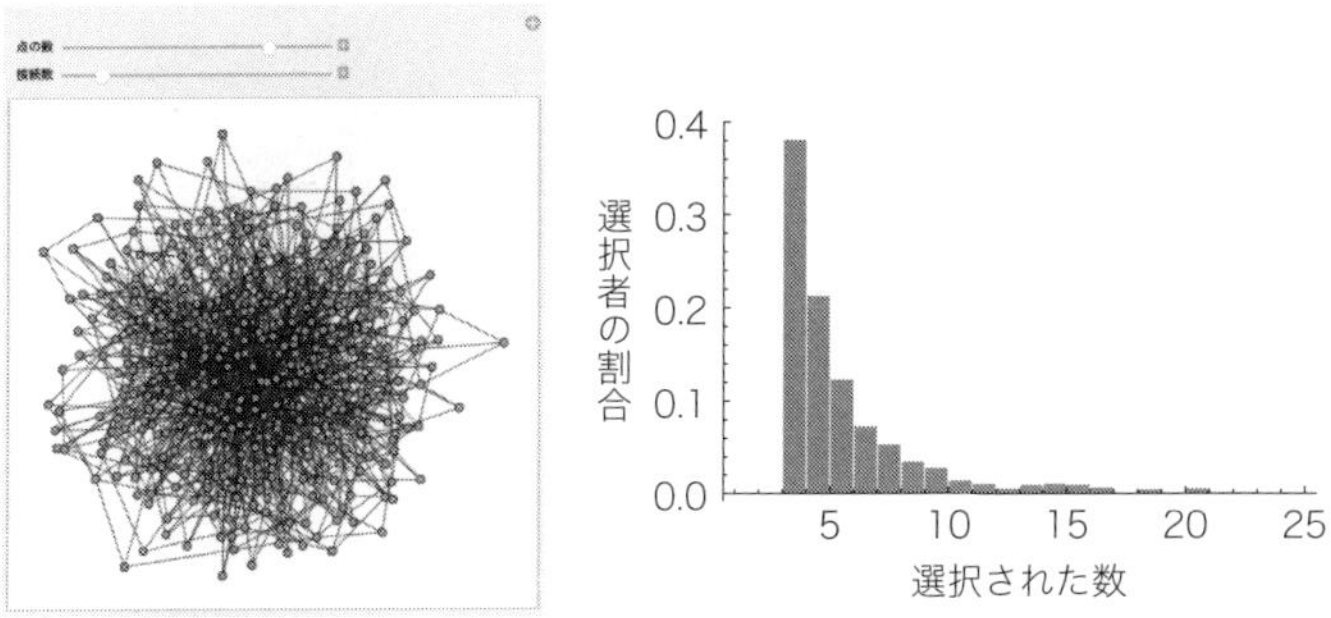

出所：筆者作成。

という数、y軸はその割合を表している。この場合3、4、5人という人が圧倒的で、10人以上の人から選択される人はきわめて少ないということを表している。つまりきわめて不平等な「一人勝ち」＝寡占構造が形成されている不平等分布である。このような偏った分布はスケールフリー・ネットワークと呼ばれる。この分布は偏向しており、身長の分布のような正規分布における平均という尺度（スケール）から自由である（フリー）＝平均をとっても意味がない、ということを示している。それはまさに**新自由主義的資本主義の基本メカニズム**であり、コロナ禍で一人勝ちするＧＡＦＡの支配するアメリカの現状を最もよく説明する。

ＧＡＦＡの社員、ＡＩ技術者のような一部の高給な層と、他方で「ギグワーク」と呼ばれる低所得の不安定な職を大量に生み出してしまう構造である。もちろんある程度の中流所得層は存在するので、これは誇張である。しかしあまりにも格差が大きいため平均所得をとっても意味がない。そのために所得分布ではメジアンという中央値（中くらいの順番の人の

図1-21　ワッツ=ストロガッツ・モデル（左）とバラバシ=アルバート・モデル（右）

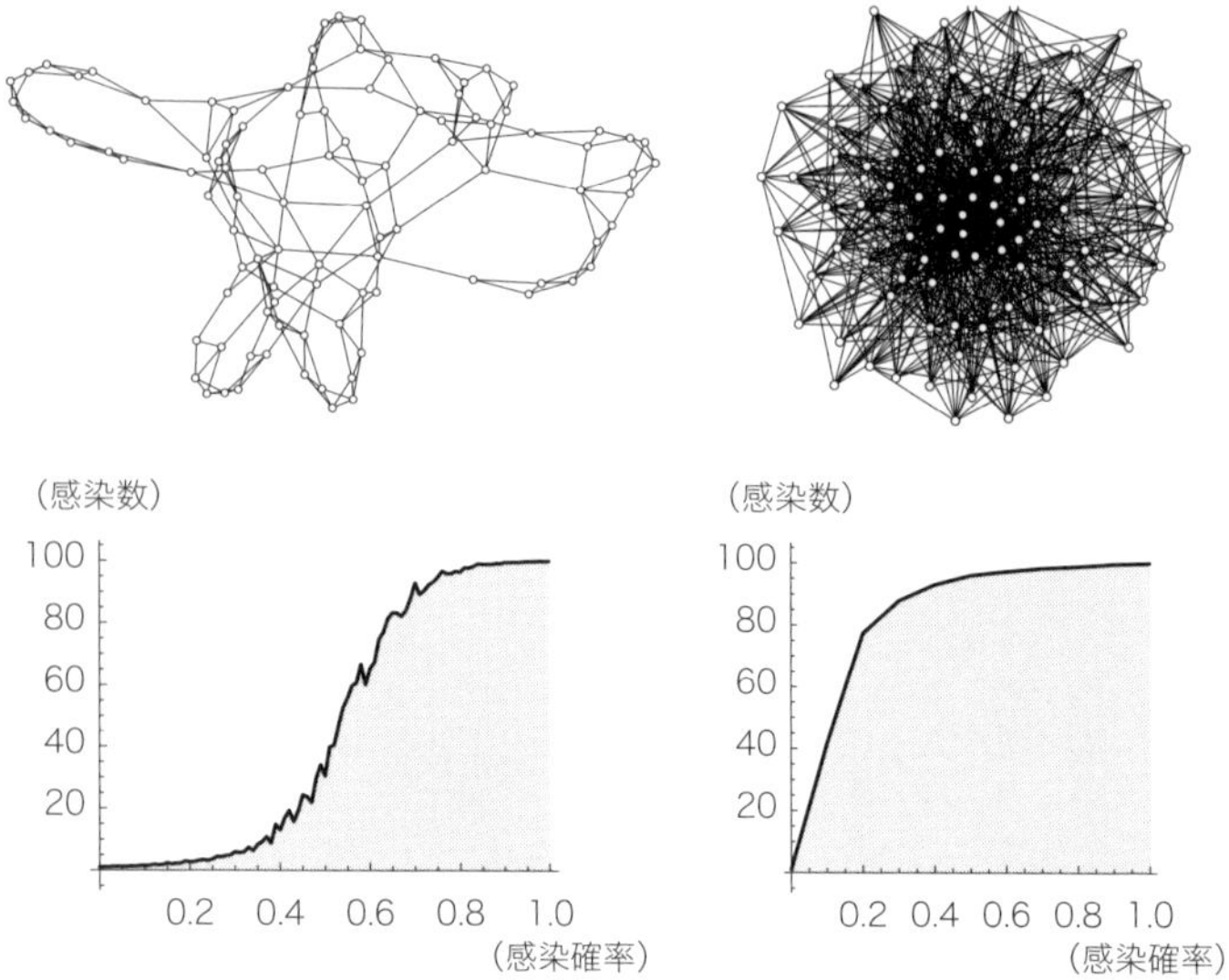

出所：筆者作成。

所得）をとることが通常化している。これはデータ分析の基礎である。

　このようなネットワークモデルは単純化の欠点はあるものの、それだけにさまざまな社会現象のモデル化に利用できる。たとえばどのようなネットワークで感染症が広がりやすいかなどのようなシミュレーションにも利用できる。いくつかの例を示そう。

　ノード100からなる同じような中程度（0・3〜0・4）のクラスター係数のネットワークで感染が広がるとする。ワッツ＝ストロガッツ・モデル（図1ー21（左））とバラバシ＝アルバート・モデル（図1ー21（右））ではどちらの感染スピードの方が速いであろうか？　もちろん最短距離が4・9と1・8なので結果は明白である。ご想像通り、簡単なシミュレーションをしてみると、バラバシ＝アルバート・モデル（スケールフリー・ネットワーク）の方が早く感染が広がってしまうことがわかる。ワッツ＝ストロガッツ・モデルでは0・4の感染確率も20％にしか感染しないが、バラバシ＝アルバート・モデルでは0・2の確率でも80％が感染してしまう。ハブの存在が感染を速めてしまうのである。

このようなモデル化を可能にしたことはネットワーク科学の大きな貢献であるが、だからといって**社会現象独特の論理を研究しないままでネットワークのメカニズムだけを研究してもあまり意味がない**ことも注意しなければならない。

これらの物理学者の研究は、数学モデルによる精密化という利点があるものの、社会現象を見るには単純である。それでは、単純化しすぎた嫌いのある理系的な発想を矯正し、より現実的に社会を見るための社会学的な発想をするためには、どうすれば良いだろうか？　そのヒントは社会学の古典、ジンメルの本の中にある。

アフィリエーションの網の目と構造的折り込み：ジンメル的な視点の有効性

19世紀の終わりから20世紀初期に活躍した社会学者ゲオルク・ジンメル（Simmel 1908=1994）は、社会学ではエミール・デュルケム、マックス・ウェーバーと共に第2世代に当たるが、社会を見る際に他の論者と異なって人と人の相互作用、社会集団に注目しネットワーク概念を社会学に導入したと評価できる。彼は日本語訳本（以下では『社会学』とする）で次のように言っている。

図1-22　社会の同心円モデルと交差的社会圏モデル

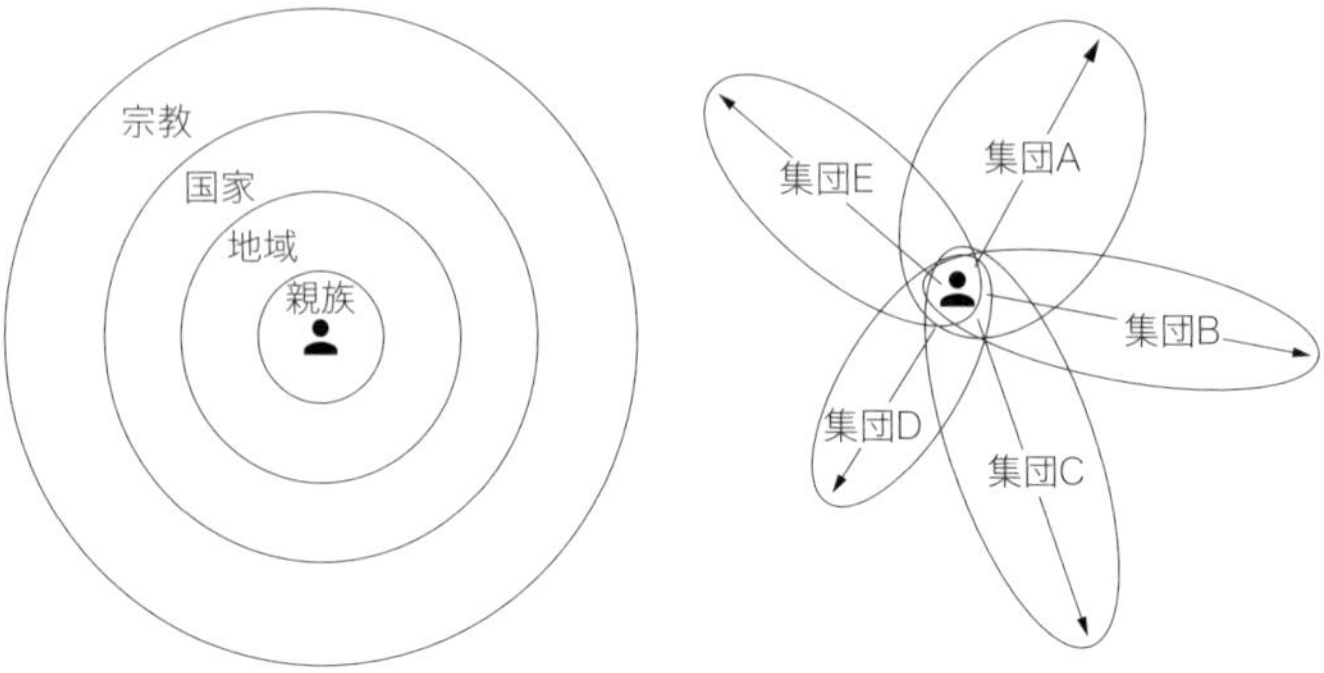

出所：筆者作成。

個人とは社会的な糸が互いに結び合う場所にすぎず、人格とはこの結合の生じる特別な様式にほかならない（『社会学』上巻：12）

「社会的な糸」＝社会ネットワークと考えられる。このために国際ソーシャル・ネットワーク分析学会はジンメルを父と崇め、ジンメル賞という学会賞を設置している。

個人は特定の時代に特定の家族、親族、地域、国家、宗教のもとに生まれる。この場合、われわれはそれを選ぶことはできない。これは社会学ではそのような集団を第1次集団と呼ぶが、前近代的な機能、職業的な分化の進んでいない社会において各個人はこれらの集団に身を任せるように拘束され、各人は各集団に閉じ込められていた。このような社会モデルは、図1−22（左）の同心円状の社会モデルで表現できる。実際ジンメルも「同心円」という言葉を使っている。

これに対して機能、職業的な分化が進んだ近代社会では個人の交際範囲＝「社会圏」が広がり、個人が任意にさまざまな集団に参加していくことによってさまざまな人々と出会い、さまざまな考えに接することにより、諸個人は独自の個性を発達させ統一性を確立する。このような社会圏は図1－22（右）のように、個人を中心として形成され、交差的社会圏、社会圏の交差と呼ばれる。このメカニズムは社会の組成に関わるほど重要なものである。任意に所属する集団としては、企業、労働組合、大学、スポーツクラブ、宗教組織、政党、職業団体、PTA、趣味の団体までさまざまな種類があるが、それでは多数の集団に所属することのメリットはどこにあるのだろうか？　ジンメルは次のように言っている。

　個人の属している諸集団はいわばひとつの座標系を形成し、そこで新しく付け加わるそれぞれの集団が、個人をより正確により一般的に規定するようになる。それぞれひとつの集団に加わるごとに、個人にはさらに広い活動の余地があたえられる。しかしそれが多くなればなるほど他の人間も同じ集団の組み合わせを示すであろうということ。これらの多くの圏がいつかはひとつの点でたがいに交差することは、ますますありそうのないことになる。（『社会学』下巻：25）

つまり、新しい集団に所属するごとに、個人は自分の社会空間での座標を新たに位置づけることができる。それは集団が個人レベルとは異なる（組織）空間で占めている座標軸に位置づけられることになるからである。そのために図1－22（右）で示しているように、個人はさまざまな方向を向いた複数の集団の範囲で、異なる直径の範囲で行動することができる。活動によって個性も差別化されるようになり発達する。しかし同心円的な集団社会では活動の範囲と方向は限られ、個性の発達は妨げられる。おもしろいのは、ジンメルは個性化が進むのは「同じ人間が同時に参加しているさまざまな圏においてまったく異なった地位を占めることができる」（『社会学』下巻：29）からだと考えている点である。ひとつの集団では上位を占めても、また他の集団では下位を占める。そのことで個人はより人格的にも磨かれ、人間としても成長する余地があるということであろうか。これは将棋界という集団では王位を奪った藤井聡太八段（執筆時点）が、高校という集団では単なる生徒で、教員に教えられる立場であることに相当する。

また個人が多数の集団に、同時に、重複的に参加することは社会集団の連鎖を生み出し、ネットワークトポロジーを複雑に拡大していく。これは先に導入したジンメル紐帯が基礎的な単位として関わる。図1−23のように7などの重複集団参加によってはAとDは7を通してつながるが、AとBは相互に凝集的につながりCという高位の凝集的集団を形成する。また、DとEも相互凝集的につながる。このように「構造的凝集」（Moody and White 2003）と呼ばれるネスト化されたクリーク構造の連鎖が生まれる。

7は集団を連結する重要な役割を果たしているが、構造的空隙を埋めコントロールしようと結合を戦略的に張っているわけではない。こうして集団は規模を拡大すると共に分化して新たな集団を継続的に形成していく。もちろん時には結合の切断、個人の死去などにより集団の分裂と対立を伴

図1-23　構造的凝集モデル

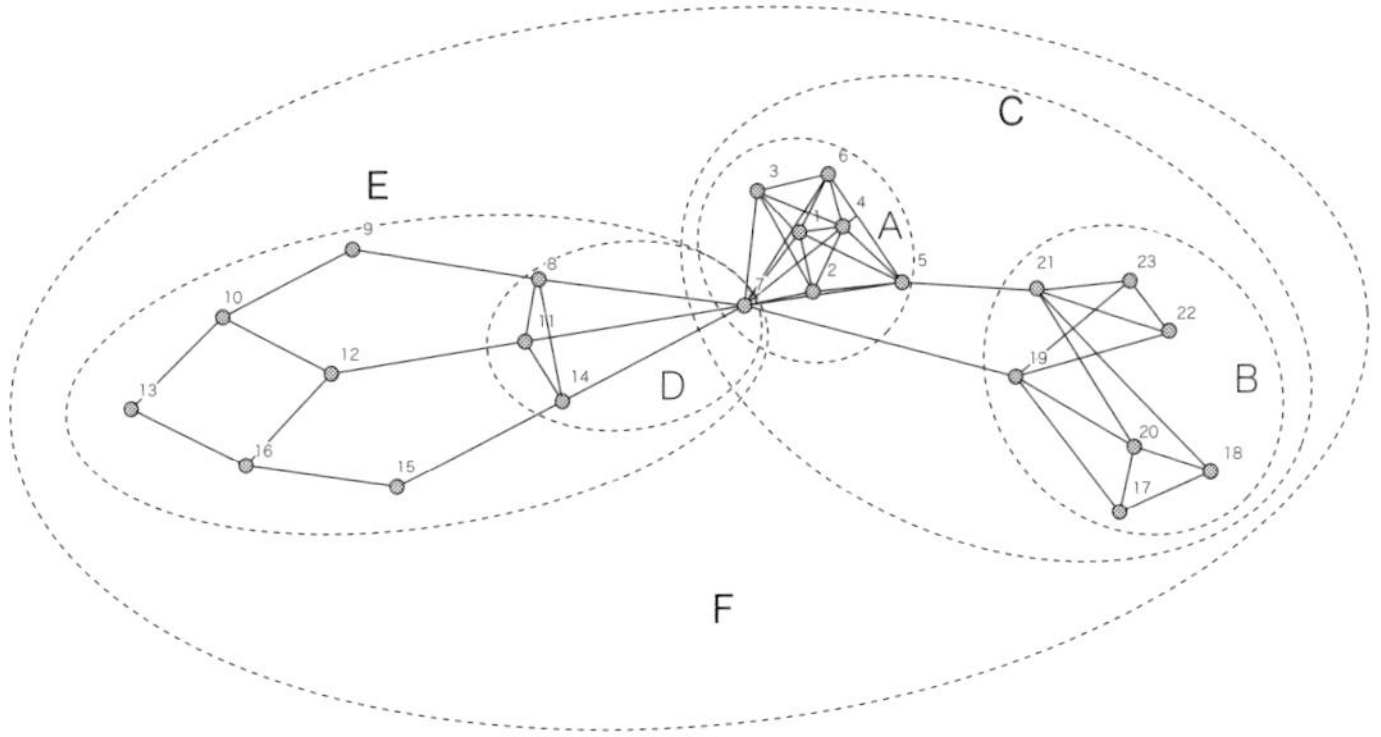

出所：筆者作成。

うが、組織集団は組織する資源を巡って離合集散を繰り返す。かつて政権をとった日本の民主党が分裂したあと再結集しようとしているのもこのようなプロセスで見ることができるかもしれない。あまり期待はできないが……。

このようなジンメル的な凝集の連鎖結合という概念を基礎にして、凝集的集団の歴史的＝系統学的な離合集散に注目し再結合的イノベーションに注目したのが「構造的折り込み」論である。

ベドレとスターク（Vedre and Stark 2010）は、社会主義政権の崩壊と国営企業体制の崩壊後、さまざまな企業がグループを形成し離合集散を繰り返してきたハンガリーの企業グループ１６９６社（１９８７～２００１年）を分析した。そこでは元政権党の政治エリートや国有企業の幹部もさまざまな企業に散らばることになった。外国資本も入り込み、合弁企業などの多民間企業が次々生まれたが、経営エリートの流動性

図1-24　構造的折り込み

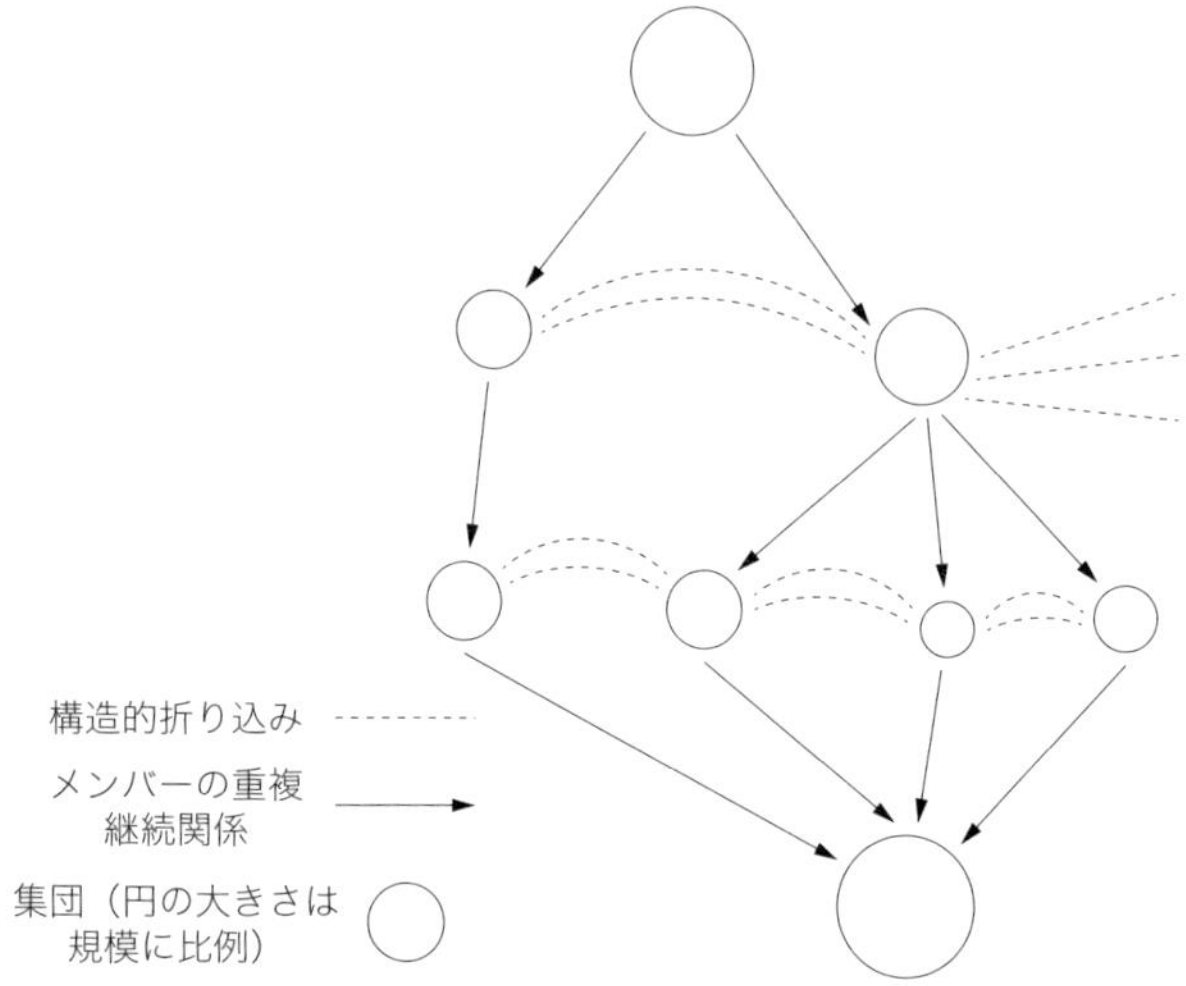

出所：Vedre and Stark（2010）を参考に筆者作成。

が高く、経営エリートや企業が離合集散する中でエリートたちは国有企業を解体し、部分的に引き継ぐ過程で、メンバーが重複しつつ、次々に新しい企業が生まれていく。そこではお互いが引き継いだ資源がさまざまな企業で再結合される。このような凝集性の連鎖を「凝集性の系統」と名づけ、「間凝集性」＝交差する凝集的集団からつくられるネットワーク構造と定義し、図1-24で示されるネットワークポジションを「構造的折り込み」と呼び、バートの構造的空隙と対置した。

間凝集性が見出されるところでは集団の継続に関して不安定性があるものの、企業集団の業績も高いことが見出された。そこでは破壊を伴った「創造的な摩擦」が生じつつも、新しい企業が生まれ、イノベーショ

図1-25　構造的空隙と構造的折り込みの比較

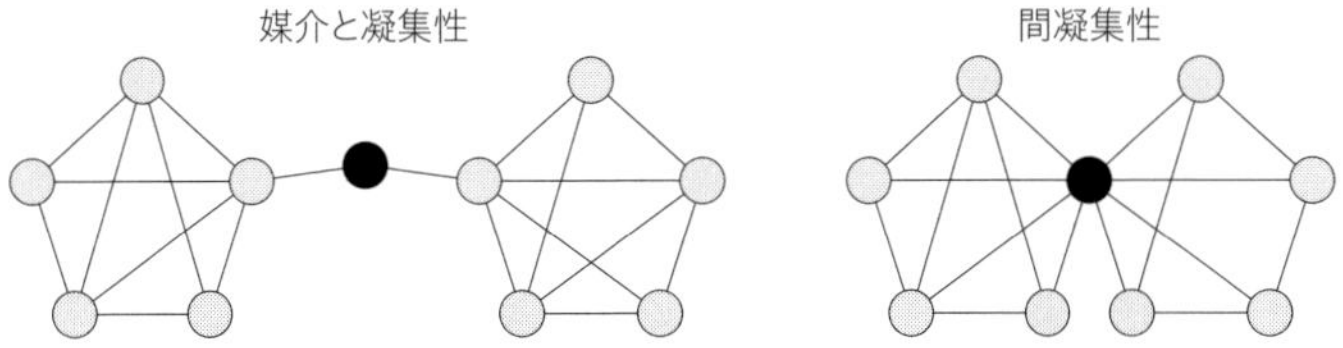

出所：Vedre and Stark（2010）を参考に筆者作成。

ンが生まれる。これはシュンペーターによる創造的破壊と再結合によるイノベーションの議論に近い。社会集団の分裂や生成に注目する社会学独自の知見がここに導入されている点が重要である。構造的空隙と構造的折り込みの相違は図1－25のように表すことができる。

個人の社会圏がこのように重なり合う現象は、すべての個人にとっても同時に起こりうるので、実際にはネットワークは複雑になる。これをどのように表せば良いだろうか。ひとつは、図1－26のように集合として表す方法である。集合を円として表し、今ここの要素は表現しないが、円の大きさは成員の規模を表し、円が重なった部分の面積をお互いの集団成員が共通する部分だと考えてほしい。あなたはここでは集団A、C、D、Eに参加しているとすれば、あなたは最も多くの集団が交わるポジションにおり、さまざまな情報が入ってくると共に、各集団の規範ややり方に従わなければならないので、あなたは緊張関係にも置かれることになる。あなたはある集団では幹部であれば、最も地位の高い集団を第一に考えるようになるかもしれないが、そうでないかもしれない。集団にはあまり深くコミットしていないが、そのことによってかえって存在価値が出てくることもある。

図1-26　交差的社会圏と個人の個性

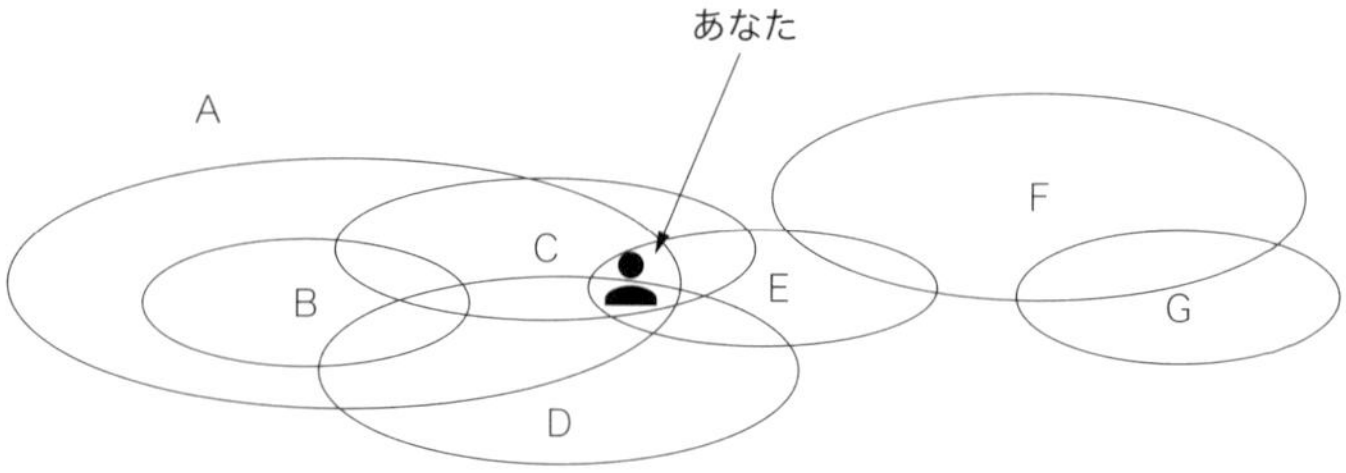

出所：筆者作成。

個人は多集団に属していても思ったほどアイデンティティが分裂するわけでもなく、多集団に属することでかえって個性が醸成され、統一を保とうと強い自我が形成される、というのがジンメルの考えである。

お気づきだと思うが、このような多重的な集団の交差によってネットワークがどこかでつながるため、近距離でつながることもできるが、**なかなかお互いの距離が縮まらず、ある程度の隔離もできるということがネットワークのトポロジー（位置関係）によって可能になる**こともわかるであろう。

コロナ禍の時代に、これは感染を封じ込めるためのモデルとしても使えないかと言えば、たしかに使える。しかしより重要なのは、社会集団は単につながるだけではなく、自分の目的を達成するための組織的な活動のための資源の蓄積サイトでもあり、同時に活動網であるので、われわれがさまざまな社会集団にアクセスし（アクセスできない場合もある）、蓄積された資源を活用していくのかというネットワーキングを論じる際のモデルになりうる。またイノベーションの観点から、先ほどの「構造的折り込み理論」風に言えば、**集団が交差するようなポジションの周辺では価値観の違う人々がぶつかり合って衝突が起こるため、新たな化学反応が新結合により起こりやすく、そのぶんイノベーションが起こりやすい**と言えよう。

このようにジンメルが100年前に展開した、体系的ではあるがやや散文的な理論は多くの社会学者、特にソーシャル・ネットワーク分析の研究者にインスピレーションを与えてきた。2018年の没後100周年を機にジンメルの読み直しが流行となっているものの（徳田ほか 2018; 徳田 2020）、日本では社会理論の専門家が中心であり、ソーシャル・ネットワーク分析的に読み返されることが少ないのが惜しまれる。

引き続く3つの章では、ここで導入したソーシャル・ネットワークの考え方を活かしながら、筆者が提唱する「3つの『疎』戦略」について展開していくことにする。

第2章

管理中枢からの社会的距離戦略

――いかに自由に、自立して働くか

【第１の「疎」戦略】

「密閉」を避け，自分が選んだ空間と時間に働くための
テレワークとフリーランスという働き方

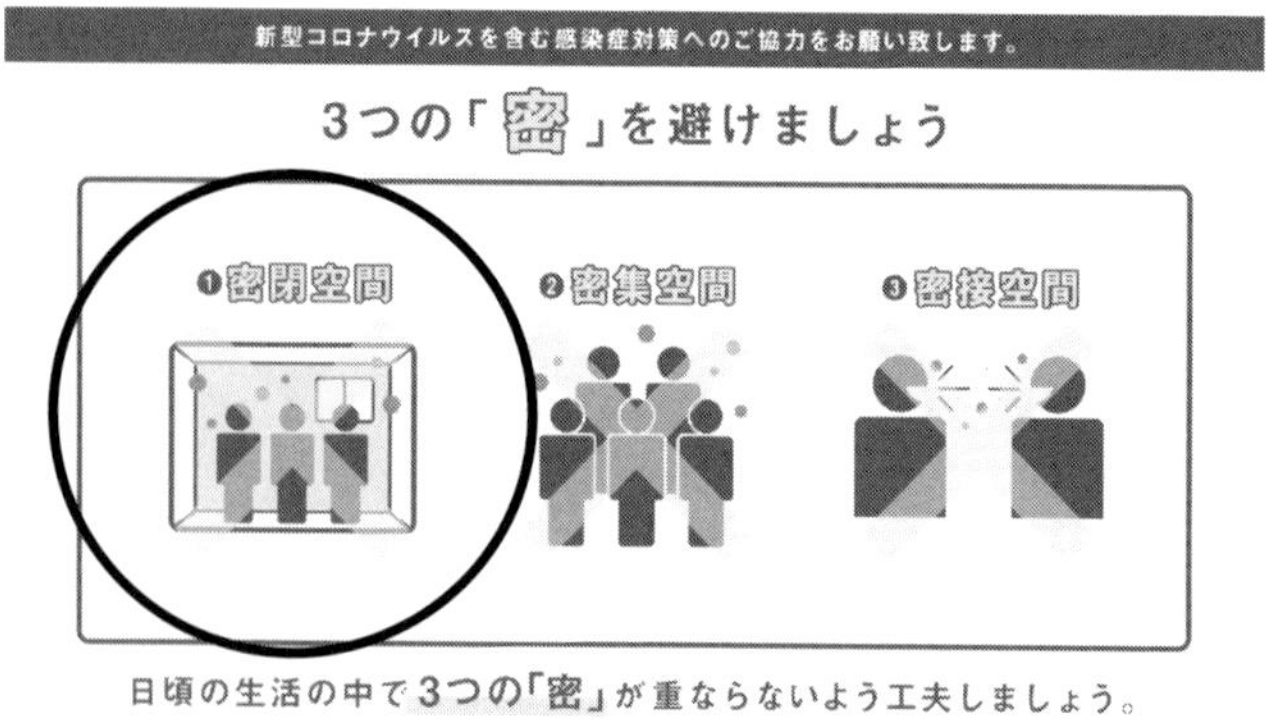
新型コロナウイルスを含む感染症対策へのご協力をお願い致します。
3つの「密」を避けましょう
❶密閉空間
❷密集空間
❸密接空間
日頃の生活の中で3つの「密」が重ならないよう工夫しましょう。

1　テレワークを3つのベクトルに分解する

「テレワーク」とはそもそも何かという疑問に答えるためには、社会で前提とされていることをそのまま受け取らない批判的思考と、物事を部分に分解してみる分析的思考が必要である。この節ではそのような観点からテレワークを解剖してみたい。

実のところ今までのテレワーク論では、「テレワーク」や「在宅勤務」と「リモートワーク」はどう違うのかという「そもそも論」があまり議論されてこなかった。また、データ分析によるエビデンスに基づいてテレワークを議論しているものもほとんど見出せない。この本ではそのような間隙を埋めてみたい。

テレワークはそもそも多義的であいまいな概念であり、大学の研究者がそれを精査しているような「学術的な用語」ではなく、カタカナの「ビジネス用語」として流通している言葉である。「在宅勤務」「リモートワーク」とは相互互換的に使われ、学者もその違いを深く考えずに使っていることが多い。実は日本では通信会社、通信行政＝総務省などがテレワーク推進の旗振り役となってきたこともあり、表現は悪いが、この言葉は「通信業界、通信（総務）行政の利害が絡んだスローガン的用語」と言える側面がある。コロナ禍後、いち早くテレワークを始めたのはＩＴ産業である。

そこで、まずは社会学者としてすでにテレワークを長年研究してきた佐藤（2006; 2008）を導きの糸としてこの言葉の定義を明確化していきたい。佐藤はこれを「情報通信機器の活用を前提に、従来の職場空間とは異なった空間を労働の場に含みながら、業務としての情報の製造および加工・販売の全部あるいは一部を行なう労働の形態」と定義し、「労働空間」と「雇用形態」によって以下の4つのタイプに分類している(3)。

Ⅰ　在宅勤務型：　正規の企業や機関の従業員が、職場のオフィスだけでなく、自宅でも働くタイプのテレワーク。「完全在宅勤務型」と「部分在宅勤務型」に分かれる。

Ⅱ　モバイルワーク型：　営業などの社員が、職場や自宅だけでなく、移動中の乗物内や喫茶店などで事務処理をこなすタイプ。

Ⅲ　在宅ワーク型：　自宅で仕事をするが、クラウドソーシング会社などからの請負労働に従事するタイプ。

Ⅳ　ＳＯＨＯ《ソーホー》型：　小規模オフィスや自宅などで、事業者として、ＩＣＴを利用して業務を行なうタイプ。

ＳＯＨＯ（Small-Office / Home-Office の頭文字）型を分類しているところが佐藤の特徴であるが、これは後の章で述べるように、今後の働き方を考える上での卓見であると言える。日本テレワーク協会自身はＳＯＨＯ型をあまり重視しておらず、図2－1のような分類を行なっており、総務省もこれを踏襲している。

図 2-1　テレワークの典型的分類

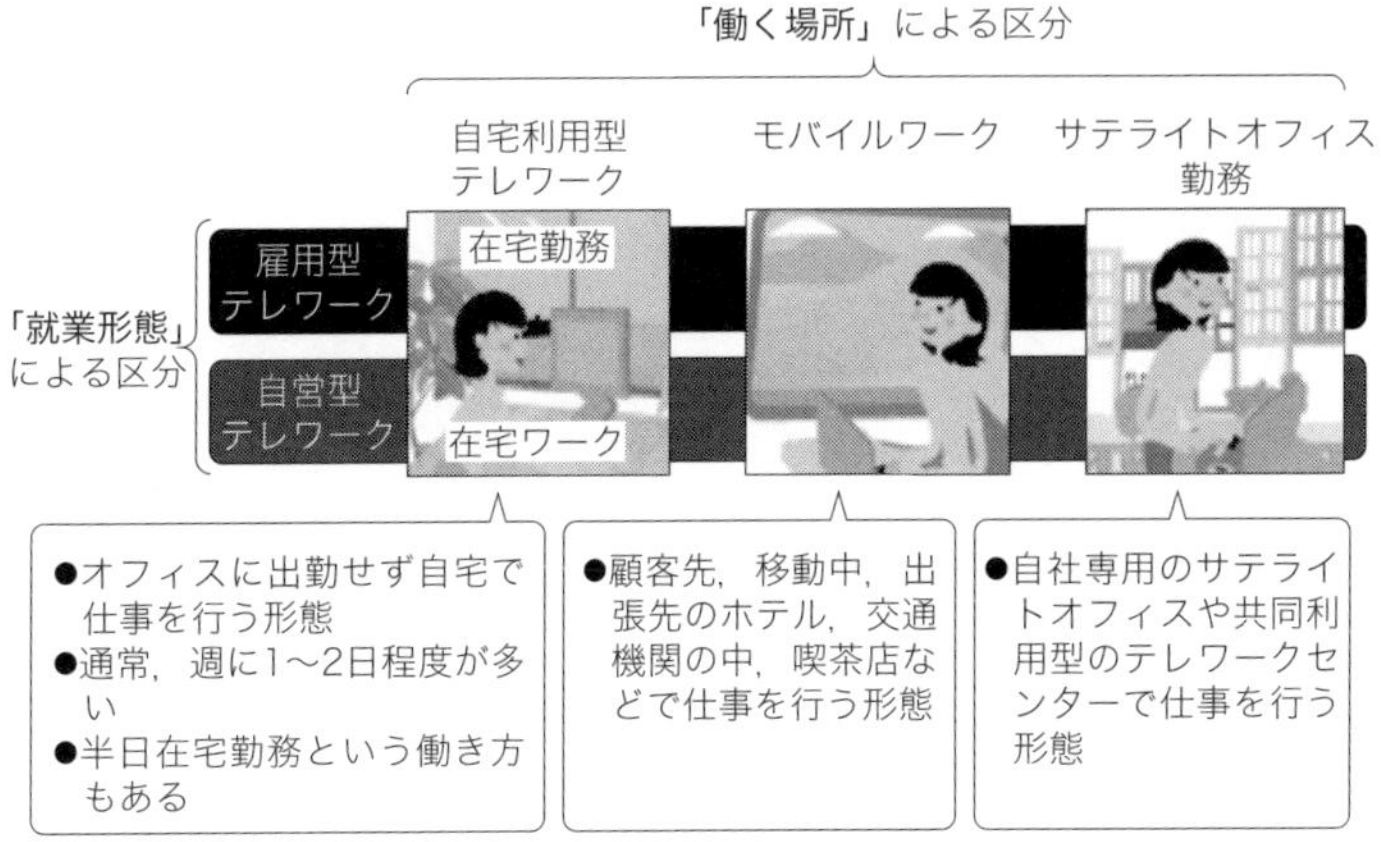
「働く場所」による区分
自宅利用型テレワーク
モバイルワーク
サテライトオフィス勤務
「就業形態」による区分
雇用型テレワーク
自営型テレワーク
在宅勤務
在宅ワーク
●オフィスに出勤せず自宅で仕事を行う形態
●通常，週に1～2日程度が多い
●半日在宅勤務という働き方もある
●顧客先，移動中，出張先のホテル，交通機関の中，喫茶店などで仕事を行う形態
●自社専用のサテライトオフィスや共同利用型のテレワークセンターで仕事を行う形態

出所：日本テレワーク協会（2016）から抜粋。

大規模なサンプル調査を行なった総務省の統計によると、「自宅利用型テレワーク」「モバイルワーク」「サテライトオフィス勤務」は重複を含めてそれぞれ24・2%、66・8%、15・3%を占め、大多数は営業などに多い直行・直帰の「モバイルワーク型テレワーク」であるのは興味深い。つまり、営業的なモバイル労働がコロナ感染のリスクで自粛され、**おおよそ3割**の人が在宅勤務、テレワークを始めたとされる2020年のコロナ禍以前は、テレワークの実態は単なる「モバイル的労働」にすぎなかったのだ。テレワークがいかに一般的でなかったかは図2－2のようにウェブの検索結果でも明らかである。

コロナ禍の2年ほど前から始まった政府の「働き方改革」政策と「女性が輝く社会」実現政策の議論のおかげもあって、優秀な女性の労働力の確保につながると考えられるテレワーク導入に踏み

図 2-2 「テレワーク」のワードトレンド

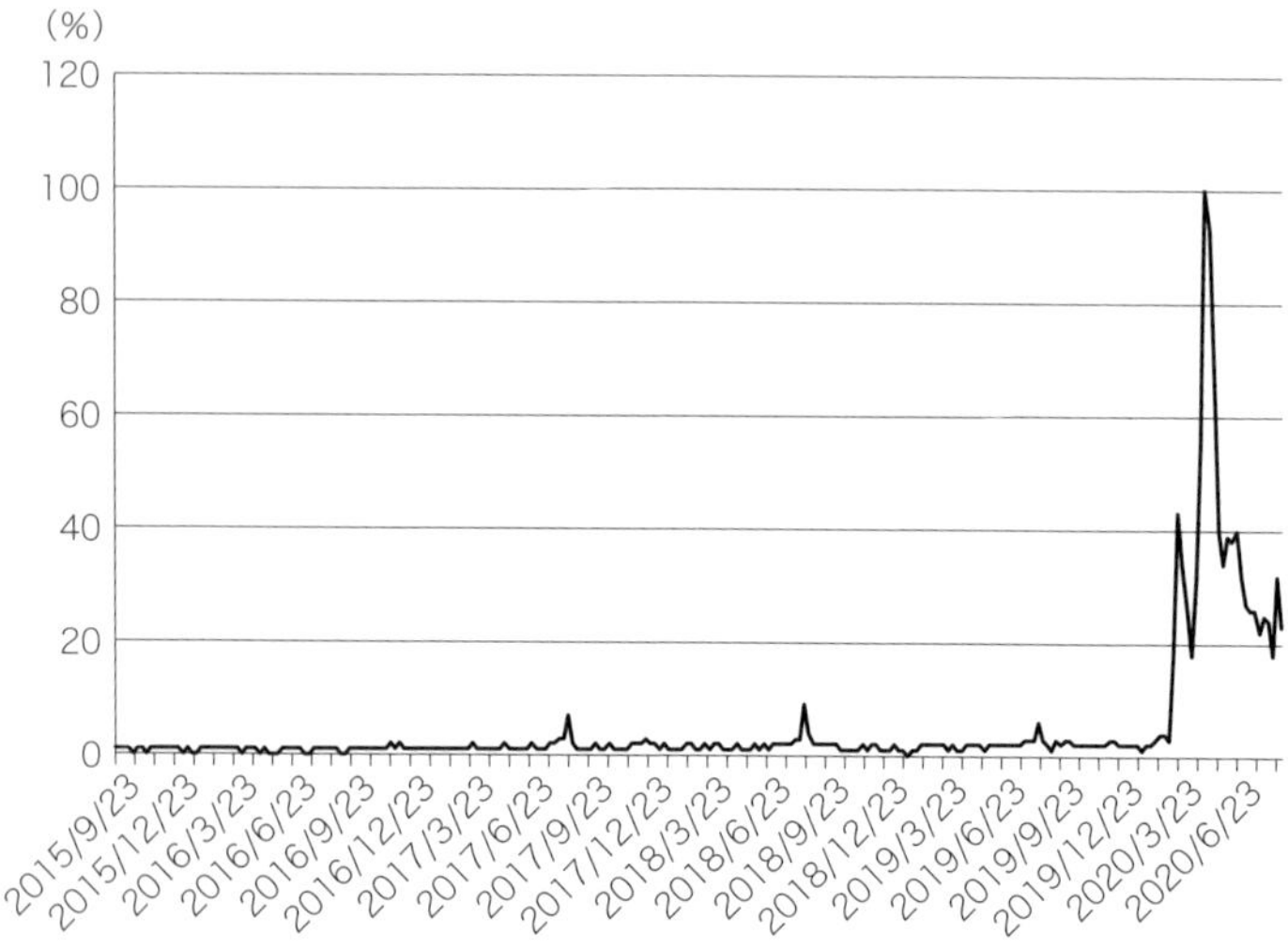

出所：Google Trends（2020 年 8 月 17 日）。

出した企業はたしかに増え始めてはいた。しかし実際にテレワークを積極的に導入していたのは、家庭の隅々にまで情報通信技術を広めたい情報通信業界や、女性の多い事務中心の職場であった。２０２０年のコロナ禍があるまでは、テレワーク者数も伸び悩んでいたのである。実は２０１９年も含め、数年前から東京オリンピックの混雑緩和策キャンペーン（「テレワーク・デイズ」）が行なわれ、２０１９年夏〜秋には台風被害で一部テレワークが行なわれたにもかかわらず、検索数は伸び悩んでいた。

つまりテレワークは、本気で導入が考えられていたわけではなく、**コロナ禍のような「突発的緊急事態」に対応して労務管理者たちが余儀なく始めたもので、労働者が言い始めたわけでもなく、もちろん本来は**

労働者の立場に立った考え方でもないという点は押さえておく必要がある。経営管理者たちは「そんなことはない、労働者のためにずっと導入の機会を窺っていた」と答えるかもしれないが……。筆者としては「もしコロナがなかったら、あなたたちはそうしなかったでしょ」と軽く反論しておこう。

ここでテレワークという概念の持つ多面性（ベクトル）を理論的に分解してみよう。「テレワーク」はしばしば「リモートワーク」や「在宅勤務」と置き換えられ、この3つの概念はほぼ相互互換的に使われるが、筆者に言わせれば、これは「遠隔性」と「在宅性」という強調点のやや異なるモメント（ベクトルと言っても良い）を表現したもので「強引な同義語」である（難しく言うと、「弁証法的統合」表現である）。これを論理的に説明しよう。

「リモートワーク」は、文字どおり「遠隔性」を強調した概念であり、英語でもテレワークは**telework**、**telecommuting**、**remote work**と呼ばれ、「テレワークする」と言うよりも「在宅勤務」＝**work from home**と言う。バンクシーも**Instagram**で「私が在宅するので妻が嫌がる（My Wife hates it when I work from home）」という内容の作品を発表している。したがって日本的にテレワークを「本来の職場」から離れて働くという文字通りの意味で捉えるのはそもそもおかしい。仕事の内容がはっきりした「ジョブ制」（仕事に対して人を割り当てる形式）の強い欧米では、テレワークに関して運用上は十分柔軟化が可能であり、理屈としては「職場にいなくても実績を出せば仕事はどこで行なっても良い」ということを内包している。つまり「労働側の力」がある程度強い場合、解釈次第ではある程度管理中枢の監視の目から離れて働くことを容認する柔軟な働き方である。とりわけスキルの高い労働者に依存するＧ－ＭＡＦＩＡ《ジーマフィア》（Google, Microsoft, Amazon, Facebook, IBM, Apple）のようなＩＴ企業では、労働者を引き留めるためもあり、「好きな場所で自分流に働ける自律性の高い働き方」を許容していると考えられる（日本ＩＢＭは早くからテレワークを導入していたことで有名である）。

東海岸や西海岸の一部を除いて郊外から自動車で通勤することが一般的な米国では、自動車交通混雑を解消し、大気汚染を削減する社会環境的効果もある「テレワーク＝リモートワーク」は推奨されている。そもそも本社が都心にある必要はない（筆者の研究の武器であるMathematicaを作るWolframという数学ソフト会社もイリノイのチャンペーン郊外にある）。特に環境意識も高く、ＩＴ産業が多く立地し、政治的にもリベラルなカリフォルニアでは、「テレワーク＝リモートワーク」はほぼ常識となっている。一般にＩＴ産業では州にかかわらずこのような働き方は普及している。また電車や自転車での通勤が比較的多いものの、労働組合の比較的強い欧州でも「労働者側の視点に立った、柔軟な働き方」として経営者側もある程度認めざるをえない。企業ブランドや企業の評判向上につながり、高度な人材獲得に有利に働くからである（金光 2018b）。

他方、国土が狭く電車交通網も発達し、かつ仕事の領域があいまいで「メンバーシップ制」（先に企業に人を採用してから仕事を割り当てる形式）が強い日本では、「職場自体にいること」の意義は大きく、労働組合も協調的で弱腰であるため、経営側の監視の目を離れて働くことは本来許容される働き方ではない（無駄な残業が多かったのもこのような理由からである）。つい最近までほとんどの企業では副業さえ禁止されていたような日本の企業風土では、これは当然かもしれない。したがって、テレワーク＝在宅勤務を許される場合は、育児・介護など特別の事情があり、正社員としてもそれなりの裁量を与えられる層か将来をある程度期待されている経営側に従順な層に限られる。

そのため、管理基地となる職場から離れた管理のきく中継地（サテライトオフィス）や、（仕方なく）自宅空間で情報通信機器に厳重につなげて仕事をさせるという管理的視点がどうしても強くなる。その証拠に、日本では先ほども見たようにテレワーカーの中では「モバイル型ワーカー」が圧倒的に多い。それは彼らが企業の顔とも言える営業職として取引先回りが主たる仕事であるため、裁量権を与えざるをえないからである。そのような日本の文脈では、「テレワーク＝離れた場所で仕事する」が「労働者のことを考えた自宅での働き方＝在宅労働」とはベクトルの向きが異なっているのは明らかである。つまり「遠隔性」＝リモートベクトルを厳密に徹底すると、「在宅性」＝ホームベクトルは薄められるので、自宅で働き、かつ自律性が高い「自営型」や「ＳＯＨＯ型」労働（・事業）は日本ではこの範疇に入らず、しばしば定義から排除されることになるのである。これとは反対に「在宅労働」としてのテレワークはもちろん「遠隔性」よりも「在宅性＝家で柔軟に仕事をしていること」を強調した概念であり、「情報通信機器を使って、自分の好きな場所で、自分のやり方で仕事をする」という**「自律性、自由」というモメントを含む概念**である。

図２－３のように、この２つのモメント、ベクトルの他に、単に正社員の営業職が取引先との関係で直行・直帰する「モバイルワーク」ではない移動性の高い働き方、たとえばモバイル機を使っ

図 2-3　リモート形態での労働空間

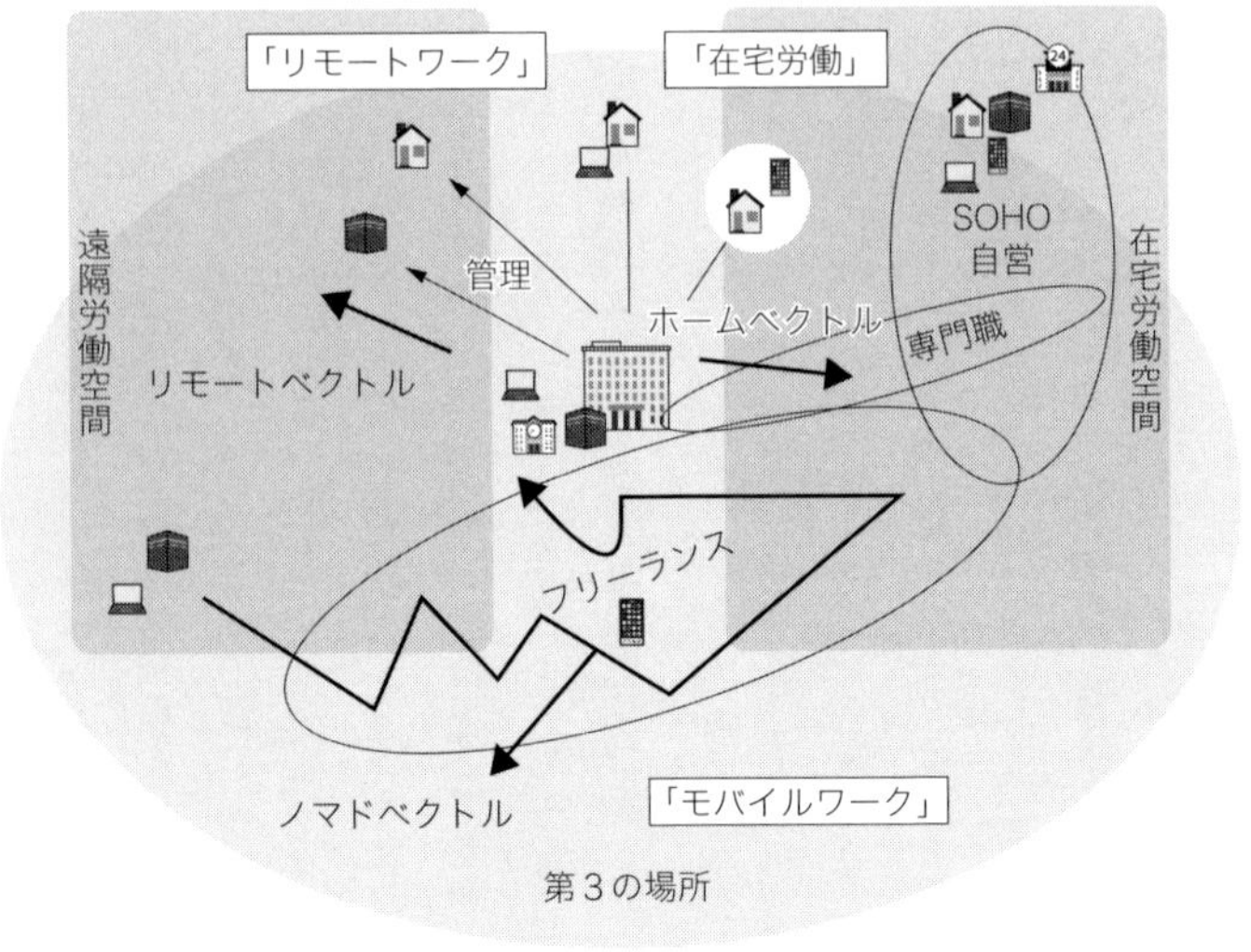

出所：筆者作成。

てフリーランスとして請負先の仕事をしながら場所を選ばず働く「ノマド的労働空間」が登場している。流行りのウーバーイーツなどの配達業は特殊なモバイル労働であり、またフリーランスのプログラマーやデザイナーがコワーキングスペースで、あるいは地方に移住して働く、あるいは地方に居を構えて2拠点化し、都会の事務所とZoomで連絡して仕事を進めることもこれに含まれるであろう。したがってテレワークは、このような場所を選ばないノマドのベクトルを加えることで「リモート形態による複数拠点での（電子）労働空間」という、より広い概念を含むものとして再定義できる（松下 2019）。この複数拠点には文字通りの遠隔地、たとえば沖縄の離島や徳島・神山町《かみやま》や瀬戸内の島々、菅義偉《すがよしひで》官房長官（当時。現首相）がコロナ禍の２０２０年7月末に急に言い出したことで世間が知ることになった「ワーケーション」なども含まれる。今後地方の市町村でこのような人材の獲得競争が過熱するであろう。この移動、移住に関してはのちの第3章で詳しく検討する。

2　テレワークを長いキャリアの中で位置づける

リモート労働空間の拡張は、今後常態化しつつ、バリエーションの豊かな働き方を可能にするであろう。すでにかねてから日本的な「メンバーシップ制」を批判し、「ジョブ制」の導入を主張してきた中西宏明会長をトップとする日立製作所は、テレワークによる働き方を混在させ、労働日の半分をテレワークにする計画を発表した。東芝なども オフィスで8割のテレワーク、現場で2割のテレワークをめざすとしている。富士通も半分をテレワークにし、オフィススペースの削減を考えているという。

この本の視点が企業側の視点と異なるのは、テレワークを正社員の事業継続のために「企業都合」で始められた「正社員のリモートな働き方」ではなく、さまざまな雇用形態の労働者の自律的キャリア形成から捉え直す点である。つまり**企業の事業戦略ではなく、一人ひとりの労働者が長い人生の数々の転機を挟んで「一時的にとる」ような「しなやかな働き方」と考える視点を採用し、テレワークをキャリア・ダイナミズムの視点から再定義**することにある。

その際非常に参考になるのは、リンダ・グラットン（Gratton 2011=2012; 2016=2016）の著作であろう。彼女は話題となった『ワーク・シフト』(Gratton 2011=2012) において、いくつもの小さな釣り鐘が連なって多種多様な職業人生を形成する「カリオン・ツリー型キャリア」の重要性を提唱した。また、それに続く『ライフ・シフト』(Gratton 2016=2016) において教育、仕事、老後という3つの人生ステージモデルに5段階に代わるマルチステージモデルを提案し、最もコアなステージである「仕事ステージ」として次の3つの個人類型を関連づけている。

①エクスプローラー期間：　人生の意味や自分探し、世界を知る期間
②インディペンデント・プロデューサー期間：　自由に働く「個人事業主」的な働き方をする期間
③ポートフォリオ・ワーカー期間：　企業で働きながら他の能力を磨く時期（フリーランス形態が多い）

やや欧米的な文脈が強くなるものの、本書もこのような長期キャリアを前提として、テレワーク（リモートワーク）を**マルチステージにおけるキャリア形成の一時期において、労働者が主体的に選択できる労働形態のひとつ**と考え直す。長く続くマルチステージにおいて、われわれのキャリア、特に女性のそれは、結婚や出産、病気、介護などの転機によって中断を余儀なくされることが多い。直下型地震、水害、コロナのような疫病感染によってわれわれの経済生活もより不安定なものになる。つまり社会、経済はより流動化し、不確実なものとなる。このような流動化の影響は、男性も

図 2-4　長期キャリア人生とテレワーク労働空間

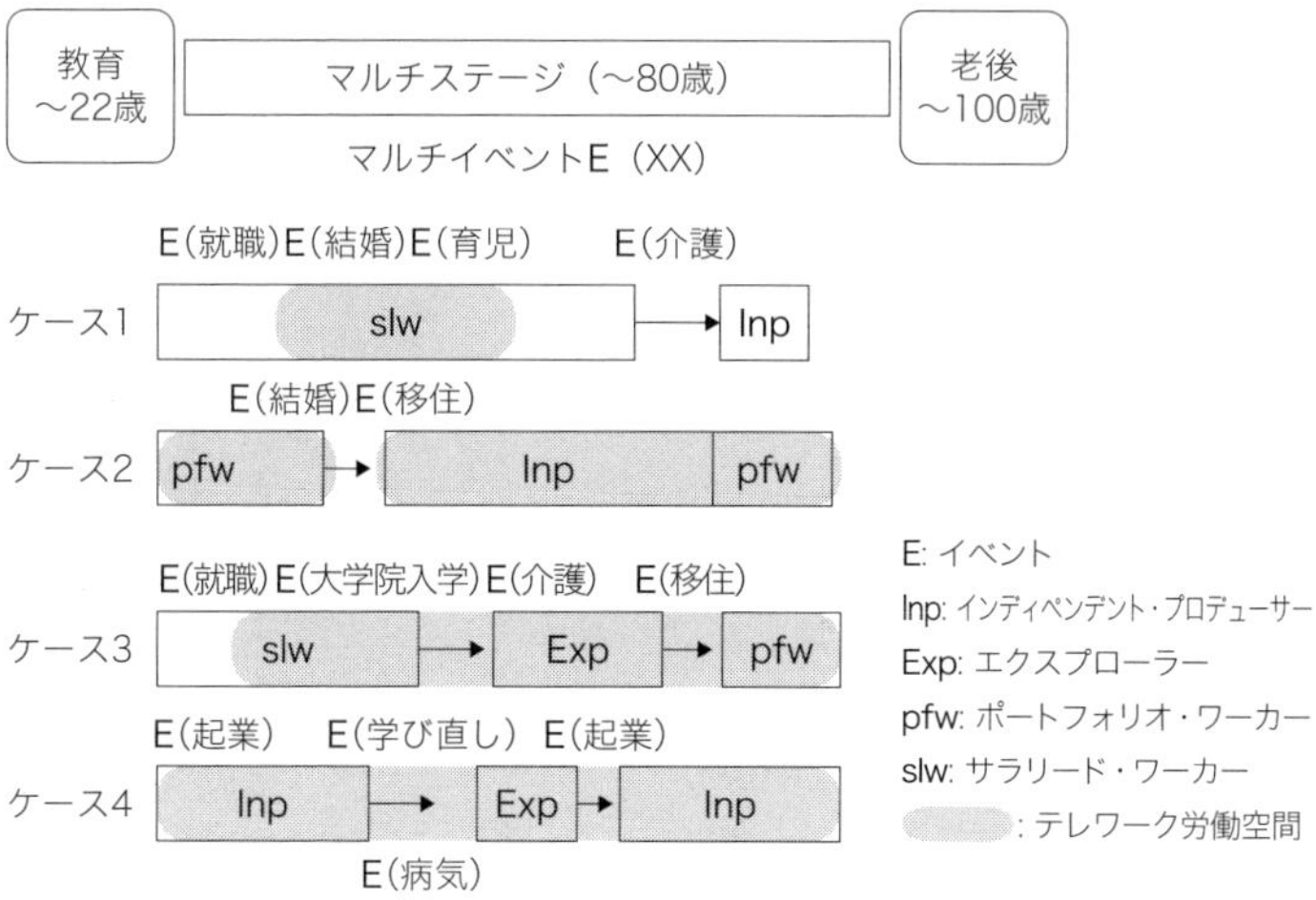

出所：筆者作成。

まったく無縁というわけではない。

これに伴って数多くの転職も行なわれ、**エクスプローラーの時期が長くなる可能性**がある。それに応じて大学オンライン講座、通信大学、オンライン（社会人）大学院などの**多様な学習機会も増えてくる**だろう。今は表立ってしにくいが、コロナ禍を避けた**地方への移住も増えてくる**だろう。「地域おこし協力隊」のような機会を求めた挑戦的移住や、災害、起こるかもしれない米中戦争、コロナ以外の疫病感染などのリスクに対応した逃避的な移住や転居も増えるであろう。

これらを考慮に入れて、グラットンのモデルを少々拡充し、図2－4のような理論モデルを提出しておこう。注意したいのは、ここでは〈エクスプローラー〉〈インディペンデント・プロデューサー〉〈ポートフォリオ・ワーカー〉のフェーズに加え、日本では依然としてコアな仕事期間である〈終身雇用的正社員俸給労働者＝サラリード・ワーカー〉期間を追加している点である。また人生の各種のマルチイベント（就職、結婚、転職、復帰、各種の起業、移住、育児、介護）によって多くの場合転換期を迎えることを鮮明にした**マルチイベントなマルチステージ・モデル**とも言えるものを提出する。女性の場合、特にイベントの影響を受けやすいため、このモデルはより女性に適合的であると言えるが、男性にも基本的には適用が可能である。

たとえば、ケース1は女性のケースで、結婚、妊娠、出産・育児でテレワーク労働空間に入った典型的な例を表現している。またケース2はパラレルワークを中心とする例、ケース3はエクスプローラー期間が長い例であり、大学院に入学したり、親の介護で正社員的な働き方ができず、生き方を模索している期間が長い例である。最後のケース4は大学を中退して起業し自営的な働きから人生を始めた例である。しかし病気を経て、自らのスキル不足を感じ、学び直し時期を探索期間として再び新たに起業した例である。ケース2〜4はいずれも「テレワーク労働空間」を長期的に利用する例である。

まとめると、「テレワーク的労働空間」は、さまざまな個人の多岐にわたるキャリアダイナミズムにおいて利用される「労働形態」であり、かつ情報通信技術を利用することにより、「遠隔管理性」「自律性」「ノマド性」というベクトルによって定義できる現代の「**流体的労働空間**」でもある。このような労働空間が広がる可能性は2011年の東日本大震災後など過去に何回かあったが、なかなか定着、普及しなかった。今回のコロナ禍のような危機への対応によって初めてその存在の重要性が本気で認識されるようになったが、巷に並ぶ「テレワーク本」は当たり前のように**ほとんど経営の立場から語られるものばかり**である。

この本は反対に、**個人（労働者）の窮屈な職場空間からの「解放」を可能にする労働者の側に立ってテレワークを捉え直す**というアプローチをとる。この見方では、資本、経営と労働の間に基本的な対立関係が存在し、労働者が闘争の中で妥協点を見出したり、自らの手で自由を勝ち取っていくものと考える。したがって、**労働者にとって「テレワーク空間」は資本により組織された「固体な労働空間」から自由を奪還する可能性を秘めた「労働機械」**なのである。こう言うと勇ましく聞こえるが、これらの表現は、フランスの哲学者ドゥルーズとガタリが国家を「戦争機械」としたものから借用したもので、労働者が「社会」で戦っていく装置との意味を込めたものである。この「労働機械」は「リモート生活のためのツール装置一式」でもあり、自分のキャリアの転換期に柔軟な生き方を可能にしてくれる「強力なマシン」として強化していくべきものだろう。

そこで、テレワークに関して以下のような定義を与えておこう。

定義（テレワーク）：　テレワークとは、自宅と厳然と区別された職場空間ではなく、インターネット環境下の情報通信機器、モバイル機器の活用によって可能となった**職場化された自宅あるいはコワーキングスペースにおいて行なう労働、あるいは事業形態**である。それは長い職業人生において結婚、育児、介護、退職、移住などの人生の転機に、あるいは次の転職をめざして副業的に、さらには起業を伴って積極的にも消極的にも選択された労働・事業形態である。それは実体としては**オンラインによる遠隔的働きを可能にする「装置一式を備えた単数、あるいは複数拠点の労働空間」**である。それをあえて分類すれば、専門知識や資格によって高い自律性を持つ「専門職型」、企業に所属しながら職場外で行なう場合の「在宅勤務型」、主として情報通信を介しつつ中小規模で商工業を営む「自営型」、「SOHO（会社経営）型」（情報通信を利用した小規模個人事業）、クラウドソーシングなどによって請負的に行なう「在宅ワーク型」などがある。

テレワークという戦略はのちに検討するフリーランス戦略と共に、序章で問題提起を行なった「第1の『疎』戦略」の有効なツールとなる。その裏づけのためにテレワークの実態、本質を調査結果で確認しよう。

3　テレワーカー調査で探るコロナ禍前のテレワーク

テレワーク調査の方法

まずテレワークに関する調査の方法についてふれておこう。「テレワーカー＝電子在宅労働者」に関する大規模実態調査は、もともと日経マーケティングの主催する学生のプレゼン大会のために、筆者が個人的な研究費で行なったものであった。ウェブ調査会社であるクロスマーケティングに依頼し、地域、年齢、性別の割り当てサンプリングで2014年9月に行なわれた（金光 2017b）。この手順を詳しく説明しよう。

①総務省、国土交通省などの調査により「在宅勤務者」が人口比率4～5％であることを考慮し、目標サンプル数を500に設定し、マーケティング調査会社に約1万2000のモニターをサンプリングしてもらった（これを「全サンプル」と呼ぶ）。サンプリングではあらかじめ学生、専業主婦、無職を除外し、20～60代の全被調査者に居住都道府県、年収、年齢などのフェイスシート項目に回答してもらった。こうして883人がテレワーカーとしてサンプル化された（これを「テレワーカー・サンプル883」と名づける）。その際に「あなたは、現在いわゆるテレワーク（在宅勤務）をしていますか？　テレワーク（在宅勤務）をする場合は頻度も合わせておしらせください。テレワーク（在宅勤務）とは、勤務形態の一種でICT（情報通信技術）を活用した場所に囚われない柔軟な働き方です」という設問文により在宅勤務性を強調した上で、在宅勤務の程度（在宅労働時間）を聞く設問でスクリーニングした。職業と業種は、クロスマーケティングが通常使用している一般的な分類を使用した。

②883人のうちでランダム抽出された500人には追加的に在宅移行理由、在宅労働時間と在宅勤務の満足／不満足とその理由を答えてもらった（こうして得られたサンプルを「テレワーカー・サンプル500」と呼ぶ）。

③約1万1000人の「非在宅勤務者」には在宅勤務に対する考えを5つの選択肢から答えて

図 2-5　調査の概要

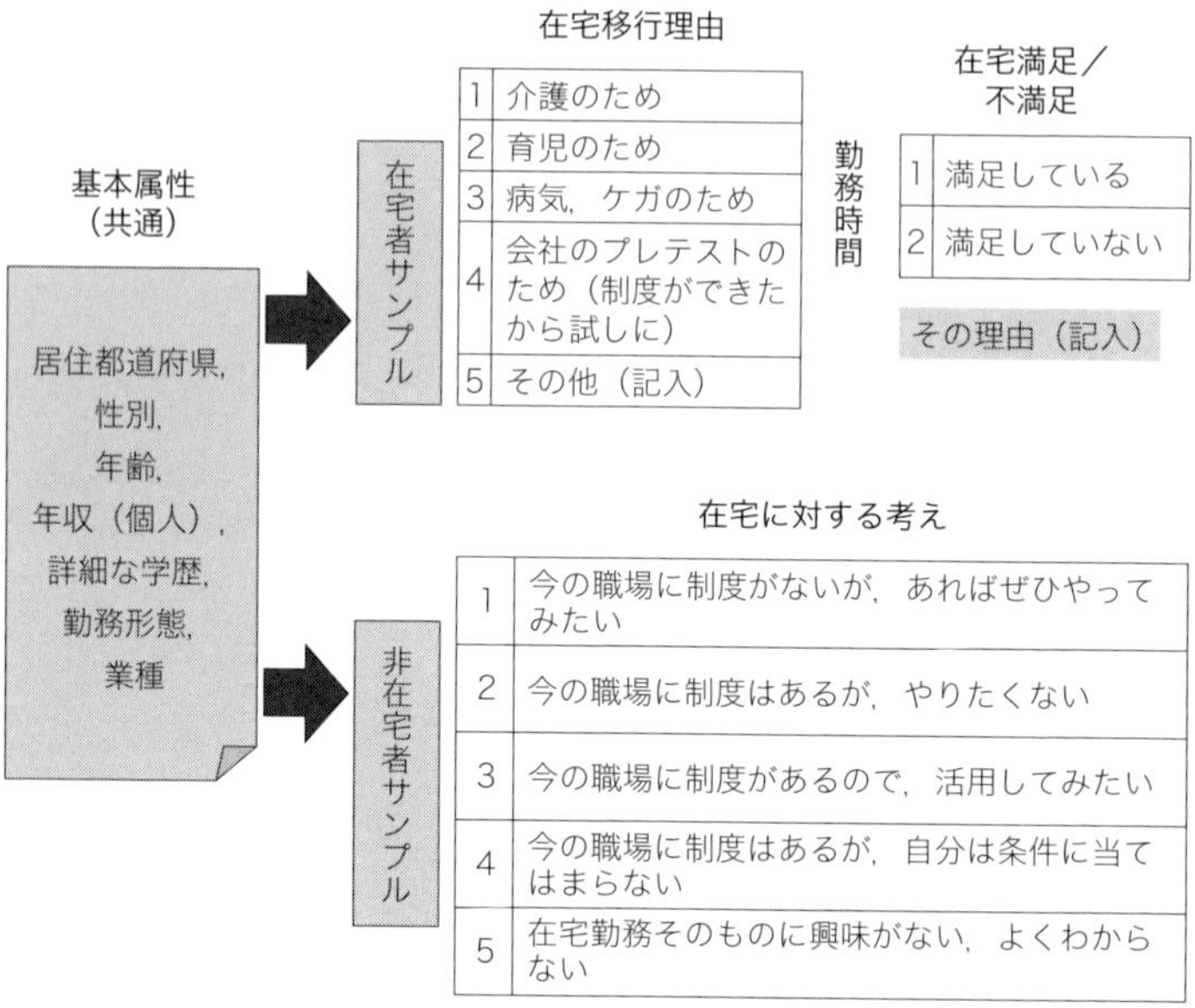

出所：筆者作成。

もらう（図2－5）。このサンプルを「非在宅者サンプル」と名づける。

テレワーカーはどういう人々か

まずテレワーカーとはどういう人々であるのかを、年齢、性別、学歴、収入（「テレワーカー・サンプル883」）のクロス集計と多重対応分析から明らかにしていこう。クロス分析というのはある2つ以上の変数、たとえば性別と働き方に関して同時にそれぞれに依存した頻度分布を見るものである。また多重対応分析は、各カテゴリーを二次元の幾何学空間上の「ポジション」に落とし込み、各変数のカテゴリー間の照応関係を見るものである。たとえば40代女性

表 2-1　テレワークタイプの構成比と男女別分布

	在宅勤務型	専門型	SOHO会社経営型	自営型	在宅ワーク型	その他	総計
女	30.8%	3.4%	14.5%	16.3%	25.3%	9.7%	100.0%
男	41.7%	3.4%	17.0%	23.4%	8.2%	6.3%	100.0%
総計	36.2%	3.4%	15.7%	19.8%	16.8%	8.0%	100.0%

出所：筆者作成。

の理系大学卒業の専門職テレワーカーと20代、高卒の在宅ワークテレワーカーが「テレワーク労働空間」でお互いにどのような「社会的距離」関係にあるかがわかる。

テレワーク・サンプルの定義に従って、6タイプのカテゴリー分けを以下のように行なった。①「在宅勤務型」〔会社勤務（一般社員）、会社勤務（管理職）、公務員・教職員・非営利団体職員〕、②「専門型」〔医師、弁護士、税理士など〕、③「在宅ワーク型」〔派遣社員・契約社員、パート・アルバイト〕、④「SOHO会社経営型」（SOHO、会社経営）、⑤「自営型」（自営業商工サービス）、⑥「その他」、である。このうち④と⑤の間の線引きは実際には難しく、回答者自身も両者を明確に区別していない可能性もある。また⑥に分類される回答者も実際は自営業的な在宅者が多く含まれると思われる。表2―1は性別とテレワークタイプでクロス集計したものである。

男女とも「在宅勤務型」が最大グループを形成するが、男性ではテレワーカーの実に42%が在宅勤務者で占められるというのは、驚きの数字である。テレワークのワーカーと言えば、妊娠・育児中の若手の女性労働者というイメージが強いが、この数字はそのような思い込みを覆す結果であった。

女性では「在宅ワーク型」、男性では「自営型」が次に多い。性別、職

表 2-2　性別によるテレワーク・カテゴリーと就業形態とのクロス表

	雇用型		自営型				
	在宅勤務型	専門型	在宅ワーク型	SOHO会社経営型	自営型	その他	総計
女	**136**	**15**	**112**	**64**	**72**	**43**	**442**
その他の職業						39	39
パート・アルバイト			96				96
会社勤務（一般社員）	114						114
会社勤務（管理職）	11						11
会社経営（経営者・役員）				10			10
公務員・教職員・非営利団体職員	11						11
専門職（弁護士・税理士等・医療関連）		15					15
派遣社員・契約社員			16				16
自営業（商工サービス）					72		72
農林漁業						4	4
SOHO				54			54
男	**184**	**15**	**36**	**75**	**103**	**28**	**441**
その他の職業						26	26
パート・アルバイト			25				25
会社勤務（一般社員）	128						128
会社勤務（管理職）	37						37
会社経営（経営者・役員）				35			35
公務員・教職員・非営利団体職員	19						19
専門職（弁護士・税理士等・医療関連）		15					15
派遣社員・契約社員			11				11
自営業（商工サービス）					103		103
農林漁業						2	2
SOHO				40			40
総計	**320**	**30**	**148**	**139**	**175**	**71**	**883**

出所：筆者作成。

表 2-3　テレワークタイプの年代別分布（比率）

	20代	30代	40代	50代	60代	合計
在宅勤務型	32.2%	21.9%	17.2%	20.6%	8.1%	100.0%
専門型	16.7%	30.0%	20.0%	13.3%	20.0%	100.0%
SOHO 会社経営型	8.6%	16.5%	20.9%	25.9%	28.1%	100.0%
自営型	6.3%	6.3%	18.9%	21.1%	47.4%	100.0%
在宅ワーク型	18.2%	13.5%	18.2%	20.9%	29.1%	100.0%
その他	19.7%	16.9%	11.3%	23.9%	28.2%	100.0%

出所：筆者作成。

業別の3重クロスで詳しく分類した表2－2から、女性の「在宅勤務型」では一般正規職員が圧倒的に多く、これは男性も同じであるが、男性の場合はこれに加え管理職も多い。また「SOHO会社経営型」と「専門型」は、男女で大きな差はない。男女で最も差があるのは「在宅ワーク型」であり、女性は男性の3倍の比率であるが、低賃金であるこのテレワークが主として女性によって担われており、正規労働から外れた女性労働の受け皿となっていることを示している（小杉・宮本 2015）。

年代

次に年代別に分類すると、表2－3のような構成比になっており、年代的な偏りが見られる。「在宅勤務型」は圧倒的に20代が多く、30代を含めるとこの若年層で54％を占めるものの、50代も20・6％を占め、男性の管理層と思われる層の在宅勤務選択を示している。「専門職型」は30代と40代にやや集中しているものの各年代層に均等に存在しており、60代でも20％を占める点は注目され、このタイプが安定的なキャリアであることを示している。「SOHO会社経営型」と「自営型」は共に40代以上の比率が高いが、前者では30代の比率も低くない（16・5％）のに比べて後者では低い（6・5％）。特に「自営型」では60代の比率は47・4％と圧倒的であり、50代と合わせて高年層が3分の2を占める。このことは「在宅労働」をキャリア論的に見る見方の有効性、意義を示している。つまり若い時には正規社員として「在宅勤務型」、中年になってからは「SOHO会社経営型」、高齢になってからは「自営型」という形態のテレワークに移行するキャリアコースがうっすらと見えてくるのである。

最後に「在宅ワーク型」と「その他」は類似したパターンを示し、共に50〜60代に集中するものの、20代にも少なからず見られる。またこのグループにはクリエイター層も少数含まれているが、「電脳内職」に追われる生活を送る者も少なくないと思われる。(4)

学　歴

表2−4にまとめられたように、学歴別に見るとテレワーク類型の違いは明確になる。雇用型の「在宅勤務型」と「専門型」とそれ以外の2つの自営タイプでは、大学卒以上比率において分水嶺が存在する。すなわち大学院卒が1割、大学理系も3割存在する「専門型」では76・7％、「在宅勤務型」で65・6％が大卒以上であるが、「SOHO会社経営型」は50％を超えているものの、「自営型」「在宅ワーク型」では大卒者は40％弱ほどしか存在しない。「自営型」では専門学校が16・0％と、すべてのテレワーク形態で最も多い。「自営型」「在宅ワーク型」「その他」では高卒者が3

表2-4　テレワークタイプの学歴分布（比率）

	中学・その他	高校	専門	短大・高専	大学（文）	大学（理）	大学（芸術）	大学院	大卒以上比率
在宅勤務型	1.6%	15.0%	10.9%	6.9%	36.9%	20.3%	2.5%	5.9%	65.6%
専門型	3.3%	0.0%	10.0%	10.0%	33.3%	30.0%	3.3%	10.0%	76.7%
SOHO会社経営型	3.6%	16.5%	13.7%	12.9%	29.5%	16.5%	1.4%	5.8%	53.2%
自営型	2.9%	26.3%	16.0%	11.4%	24.0%	12.0%	4.0%	3.4%	43.4%
在宅ワーク型	2.7%	31.8%	9.5%	14.9%	25.7%	9.5%	2.7%	3.4%	41.2%
その他	8.5%	26.8%	12.7%	14.1%	16.9%	8.5%	7.0%	5.6%	38.0%
総計	2.9%	20.7%	12.2%	10.8%	29.6%	15.6%	3.1%	5.1%	53.3%

出所：筆者作成。

割ほどを占める。「その他」ではすべてのテレワーク・カテゴリーの中で中卒比率（8・5%）と芸術系大学卒（7%）が最も多く存在し、クリエイター層を含む多様な層が分類されていることを示唆している。

収入

収入別に見ると、「在宅勤務型」は800万円以上が17%もおり、1000万円以上も最も多い8・1%であり、概算で「専門型」と共に所得の高いグループと思われる。「専門型」の場合、表2－5でもわかるように、400～800万円の層でまんべんなく高く、この層が安定的な雇用グループであることを示している。「SOHO会社経営型」は1000万円以上の所得層が「在宅勤務型」の次に高いが、所得の低い層も少なくない。「自営型」もほぼ「SOHO会社経営型」と同じような所得分布を示している。特徴的なのは「在宅ワーク型」で、突出して200万円以

表 2-5　テレワーク各カテゴリーの所得分布と推定平均収入

	200 万円未満	200 万円～400万円	400 万円～600万円未満	600 万円～800万円未満	800 万円～1000万円未満	1000万円以上	平均年収（概算）
在宅勤務型	8.1%	36.9%	26.6%	11.6%	8.8%	8.1%	509 万円
専門型	6.7%	30.0%	26.7%	30.0%	3.3%	3.3%	510 万円
SOHO会社経営型	31.7%	30.9%	18.0%	6.5%	6.5%	6.5%	396 万円
自営型	25.7%	37.7%	20.6%	9.1%	1.7%	5.1%	383 万円
在宅ワーク型	66.9%	18.9%	8.1%	2.7%	2.7%	0.7%	216 万円
その他	50.7%	23.9%	16.9%	1.4%	4.2%	2.8%	289 万円

出所：筆者作成。

下が多い。1000万円以上も1%に満たない。これは「その他」の層も同じである。この2つのグループが不安定で低所得の縁辺労働者であることを示している。ここで平均所得は各所得階層の中間値をその階層の値とし、1000万円以上は1200万円と仮定している。この値はあくまで参考記録となる概算値にすぎないことは頭に入れておく必要がある。

テレワーカーの性別社会空間

複数のクロス表の分布を同時に見るために、属性カテゴリーによって各個人がどのように分布しているのか、カテゴリー間の分布の違いを「社会的距離」として測定し、その違いを2次元の平面空間「社会空間」に写像する幾何学的解析方法、多重対応分析で分析してみよう。この手法は日本やベルギー、フランスの統計学者によって開発され、フランスの社会学者ピエール・ブルデュー（Bourdieu 1979=1989）が文化資本と階級の関係を分析した際に用いて一躍有名になったものである。文化社会学やマーケットリサーチではこの手法はよく使用される。この手法によって各「テレワーカー集合＝統計的なグループ」のお互いの「社会的距離感」と各カテゴリーの照応関係を概観することができる。その場合、「散らばり」が何によるものかという「軸」が解釈できる場合がある。図2－6のグラフは、そのような「テレワーカーの社会空間」を男女別に分けたものである。今回の分析では、男女とも x 軸（第1次元）の説明率は50％近くと高く、ほぼ学歴＋年代に対応すると考えられる。y 軸（第2次元）は20％程度の説明力で、女性の場合は解釈が難しいが、男性の場合はほぼ年収と考えられる。つまり男性の場合、年齢と年収でかなり差別化されていることがわかる。

第2の次元で差別化の軸が解釈しにくい女性の「社会空間」において「専門型」は他のテレワーカー・カテゴリーからの「社会的距離」が存在し、女性にとって「専門型」が他の労働形態に比べて隔絶した特別なキャリアグループであることを示している。つまり「専門型」は年収600～800万円、国公立大・理系卒で特徴づけられる医療系や教育系の俗に言う「バリ・キャリ」グループである。これに対して「在宅勤務型」は20代、高学歴＝大学卒業者、関東居住で特徴づけられるグループである。ここには産休・子育て中の女性社員が多く含まれると思われる（いわゆる「ママ・キャリ」と呼ばれるグループである）。これとは対照的に「在宅ワーク型」と「その他」型は、50代、年収200万円未満、中学卒、高校卒、短大・高専卒など低学歴者によって特徴づけられるグループである（俗に「貧困女子」と呼ばれる）。居住地は関東・関西といった「中心地方」ではなく、北海道・

図 2-6　テレワーカーの性別社会空間

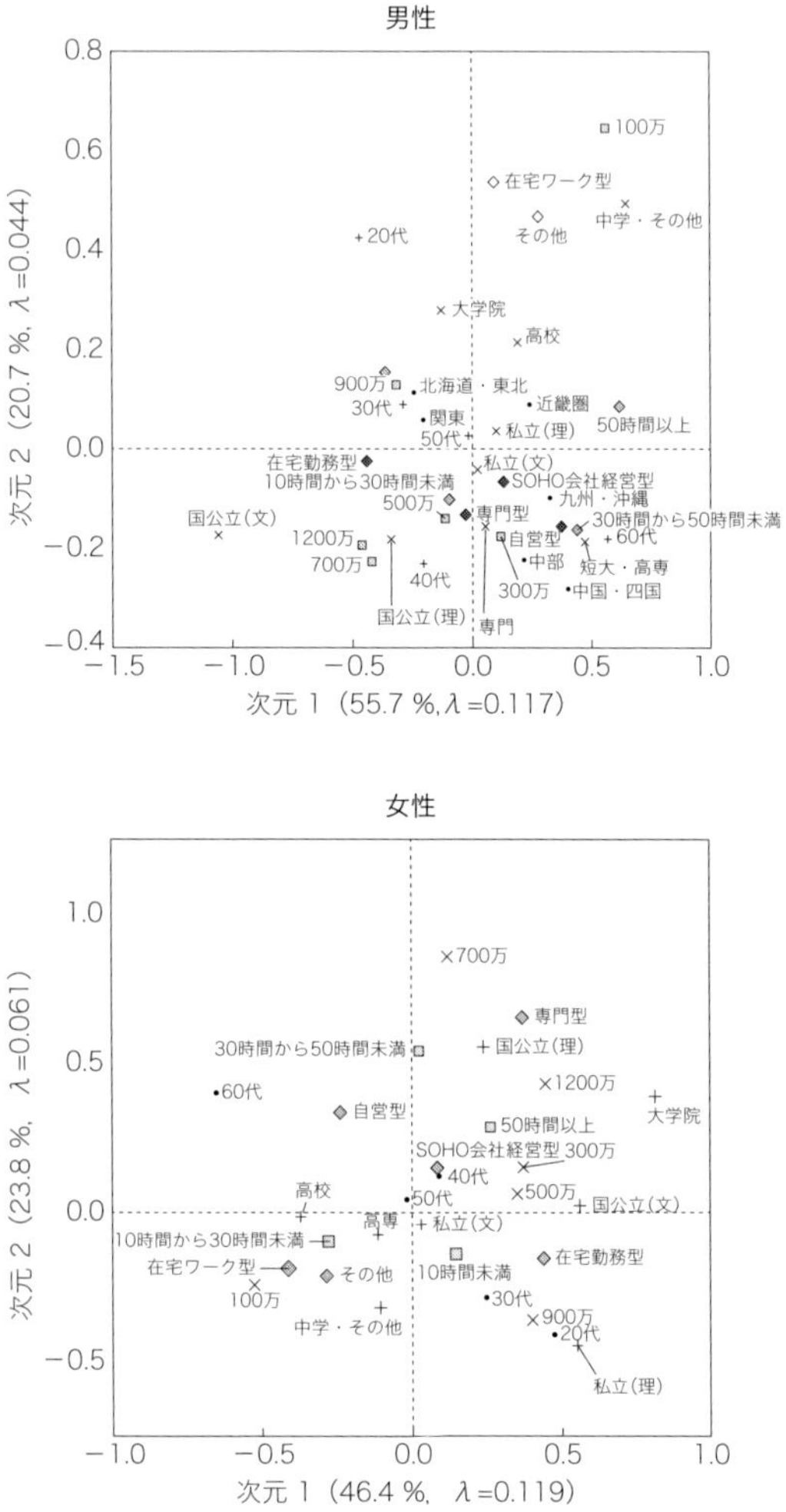

出所：筆者作成。

東北、九州・沖縄などいわゆる「周辺地方」が多い。また「自営型」は40代と60代と短期大学や私立美術系、近畿圏などとの照応性が高く、「ＳＯＨＯ会社経営型」は50代、中部在住、専門学校卒と関連度が高いグループは類似的なパターンを示している。両方合わせても3割を占めるにすぎないこれらの「自律型グループ」は類似的なパターンを示している（あまり差別化されていない）。「専門型」は教育、医療福祉系が多いものの、男性と比べて年収は高くない。総じて女性では特に「在宅勤務型」と「専門型」が「勝ち組」的なポジションを占めており、それぞれ私立理系と国立理系という「リケジョ」と照応している。ここにリケジョの優位性が示されており興味深い。また大学院卒は高年収との照応性が高い。

他方、男性では異なる結果が得られる。日本では特に正社員というキャリア人生が当然視されてきたため、男性テレワーカーにおける「在宅勤務型」の比率がきわめて高い。とりわけ子育て期の30代と介護期の50代、関東、国公立大学卒、高収入がこのグループに対応している。内実は管理職である。つまり必要性も高く、裁量が利く「中核的労働者や管理者」が「テレワーク労働空間」を許される。反対に２００万円未満と中卒と対応関係が強い「在宅ワーク型」は他のカテゴリーと区別され、「在宅勤務型」の対極をなしている。女性と同様に「在宅ワーク型」は非正規労働の受け皿となり、この層の「食いつなぎ」を支えている可能性がある。また「その他」に分類される層も大学院や20代とも関連が深く、「ＳＯＨＯ会社経営型」「自営型」の予備軍としてのＩＴ起業層も含まれている可能性もある。また男性では大学院卒や高等専門学校出身者も少なくない

図 2-7　テレワーカーのポジショニング

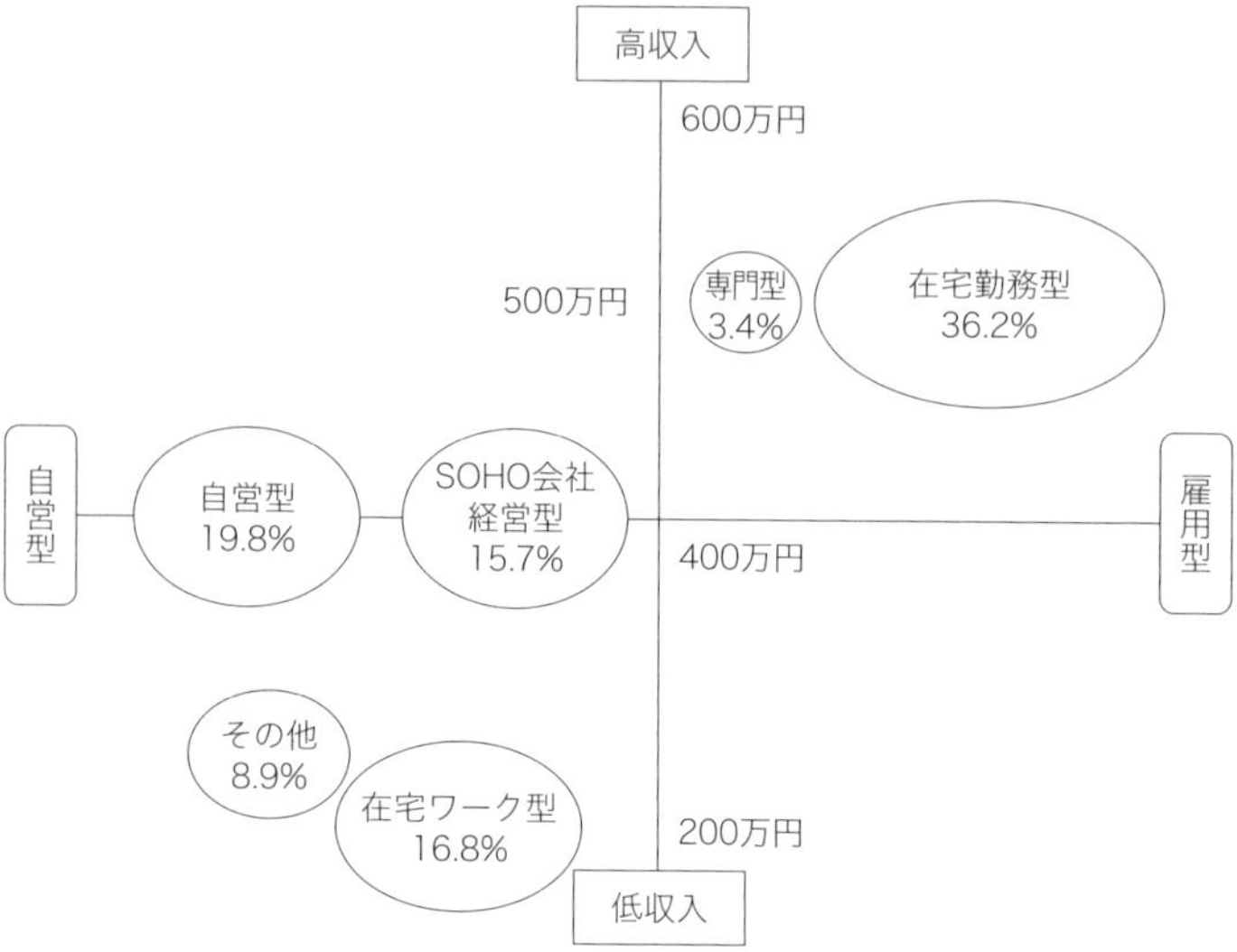

出所：筆者作成。

「SOHO会社経営型」が自律性も高く収入も高い働き方として「テレワーク労働空間」で働いており、ここにはデザインやIT系のクリエイティブ層も存在している可能性がある。

以上の結果を総合的に要約し、x軸を年収、y軸を雇用形態として各テレワーク・カテゴリーの労働市場でのポジショニングを行なったものが図2－7である。ここでは構成比が楕円の大きさにほぼ比例するように描いている。このポジショニングは社会学的階層分析の視点から社会労働空間でのポジションを可視化したものであり、大きく3つのグループに分類される。

まず、第1のものは、高所得と安定的な雇用型で特徴づけられる「専門型」「在宅勤務型」からなるグループである。共に平均所得は500万を超える。3・4%と最小構成比率の「専門型」は厳しい資格要件（士業）のため大卒以上の割合がきわめて高く、大学院卒以上の割合、大卒理系の割合が高い。税理士はともかく、もともと「テレワーク労働空間化」が難しい職種でもある。200〜400万、400〜600万、600〜800万の所得層が同じくらい高く、1000万円以上の層はあまり多くない。同じ象限に位置するのは、「在宅勤務型」である。このタイプは「テレワーク労働空間」で働く人々の36・2%と、最大の層を占める。大卒以上の割合が高く、男性の比率がやや高い。正社員であるため20代と30代の割合が高く、高齢層が少ないのが特徴であり、年収1000万円以上の比率が最も高い。

このグループと区別されるのが自営型で、収入が平均的な「SOHO会社経営型」と「自営型」である。実際はこの2つのタイプは所得分布がきわめて似ており、1つのグループと考えても良い面もあるが、前者が大卒者の割合が高く、大学院卒も多く、特に理系学部卒の割合が高い一方で、後者は高卒者比率が高く、また50代以上の高齢者の比率が6割以上ときわめて高い点が大きく異なる。また「自営型」は専門学校卒が多い点でも両者は区別される。

最後のグループは、自営で収入が平均以下の「在宅ワーク型」と「その他」である。このグループに共通する特徴は、6割が非大卒者であることと、女性の割合が高いことである。後者の方がやや収入が高いが、学歴的には中卒者の比率が最も多く、また芸術系大学卒者の比率もそれなりに高い点で前者と異なる。特徴的なのはこのグループの年齢分布で、特定の年代への偏りがないことであり、この働き方の普遍性を表していると言える。

テレワークしやすい人、職はあるのか

ここまではテレワークをする人のさまざまな特徴を描き出した。それではテレワーク労働空間に入ってくる条件はいったいどのようなものであろうか。つまりどのような条件の組み合わせでテレワークが行なわれているのであろうか。

これを探るために、非テレワーカーとテレワーカーが混在する全データを使って（N＝1万19サンプル）、〈テレワークしているか、否か〉を非説明変数にし、また居住地域、学歴、年代、性別、職業カテゴリー、年収を説明変数として「パーティショニング」という分割回帰分析手法を使って分析を行なった。この手法は、テレワーク比率が多くなるグループを求めて独立変数のグループを次々に分割しながら説明力を高めていく方法である。いまのデータでは農林業者を除いた9938のサンプルのうち883人がテレワークを行なっており、テレワーク率は8・8％ほどである。これをさまざまな分類の組み合わせの条件下で、計算的に探っていくのである。[5]

この手法は、砂場で砂遊びをしているときに、ザルで「小石と砂」を分けていく作業をイメージするとわかりやすい。

いま「小石と砂」＝「テレワーカーと非テレワーカー」の混じった「砂石」の入った大きな計量カップがあるとする。最初の全部入った大きなザルでの小石の比率は8・8％である。いま「小石」＝

テレワーカーだけが残るような「ザル」を使って砂を「ふるい分け」し、取り出した「小石」＝テレワーカーと「砂」＝非テレワーカーの比率をまた別の小さな計量カップで計り直す。たとえば学歴で分けるときは「学歴ザル」を使い、年齢のときは「年代ザル」を使うのである。このとき、学歴をどう分ければ次の段階で「小石」＝テレワーカーの比率が多くなるか、という「学歴分類」の組み合わせを決めなくてはならない。たとえば「大卒理系と大卒芸術系」と「それ以外の学歴」というような場合分けである。いわばザルのスペースに仕切りを入れ、「大卒理系と大卒芸術系」の小石と「それ以外の学歴」の小石が通るような2つのスペースに分けるのである（これは統計ソフトが自動的に計算してくれる）。

このような「ザルとスペース分け」を使って連続して行なったとき、学歴と年代のザルで「ふるい分け」したことになる。どのザルを使い、どのようにザルのスペース分けをし、次にどのようなザルの組み合わせと順番で「ふるい分け」していけば、多くの「小石」が取り出せるのかを考え、「ふるい分け」を行なっていくのである。もちろん分割する数を増やせば、それだけ計量カップに残る「小石」の数（ケース数）はどんどん減っていくので際限なく行なう必要はない。1万のサンプルでも十数回の分割を行なえば、これ以上変わりのない分割が繰り返されるため、分割はそこで終了して良い。

実際の分析において、最初の分割で13分類の職業（その他の職業含む）は、「商業、金融、行政サービス、福祉・医療、製造業など（ここでは「A産業」と呼ぶ）」と「教育、建設、情報通信、メディア（こ

図 2-8　テレワーク／非テレワークを分割する回帰分析の寄与率

項	分岐数	G^2		割合
職13分類	4	143.015033		0.5938
年代	3	37.4062365		0.1553
学歴	3	36.2695743		0.1506
年収	2	17.0285792		0.0707
性別	2	7.14723785		0.0297
地域	0	0		0.0000

出所：筆者作成。

こでは「B産業」と呼ぶ）」に分割された。次の段階ではA産業のグループとB産業のグループが別々に分割される。A産業は年代で、B産業は職業によって分割された。こうして得られた分割において、職業の「テレワーカー／非テレワーカー」分割への寄与率は全体として59％を占めることとなった。すなわち、およそ6割の「小石」が職業の種類によって「ふるい分け」されたということになる。

次に寄与率が高いのは、「年代」というフィルターであり、これは15％の寄与率がある。以下「年収」、「性別」が7％、3％となる。「地域」はここでは影響を与えていないことがわかる。

図2ー8で表された14の分岐過程を詳しく見ると、興味深い結果がわかった。最初の分割でA産業に分割された左側の職業は、次には年代で〈30代、40代〉と〈20代、50代、60代〉に分割され、さらに〈20代、50代、60代〉は、次にはまた職業で分割されるが、商業、金融、産業Ⅰ、Ⅱなどの A 産業の職業従事者のうち〈中卒や、大学理系、専門学校、大学芸術系〉の学歴者でテレワーク率が32％、ほぼ3分の1がテレワークを行なっていることがわかった。この

数字は大きな数字であり、いわゆるSOHOや自営の比較的年代の高い人々であるが、ここには少数ながら20代も含まれている。

またB産業に分類されたグループ（図2－9の右側部分）では、教育、建設、情報通信系の職業で年収1000万円を超える人々の24％（平均の約3倍）がテレワークを行なっており、人数は少ないものの、そのうち20代、30代に限ると実に6割がテレワークを活用していることがわかった。内実は情報通信業の若手社員である。

ここから言えるのは、コロナ禍前はテレワーク可能率が高い職業とそうでない職業が比較的きれいに分かれ、特定の職業の特定の年代と学歴者だけがテレワークを行なっているような状況であった。これを2020年コロナ禍での実際のテレワーク実施率を表した図2－10と比べてみよう。

コロナ禍において情報通信と教育に当たると思われる学術研究、専門・技術サービス業は最もテレワークが高い職種であり、テレワーク率も50％を超えている。いまエッセンシャルワーカーとしてコロナ禍の最前線で働いてくれている運輸業や医療・介護・福祉ではテレワーク率は極端に低いのは当然として、それでもコロナ禍以後はテレワーク可能率が高い職種と低い職種に二分化されるということはなくなっている。この比較によって、いかにテレワークが急速に導入されたかがよくわかる。

コロナ禍前のこの時期は、東日本大震災後すでに3年ということもあり、テレワークを試しに導入しているところも多かったものの、当時はテレワークは一般的ではなかった。つまり、テレワー

図 2-9　テレワーク／非テレワークを分割する回帰分析の分岐過程

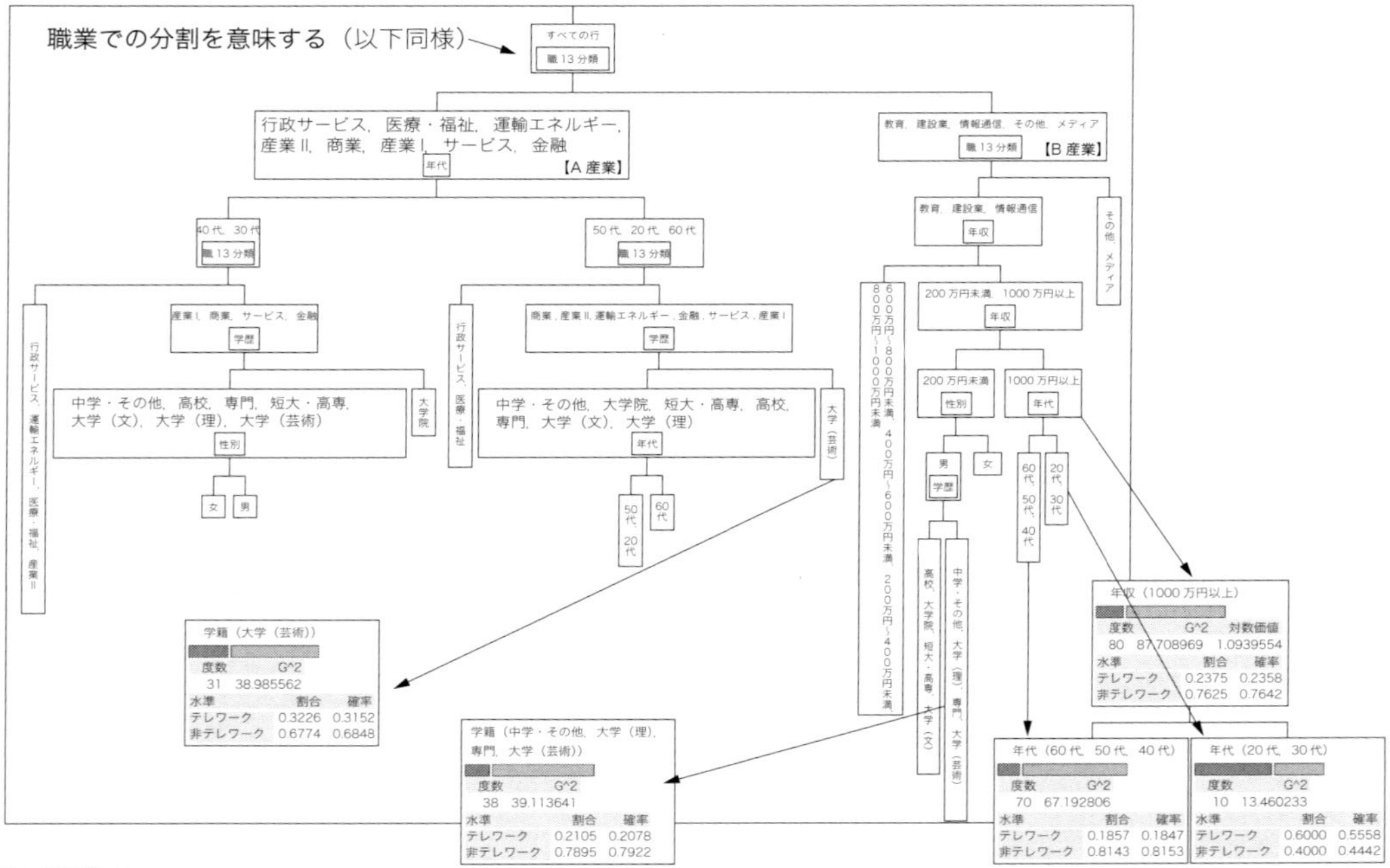

出所：筆者作成。

図 2-10　2020 年 6 月時の職種別テレワーク率

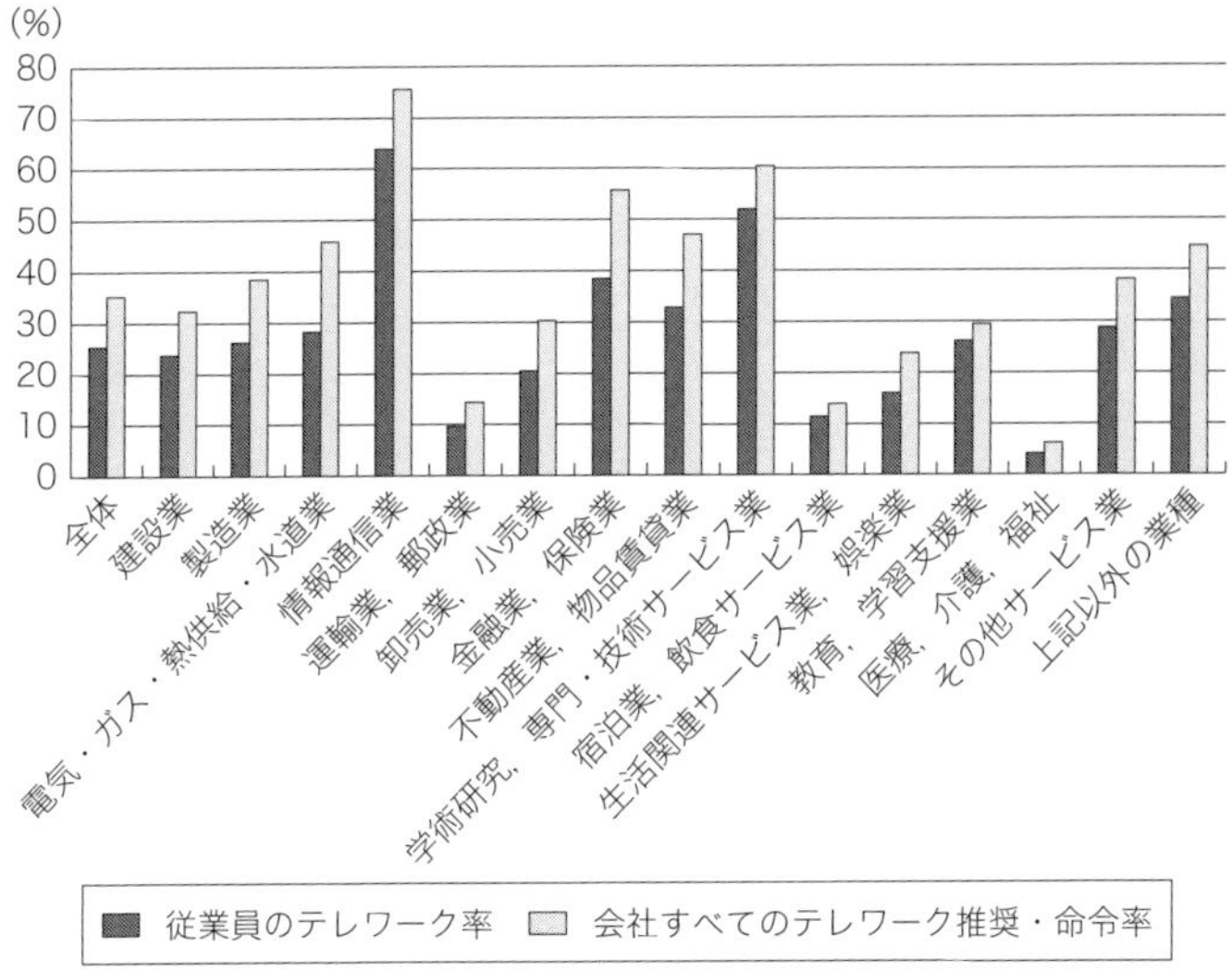

出所：パーソル総合研究所「第 3 回 新型コロナウイルス対策によるテレワークへの影響に関する緊急調査」(2020 年)。

クという労働空間は多くの人に開かれていなかった。それを享受するにはよほどの条件が必要であり、十分な通信環境や労働機械も不足していた。そもそも労働機械、通信環境や管理ソフトウェアなどの性能や価格などの制約があると共に、企業は労働者にあえてテレワーク権限を与える必要のない経営環境下にあったと言える。

序章でも述べたように、これは日本的経営の必然的な結果である。コロナ禍がこのような状況を一変させるようになるとは、この頃は誰も予想していなかったのである。

しかし、時は変わった。堅固な岩盤に大きな亀裂が走り、一瞬にして崩れ始めた。

どうしてテレワークに移行したのか？　みんな満足しているのか？

次に、人々はどのような理由から「テレワーク労働空間」に移行していったのか、またテレワークに移行したことによる満足度を見ることによって、テレワークをキャリアダイナミズムの観点から探ってみたい。

労働者・事業者にとって「テレワーク労働空間」への移行は、コロナによって強制される前までは、正社員から契約の在宅ワーカー、独立したＳＯＨＯ起業など、大きなキャリアチェンジを伴いうる人生の一大選択であり、病気やケガ、介護や育児などの理由であれ、また自由の獲得のためであれ、それなりの不安に満ちたものである。育児の喜びや、趣味への没頭などの自由の獲得とは裏腹に、介護負担による苦しみ、焦燥感を感じることもあり、さまざまな生活上の変化を伴う。だからこそ今まで見えなかった世界が見え始め、じっくりと今後の自分の身の振り方について見直す、いわゆる「エクスプローラー」として過ごす期間でもある。また、テレワークという労働空間への移行は、テレワーカーにどのような満足、不満足感を生じさせるのだろうか。この調査ではテレワークへの移行に伴う満足／不満とその理由について詳細に調査しており、それを分析することでこの問題に迫ってみよう。

表２－６はテレワーク・カテゴリー別に移行理由をクロス集計したものである。「在宅勤務型」は育児、介護、病気、ケガを理由とするものが大部分を占めるが、小遣い稼ぎや副業を理由とするものも少数見られる。「ＳＯＨＯ会社経営型」は全体に占める病気・ケガの割合がやや多く、「も

表2-6　テレワーク移行理由とカテゴリー別分類

	育児	介護	病気・ケガ	介護・育児・病気・ケガ	自営・SOHO・NPO等	自由	小遣い稼ぎ・副業	その他	合計
在宅勤務型	33	24	24	7	1	1	5	14	109
専門型	2	2	4	0	4	0	1	5	18
SOHO会社経営型	9	2	15	2	11	5	0	28	72
自営型	2	10	14	0	25	12	2	28	93
在宅ワーク型	14	9	11	2	1	3	4	10	54
その他	4	3	11	1	10	2	3	8	42
総計	64	50	79	12	52	23	15	93	388

出所：筆者作成。

ともとそのような形態であった」という回答理由が多い。これに対して「自営型」は「自由であること」を挙げる場合が他のカテゴリーと比べて突出して多い。この結果は自由な労働形態の本質を表明している。しかし同時に介護や病気・ケガを理由として挙げる自営業者も相当数おり、多様な理由からテレワークに移行している点は見逃してはならない点であろう。他方「在宅ワーク型」は育児、介護、病気、ケガを理由とするものが大多数であるが、小遣い稼ぎや副業を理由とするものも相当数見られ、正社員の副業に伴う「ポートフォリオワーク」としての「テレワーク労働空間」の本質を垣間見せていると言える。

注目したいのは、**テレワークへの移行の最大の理由は育児や介護よりも病気やケガであり、どのグループにも多く、精神的な病を含めた病気やケガはライフキャリア・チェンジの大きなきっかけと**

図 2-11　テレワークカテゴリーごとの在宅移行満足度

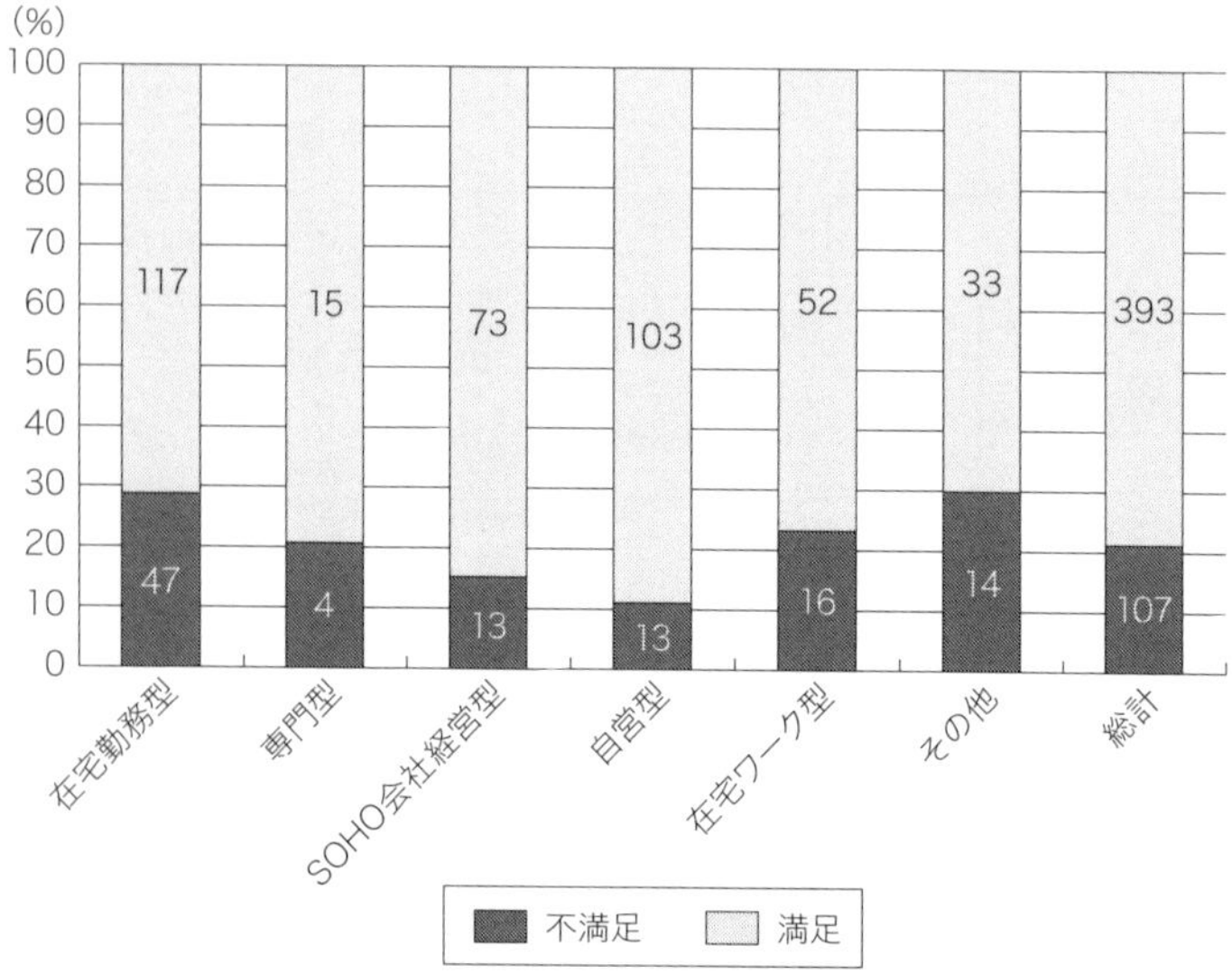

注：数字は選択の実数と比率（N=500）。
出所：筆者作成。

なっていることを示している。100年人生におけるキャリア設計を考える上で考慮しなければならない重要な要素であろう。

総じて、在宅労働に伴う満足度に関して全カテゴリー平均では8割以上が満足を表明しているものの、「在宅勤務型」の3割近くが不満足を表明しており、このグループが「テレワーク」の最大勢力であることを考えると危惧すべき数字である（図2－11）。同様に「在宅ワーク型」の不満も少なくなく、このカテゴリーの低所得と関連していると思われる。また、「その他」に分類される雑多なグループは最も不満が高く、やはり不安定な仕事と低所得に関係していると思われる。

これと対照的なのは「自営型」と「SOHO会社経営型」である。このグループの不満足は10％と15％であり、自由度の高いこの形態はきわめて満足度が高い働き方であることを示している。この発見的事実こそテレワークが今後の働き方としてめざすべき、自律的方向の根拠と筆者が考えている部分である。

表2−7から在宅労働が満足感をもたらす要因は、通勤がなくなったことを含む、時間的制約がなくなったことで生まれる余裕、時間活用であることがわかる。これによって育児、介護に対応で

表 2-7　満足／不満の理由の代表例

満足理由	選択数
時間に縛られない／自分の時間が持てる／時間の有効活用	147
通勤がない	55
自由・楽・便利である	54
家事との両立	24
楽しい・おもしろい・好き	14
自営業・職業上	12
家でできる	11
育児のため	10
他に選択がない	9
介護	8
家計・生活のため	8
効率が上がる	7
人間関係が楽	7
病気・入院	5
生活形態が合っている	5

不満理由	選択数
収入が不満	40
特になし・なんとなく	15
切り替えができない	9
忙しい・時間がない	8
仕事量が少ない	6
仕事が大変・激務	4
自分に合わない	4
疲れる	3

出所：筆者作成。

き、家事との両立が可能となる。これは特に女性にとってメリットが大きいと言える。反対に不満足の最大の理由は収入面である。逆に忙しくなったというケースもある。そもそも自由の享受は収入減を伴うこともあるが、それでも全体としては満足の方が圧倒的に多いという点は見逃してはなるまい。

最後に男女別にテレワークの満足を規定する要因の絡み合いを探るために、満足・不満足を目的変数、説明変数は地域（北海道・東北、関東、中部、近畿、中国・四国、九州・沖縄の6カテゴリー）、年代（6カテゴリー）、学歴（中卒、高卒、専門学校卒、短大・高専卒、大学理系卒、大学文系卒、大学美系卒、大学院卒の8カテゴリー）、年収（200万円以下、200〜400万円、400〜600万円、600〜800万円、800〜1000万円、1000万円以上の6カテゴリー）とし、ロジット回帰分析を行なった。移行理由カテゴリー（育児・介護理由、病気・ケガ理由、その他の理由、の3カテゴリー）、労働時間カテゴリー（5時間以下、5時間〜20時間、20時間〜50時間、50時間以上の4カテゴリー）である。

表などは省略するが、ロジット回帰分析という分析の結果、女性ではテレワーク形態の違いに統計的に有意な差があることがわかった。特に、「在宅勤務型」でマイナスの弱い効果が見出された。つまり「在宅勤務型」は「ベースライン（＝比較の基準対象）の専門職型」に比べて不満が有意に高く、反対に「自営型」は有意に不満が低いことが見出された。「在宅勤務型」の不満が理想とされる「専門型」に比べて低いという点は、時間に追われて気が抜けないなどの理由からであろう。ただ、自己決定権のある働き方である「自営型」の満足感が高いことは、自律・自由を求める女性の生き方

表 2-8　男女別非在宅者の在宅労働希望

	女	男
今の職場に制度があるので，活用してみたい	132	81
今の職場に制度がないが，あればぜひやってみたい	4536	1729
今の職場に制度はあるが，やりたくない	88	71
今の職場に制度はあるが，自分は条件に当てはまらない	332	248
在宅勤務そのものに興味がない，よくわからない	3924	2389
総計	9012	4518

出所：筆者作成。

としての自営業の可能性を示唆する結果となっている。

また地域の違いによる効果もあり、中国・四国地方は北海道に比べて有意に不満が低いことが示されている。[6] 男性は、どの変数の違いにも有意な効果は見出されないが、年収200万円以下は800〜1000万円以上に比べて有意に満足度が高いという一見矛盾する効果が見出された。若年在宅ワーカーが低収入でも夢を追ったり、趣味に打ち込めていることが影響している可能性が高い。

この調査では、在宅者をサンプリングする過程で、1万人超の非在宅労働者に在宅希望を問うており、その中で**女性は男性に比べて在宅労働意欲が高い**ことがわかった（表2−8）。このことは女性の方が男性に比べて在宅を希望しており、結婚、家事、育児、介護などキャリアの転機となる人生イベントの影響を受けやすい女性にとっての在宅労働、テレワークのメリット、重要性を示している。その反対に、男性は在宅労働制度を使うことで不利になると考える労働者も多く存在すると思われ、そのメリットをそれほど感じておらず、「在宅に関して興味がない、わからない」という回答が多く、しかし男性の間での在宅勤務制度普及の困難さを物語っている。

性の意識も変わっており、ポスト・コロナ社会では男性にとっても重要な「労働機械」となりうるが、これは男性正社員が企業とどこまで「社会的距離」をとれるかに依存している。

この節のまとめ

コロナ禍以前の通常状態のテレワークの実態を探った。まとめると次のようになる。エッセンシャルワーカーとしての専門職はテレワーク形態をとりにくい状況となっていることが考えられるが、現在では職業形態にかかわらず多くの人がテレワーク状態に移行したと思われる。したがってこのまとめは、あくまで通常時で観察された事柄であることに注意してほしい。

① 男性では正社員の「在宅勤務者」の割合が高く、管理職である人がとりやすい。男性では、介護、病気などで必要性も高く、裁量が利く「中核的労働者や管理者」が「テレワーク労働空間」を許される。したがって、テレワーク労働空間で働くことは、労働者がある程度の自由と自律を許されたことになる。

② 経営管理中枢にいない女性の場合、低賃金の派遣、契約社員の割合が3分の2を占める。

③ 「専門型」は各年代を通じて「テレワーク労働空間」の比率が高い。「専門型」は他のテレワーカー・カテゴリーからの「社会的距離」が存在し、特に女性にとって「専門型」が他の労働形態に比べて隔絶した特別なキャリアグループとなっており、高学歴層が占める。女性では理系女子の割合が高い。

④若い時には正規社員として「在宅勤務型」、中年になってからは「SOHO会社経営型」、高齢になってからは「自営型」という形態のテレワークというキャリア軌跡が見られる。

⑤男性では大学院卒や高等専門学校出身者も少なくない「SOHO会社経営型」が、自律性も高く収入も高い働き方として「テレワーク労働空間」で働いている。

⑥「在宅勤務型」の不満が比較的大きいのに対して、「自営型」と「SOHO会社経営型」の不満は小さく、自由度の高いこの形態は満足度がきわめて高い。

4　フリーエージェントという生き方

「フリーランス」と「フリーエージェント」

筆者は現在「産業社会学」や「経営社会学」などの講義を現代社会学部と経営学部で教えているが、その中で「テレワーク」と共に「フリーエージェントという働き方」や「副業」について各1回分の講義をすることにしている。それは、コロナ禍でもこの働き方が増えていることが新聞などで伝えられており、個人的にも、そして学生も興味がある生き方だからだ。筆者は大学という組織に雇われているものの、組織人間というよりフリーエージェント的な働き方を許されている存在であるし、個人的に大学退職後も別の研究機関に所属するか、在野研究者として研究し続けたいという気持ちがある。

写 2-1　河原町通りのウーバーイーツ配達員

出所：筆者撮影。

授業の最初にフリーエージェントの代表例として紹介するのが、筆者の大学からも近い公立高校出身の芥川賞作家・綿矢りさ、戦場カメラマンの渡部陽一、ジャーナリストの江川紹子、YouTuber《ユーチューバー》 の HIKAKIN、Fischer'sといった面々である。いずれもプロフェッショナルな生き方の著名人ばかりだが、最近はウーバーイーツの配達員も挙げるようにしている。というのは背中に大きなリュックを背負ってコロナ禍の街中を走る配達員が最も代表的なフリーエージェント例となったからである（写2−1）。もちろん彼らは副業者として働いている人が多く、筆者の授業をとっていた学生に聞いたところ、4名ほどがバイトをしていたと答えてくれた。

しかし、この働き方はフリーランスであっても「ギグワーク」と呼ばれる厳しい生き方であり、学生にはまったく勧めていない働き方である。内実はバイトであるため労働者であるのに「個人事業者」扱いとなり、ウーバーイーツ側は配達時のケガも事故も補償しないし、ただのアプリの利用者としか思っていない。経営的には優れたビジネスモデルであっても労働者にとっては厳しい働き

図 2-12　ピンクによるフリーエージェントの分類

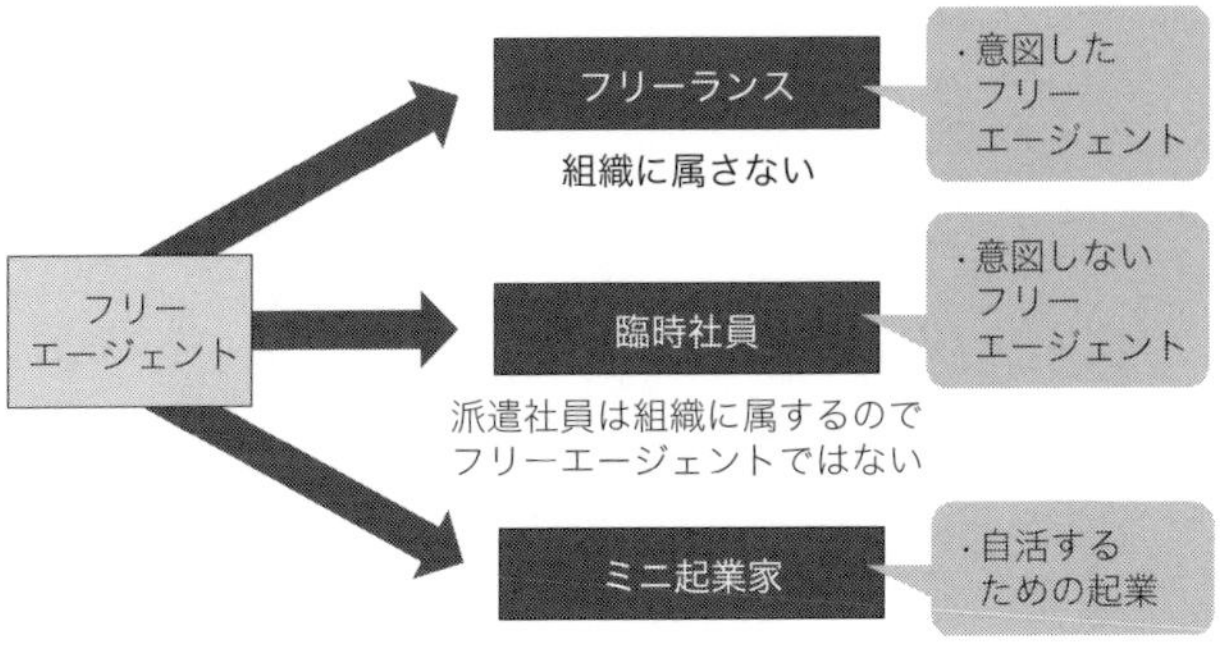

出所：筆者作成。

方である。それでも非常時には手っ取り早く稼げるのでやる人が後を絶たない。東京ではすでに増えすぎで配達員の競争激化が進んでいるようだ。NHKのテレビ番組では毎日10時間以上働いて何十万円も稼ぎ、家族を養っている例も取り上げられていたが[7]、それはわずかな例であろう。

日本では「フリーエージェント」に関する研究は多くない。この分野で最も有名な本である『フリーエージェント社会の到来』は、かつてクリントン米国大統領（当時）のスピーチ・ライターを務め、自身もフリーエージェントとして働く作家ダニエル・ピンク（Pink 2001=2014）が書いたものである。彼はフリーエージェントを「インターネットやIT機器を使って、複数の顧客を相手に自宅で働き、特定の企業（組織）に属さず、独立したビジネスを営む一群の人々」と定義し、フリーエージェントの数は全米3300万人、全米労働人口の4分の1にのぼり、次の3種類に分類されるとした（図2-12）。

①フリーランス：　特定の組織に所属せず種々のプロジェクトを渡り歩いて自分のサービスを売る意図的なフリーエージェント全体を意味する。彼らは当人の裁量に基づき、プロジェクトごとに行政機関や企業、あるいは個人などといった顧客と契約し、その仕事を遂行して生活する。

②臨時社員：　過度に効率優先の企業ないし派遣会社のために、あるいは当人の意欲や能力の欠如のために経済的窮境に陥っている、意図しないフリーエージェント。彼らの多くは劣悪な労働条件や保障制度を強いられており、本当は正規雇用されることを願っている。

③ミニ起業家：　個人や少人数のグループで独立性や柔軟性を維持しつつ、小規模ビジネスの長所を活かした経営をする組織を意味する。彼らの多くは自宅でも使用可能な情報ネットワークを利用してビジネスを展開する。

中でもフリーランスは、フリーエージェントの主要な形態に位置づけられ、当人の意思によって積極的にフリーエージェント化した人々で、安定した収入をもたらす企業を離れて自分の好む条件の仕事をする人々である。日本では「フリーエージェント（FA）」というとプロ野球の自由契約者をまず連想するし、「フリーランス」は「フリーランスのカメラマン」「フリーのアナウンサー」をまず連想し、「フリー」＝「社員でない」だけが強調される傾向にある。

フリーランスに関する一般社団法人であるプロフェッショナル＆パラレルキャリア・フリーランス協会では、これを広義に捉え、「特定の企業や団体、組織に専従しない独立した形態で、自身の専門知識やスキルを提供して対価を得る人」という定義がなされている。

日本での数少ない研究である三島（2006）は、「フリーエージェント」を次の4つに分類している。

① 独立独歩型：　専門知識・技能といった能力があり、意図的にフリーエージェントを選択したケース。やりがい志向の者が多いと思われる。しかし、専門知識を持たない安定志向の者でも何らかの資本能力を持つならば独立できる人々。

② 環境不遇型：　能力があるものの、正規社員となる機会に恵まれなかったため、非意図的にフリーエージェントとなったケース。安定志向の者が多いと思われる。

③ 自由尊重型：　能力不足であるが、意図的にフリーエージェントを選択したケース。能力を身につけて独立独歩型をめざすやりがい志向の者と、正社員を希望しながらも労働条件や将来性の悪化のため意図的にフリーエージェントを選択した安定志向の者とがある。

④ 不可避型：　能力不足かつ非意図的なフリーエージェント。正社員を希望する安定志向の者が多いと思われる。

このような三島（2006）の分類は、当時は問題になっていた「フリーター」や「ニート」という若者の無業や非正規労働論からアプローチしたという意味合いが強いが、これについて具体的な調査は行なわれていない。

より参考になるのは、同じ時期に厚生労働省関係の研究機関である労働政策研究・研修機構の論文「雇われない、雇わない働き方：個人請負の労働実態に関する比較研究」である（周 2005）。この論文では狭義のフリーエージェントに相当する「個人請負」的働き方をアンケート調査によって探り、労働経済学的に分析している。そこでは、①労働時間や年収・時間当たりの収入額は、正社員・非正社員・個人請負間で比較した結果、個人請負は正社員に近い構造を持っていること、②就業形態の選択について、（A）年齢が高い人ほど、（B）未婚女性ほど、（C）失業経験者ほど、正社員に比べ個人請負を選択していること、③個人請負の収入額は、開業年数、性別などに大きく左右され、「ベテラン」グループの時間当たり収入額が新参者に比べ16・5〜25・1％も高く、女性は男性よりも時間当たり収入額が32・9％低いということを明らかにしている。

この分野の研究は一時停滞していたが、日本では3年ほど前から政府の主導する「働き方改革」によって副業、テレワークと並んでフリーランス的働き方を推進するようになり、政府や民間機関がこれを調査するようになった。しかしアメリカでは一般的に使用される「フリーエージェント」という言葉が、日本ではプロ野球用語となってしまっていることもあり、ほとんど一部のアカデミックな文脈以外では使われなくなり、「フリーランス」が使用されるようになった。特にコロナ禍による自粛が始まった2020年の4月には「フリーランス」が検索語として急上昇しているが、「フリーエージェント」の方はまったく変化がない（図2-13）。そこで混乱を避けるためにあえて「フリーエージェント」という語は使わないことにするが、本来は「フリーエージェント」が正しいことは

図 2-13　「フリーランス」と「フリーエージェント」のワードトレンド比較

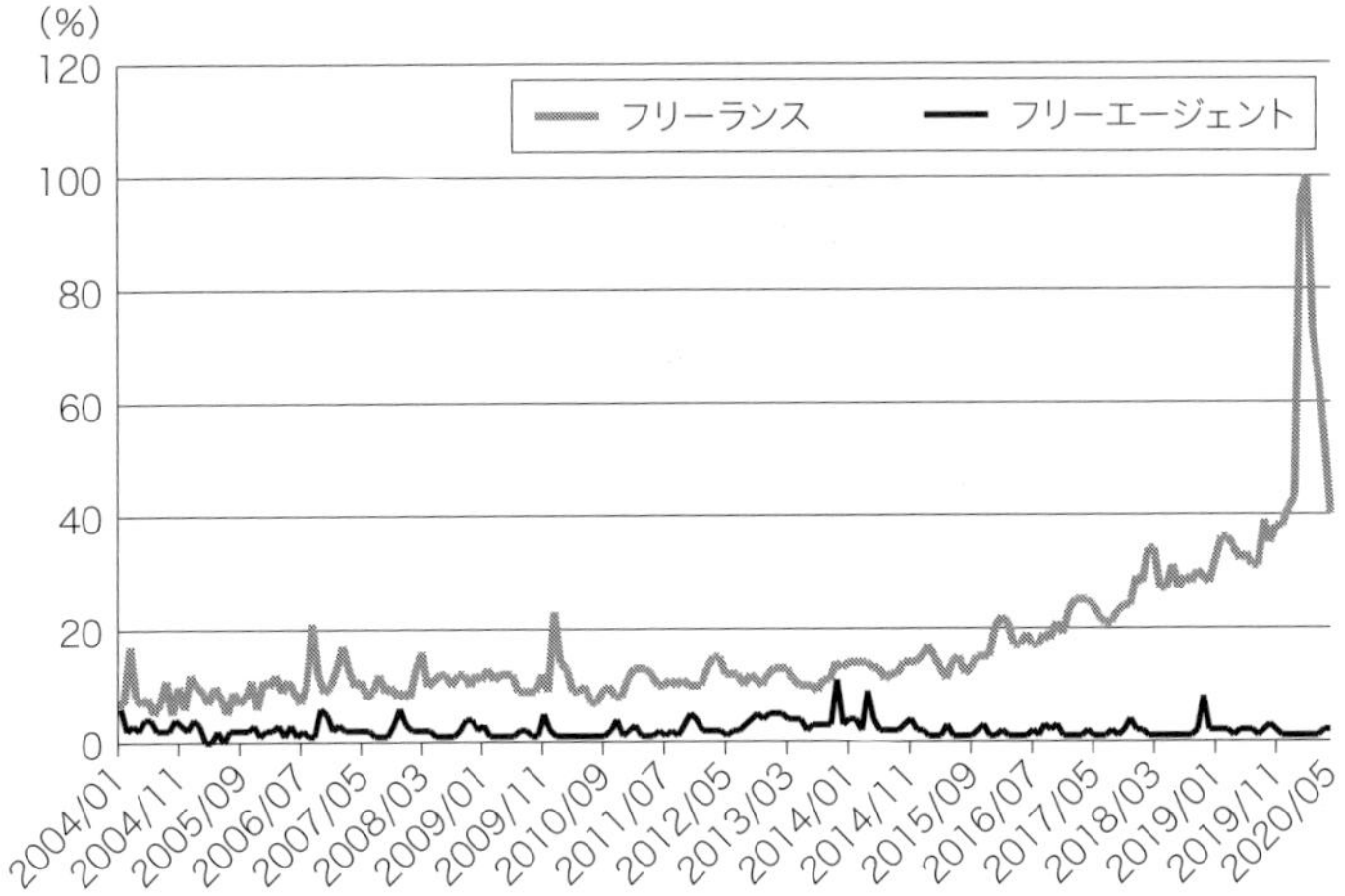

出所：Google Trends（2020 年 8 月 17 日）。

読者のみなさんにもぜひ知っておいてほしい。

コロナ禍でテレワークが一般化すると共に、副業のためのフリーランス登録者が増え始めたために「フリーランス」に関する関心は一挙に高まった。6月にはプロフェッショナル＆パラレルキャリア・フリーランス協会により『フリーランス白書２０２０』が出され、また内閣府はすでに２０１９年の調査で３４１〜５００万人という数字を算出しており、新聞でも報道されたものの、フリーランスに関する盛り上がりはいまひとつであったのと対照的である。これはテレワークと同じ事情である。

２０２０年5月の内閣官房による統一調査（２０２０年2月10日〜3月6日）では、４６２万人（本業２１４万人／副業２４８万人）と試算する「フリーランス実態調査結果」が発表されている。この調査を少し詳しく見ておこう。

図 2-14　フリーランスの年齢構成

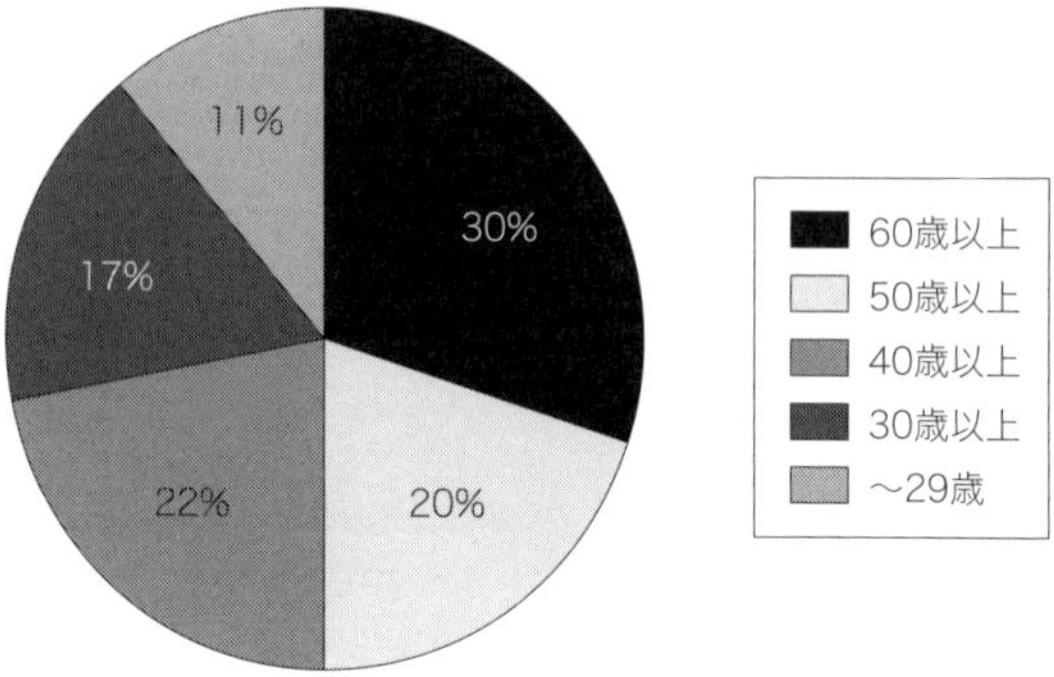

出所：内閣府「フリーランス実態調査結果」(2020 年)。

この調査はウェブで行なわれ、114万4342サンプルの従業員データをスクリーニングして「フリーランス」9392サンプルを抽出し、回答したフリーランスは7478人である。この調査の内容はフリーランス、フリーエージェント研究として最新のものであり、独自に図示しておいたので、これらを要約的にレビューしておこう。ただ、最初に指摘しておきたいが、この調査の回答者は図2―14のように、40代以上のミドル・シニア層が全体の7割を占め、60代以上が30％であることは、調査結果においてかなりのバイアスが存在するとも考えられる一方で、のちに見る民間の調査と異なり、副業的なフリーランサーが少なく、ある程度経験のある個人請負業者を中心にサンプリングできている可能性もある。

図2―15、図2―16、図2―17、図2―18は主要なその調査結果である（図2―19は「ランサーズ　フリーランス実態調査2020年版」からの転用である）。これらの調査結果を簡単にまとめると、図2―15から、フリーランス、フリーエー

図2-15　フリーランサー選択理由

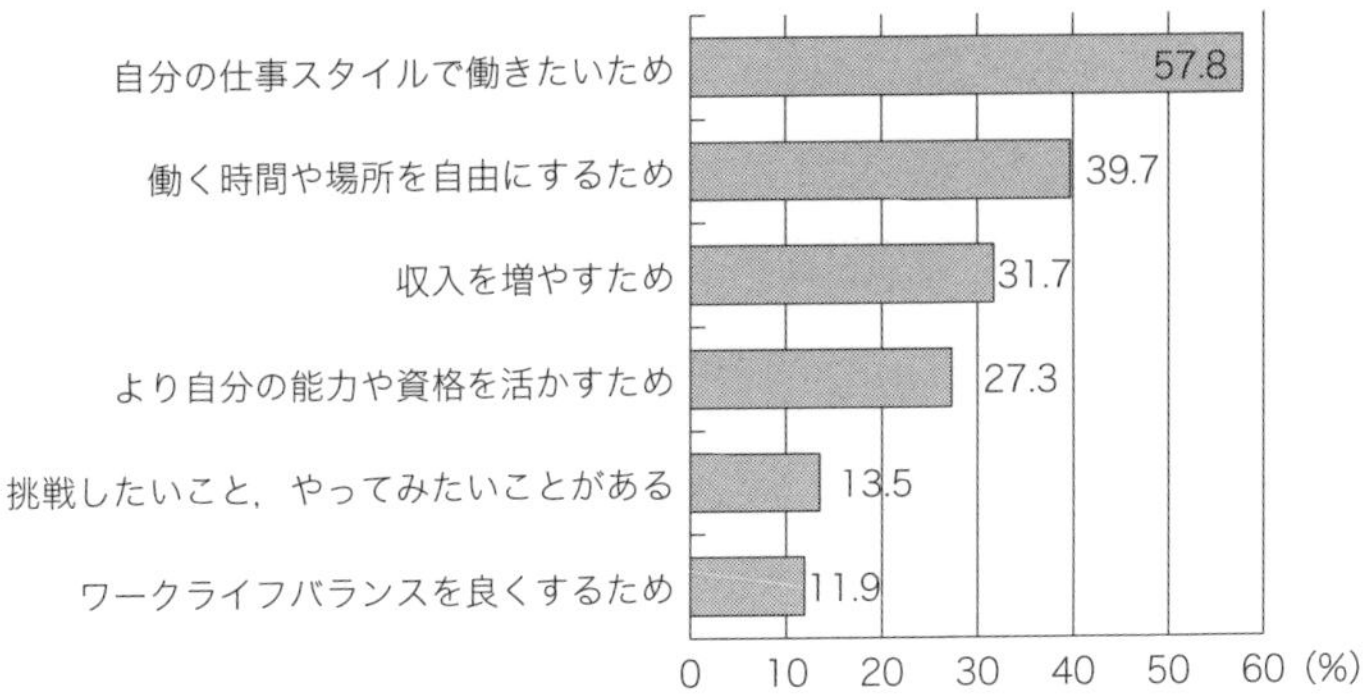

出所：内閣府「フリーランス実態調査結果」（2020年）。

ジェント選択の理由として「自分の仕事スタイルで働きたいため」が6割を占め、「働く時間や場所を自由にするため」という自由を求めていることが確認されている。仕事上の人間関係、就業環境（空間と時間）、プライベートとの両立で満足度が高い一方、収入に関する不満が5割近くに上る。

しかし図2－18のように本業としてのフリーランス、フリーエージェントの年収分布は雇用者一般のそれとはほとんど変わらないとしている。図2－17のように収入が少ないこと、不安定なことに不満はあるものの、図2－19のようにフリーランス、フリーエージェントとして継続的に働きたい人は8割近くに上り、仕事を増やしたい、維持したいという人がほとんどである。**収入の低さに比して継続希望が強いのは、決して不合理なのではなく、労働者の自立性、自律性への渇望と解釈するべき**である。

これらの結果は、フリーランス、フリーエージェントがベテランのフリーランサーにとっては魅力的な選択肢

図 2-16　フリーランサーという働き方の満足度

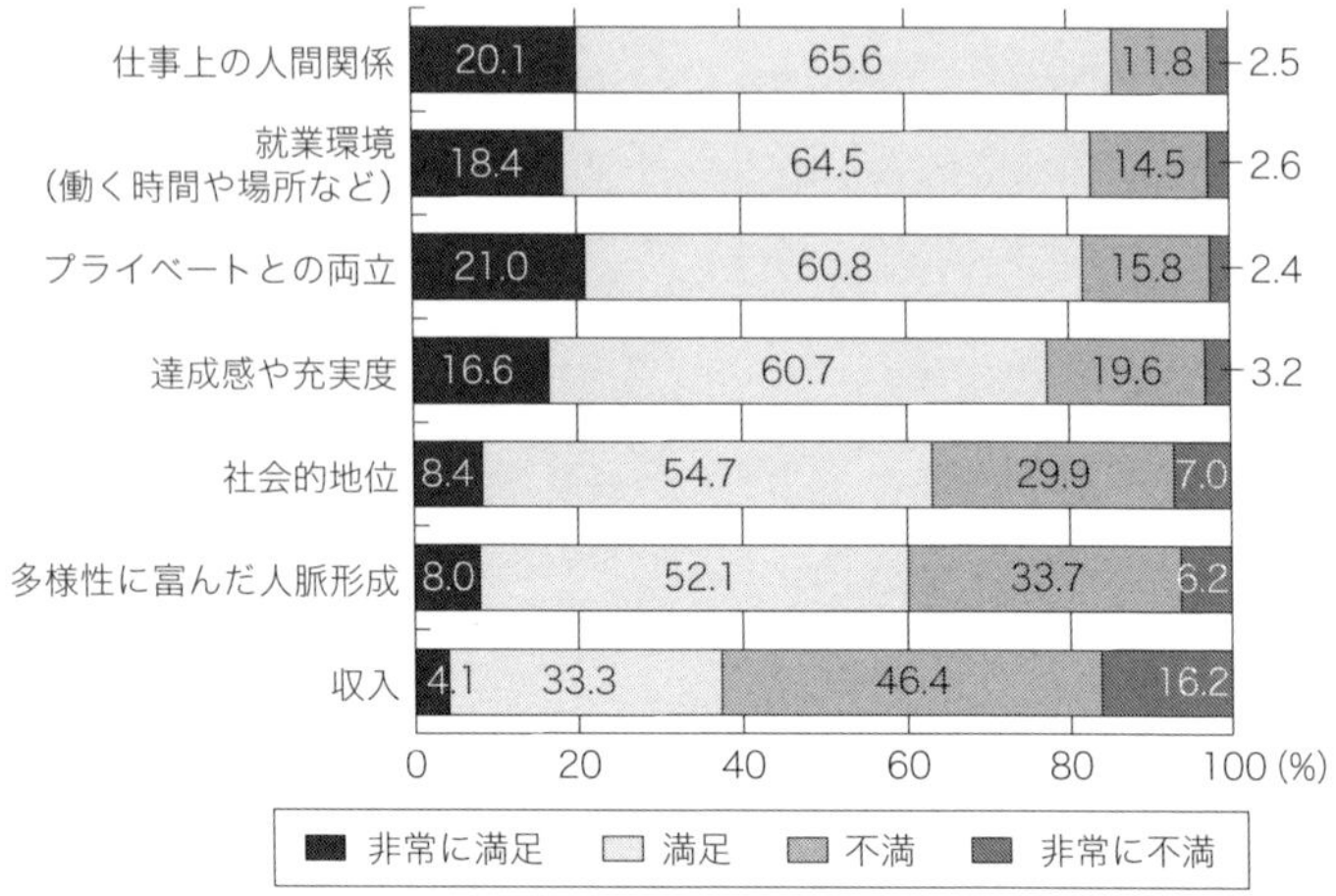

出所：内閣府「フリーランス実態調査結果」(2020 年)。

図 2-17　フリーランスとして働く上での障壁

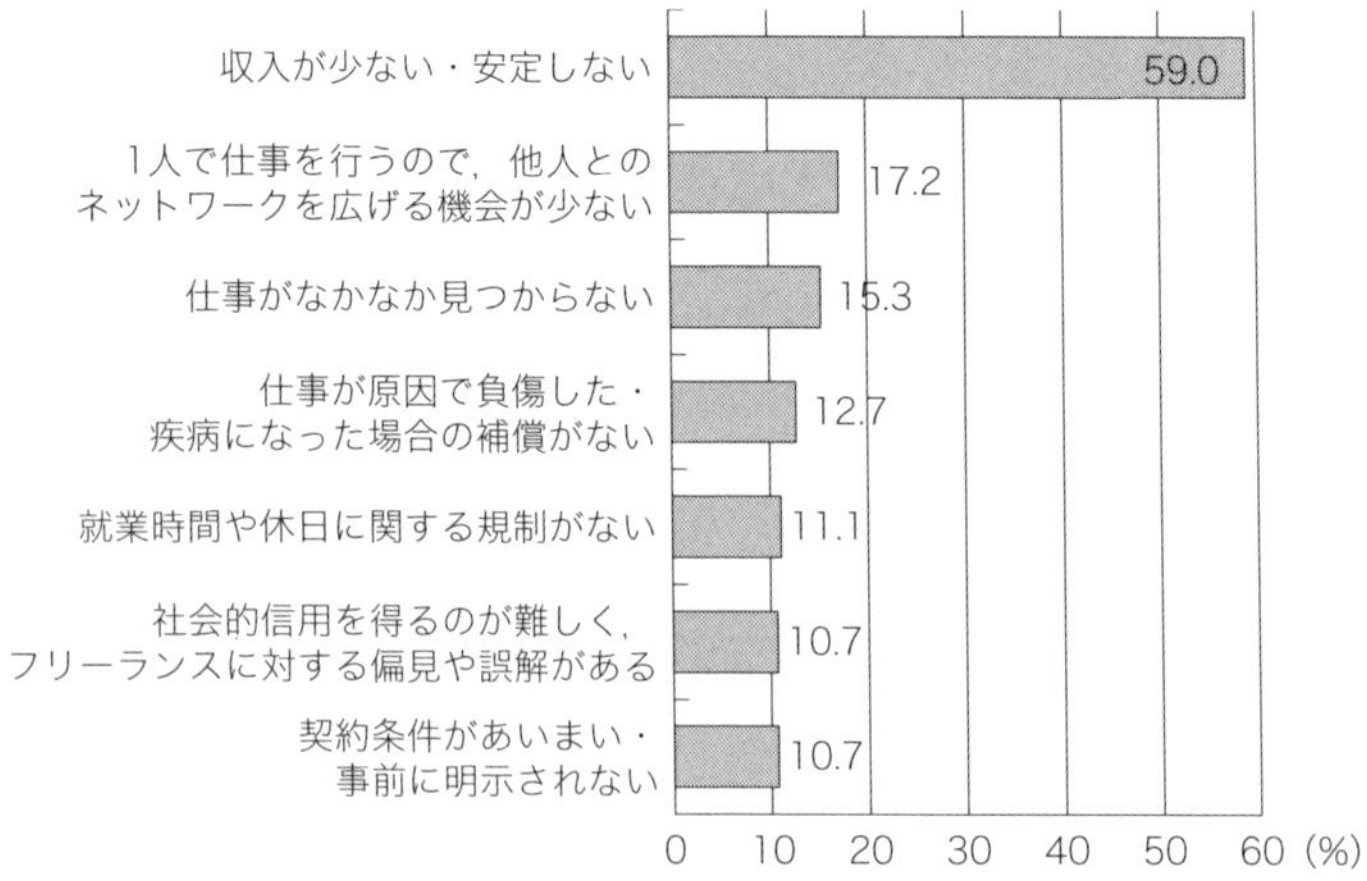

出所：内閣府「フリーランス実態調査結果」(2020 年)。

図 2-18　フリーランスとしての年収分布

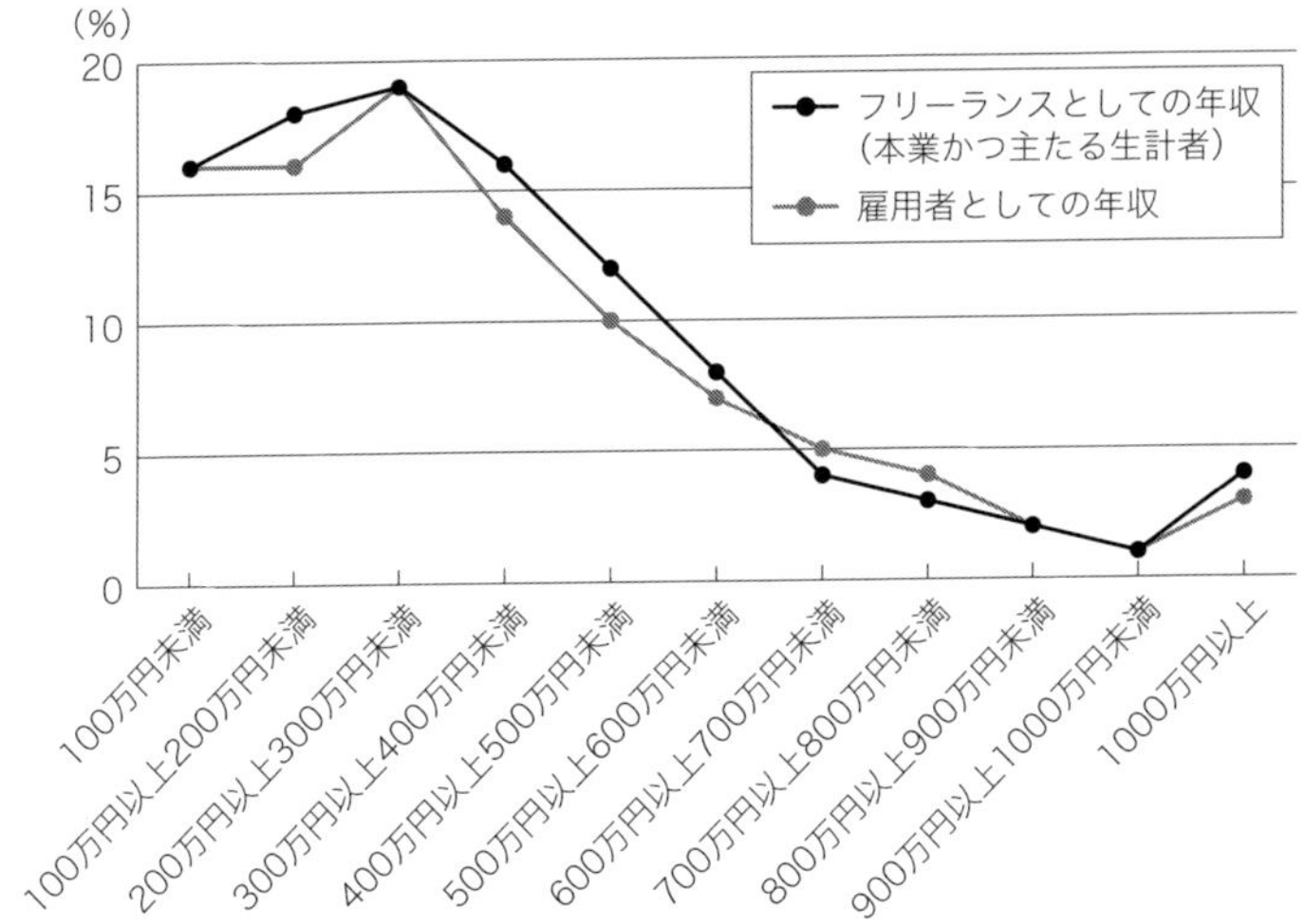

出所：内閣府「フリーランス実態調査結果」(2020 年)。

図 2-19　フリーランスという働き方の継続意思

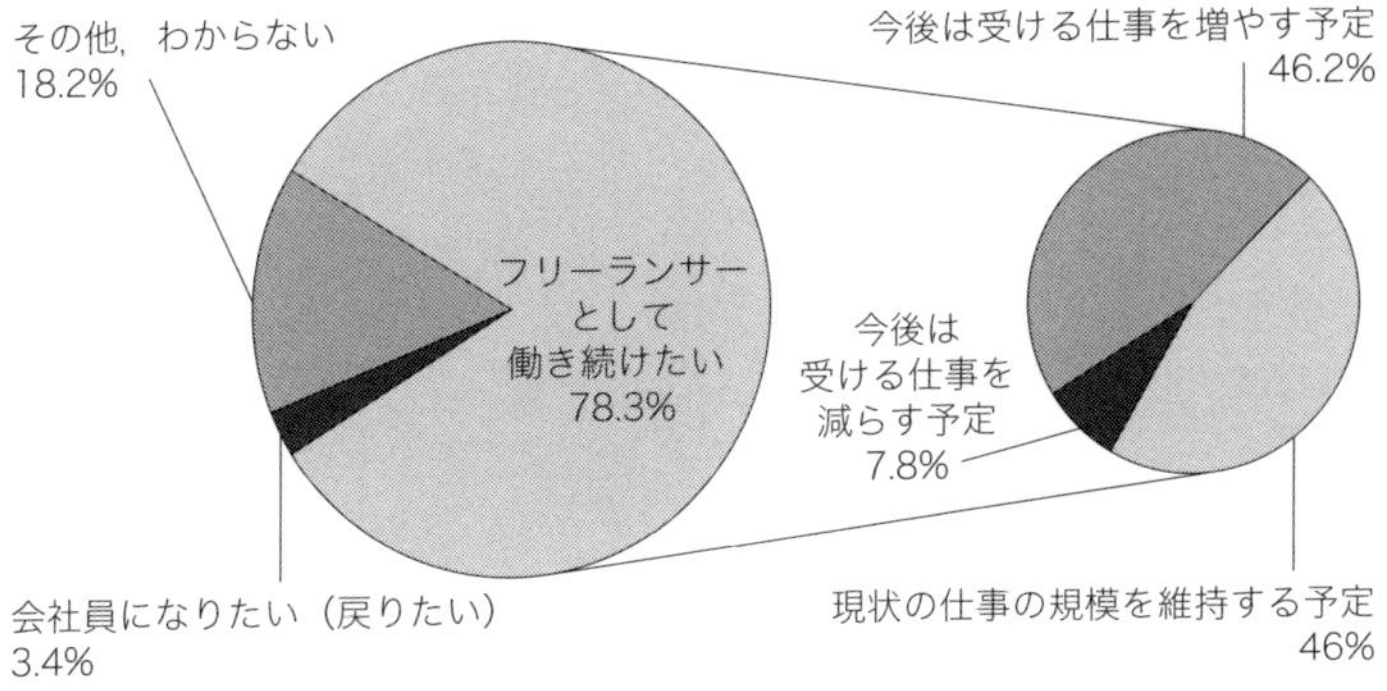

出所：「ランサーズ フリーランス実態調査 2020 年版」。

の1つとなっていることを表しているが、高年齢層バイアスのあるこの調査からは「未来の働き方」とされるフリーランス、フリーエージェントという働き方の可能性を評価することは難しいかもしれない。そこでより「未来志向の働き方」を打ち出しているクラウドソーシング会社であるランサーズが行なった「フリーランス実態調査 2020」も見てみよう。

ランサーズは業務の中にウェブ調査モニターを多く抱えているものの、このフリーランス調査では独立系の調査会社マクロミルにウェブ調査を依頼している。サンプル数は3094人、うちフリーランスは1548人なので、政府調査と違って前段階でのスクリーニング作業は行なわれていないことを意味する。民間最大手の調査会社であるマクロミルなので、すでにフリーランスのサンプルを独自に有していたと思われる。そのためにこの調査では回答者の年齢構成自体は明らかにされていないものの、政府調査ほど年齢層は偏っていないと推察される。

ランサーズの調査では、詳細は紹介しないが、明確な基準で4種類のフリーランサータイプを分類している。注目したいのは、プロフェッショナルのフリーエージェントである「自由系フリーワーカー」はわずか5%で、副業、パラレルワークが3分の2を占めていることである。これは政府系の調査では捉えられていない実態である。

フリーランサーの成功条件とは

ここまで見てきた2つのフリーランサー調査から、フリーランサーの実態は少しずつ明確になってきた。ウーバーイーツのような配達業を含んだ「ギグワーク」からいわゆるクラウドソーシングサイトに登録されているような「アウトソーシングワーク」を含むさまざまなジョブで満ちた「フリーランスジョブ空間」自体は、たしかに要求されるスキルや成果内容、単価から見れば、異種異様のグラデーション状配置構造をなすジョブ群から構成される。しかし、特にランサーズの調査が明らかにしてくれたのは、いわゆる「フリーランサー」と言われる人々の大半は単なる副業者（パラレルワーカー）であるという事実であり、ランサーズが分類している4種類の「フリーランサー」（正確にはフリーエージェント）グループが、連続的にグラデーションをなし、1つのグループが他のグループに連続的、単線的に発展していくステージにあるというものではない（図2-20、図2-21）。

たしかにキャリアアップのプロセスにおいて各段階を踏んで高スキルを獲得することはあるだろう。しかし深い知識自体が人と人の関係性を通じて獲得されるように、スキル自体も単なるコミュニケーション能力に還元できない社会関係的な側面を持つ。以前紹介したようにコード化されない知識、スキルの場合は特にそうである。

社会的な現象の多くは、ソーシャル・ネットワーク論の立場をとらないと見えないかもしれないが、ソーシャル・ネットワークに埋め込まれ、ネットワーク現象として起こり、背後にはネットワークメカニズムが存在する（図2-22）。フリーランサーが成功するか否かもそうである。この場合、競争的な状況のほとんどがそうであるようにバラバシ＝アルバートの優先的選択メカニズムが働き、すでに仕事に結ばれている百戦錬磨のベテランに仕事が集中する現象が起こる（ただその人の

図 2-20　フリーランサーの分類と平均年収

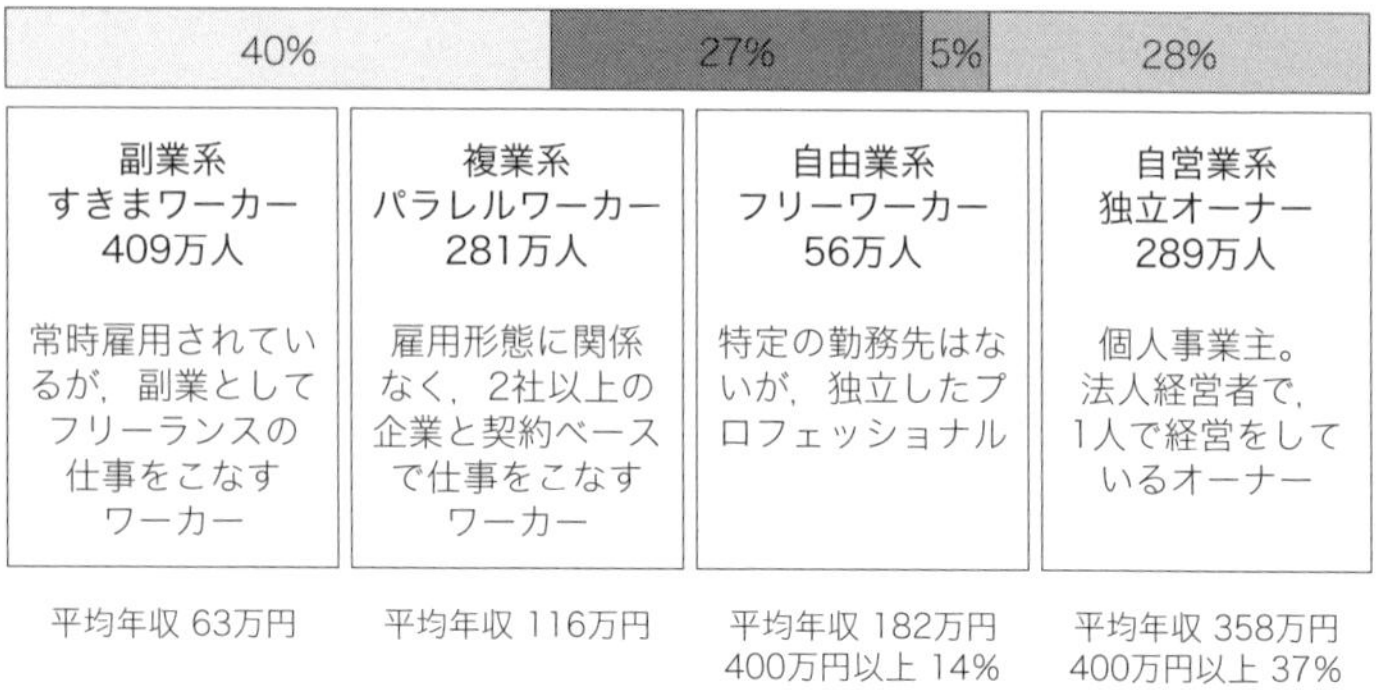

出所：「ランサーズ フリーランス実態調査 2020 年版」。

図 2-21　フリーエージェントの種類

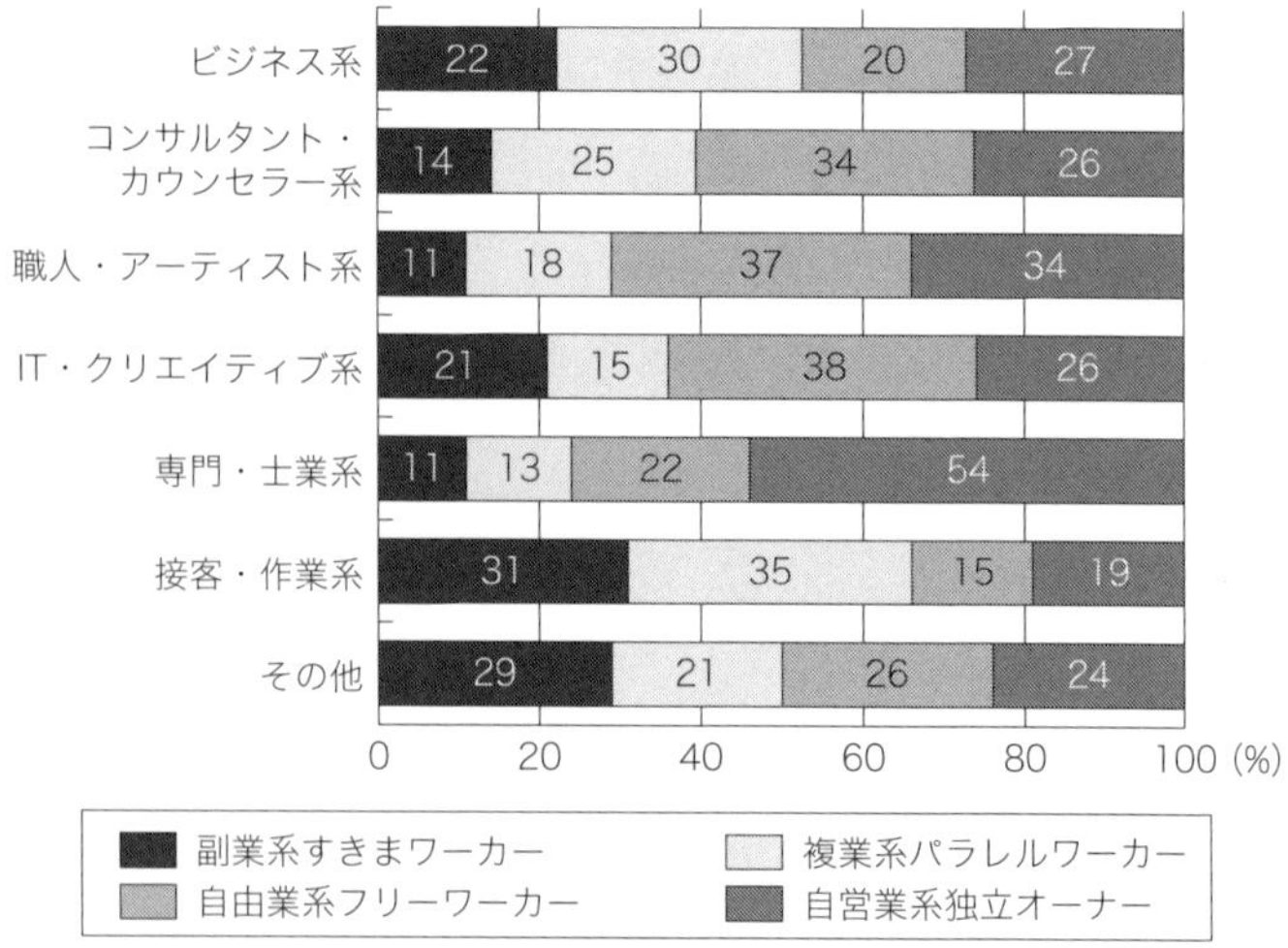

出所：「ランサーズ フリーランス実態調査 2020 年版」。

図 2-22　フリーランサーのカテゴリーとソーシャル・キャピタルのスケール，統合の種類

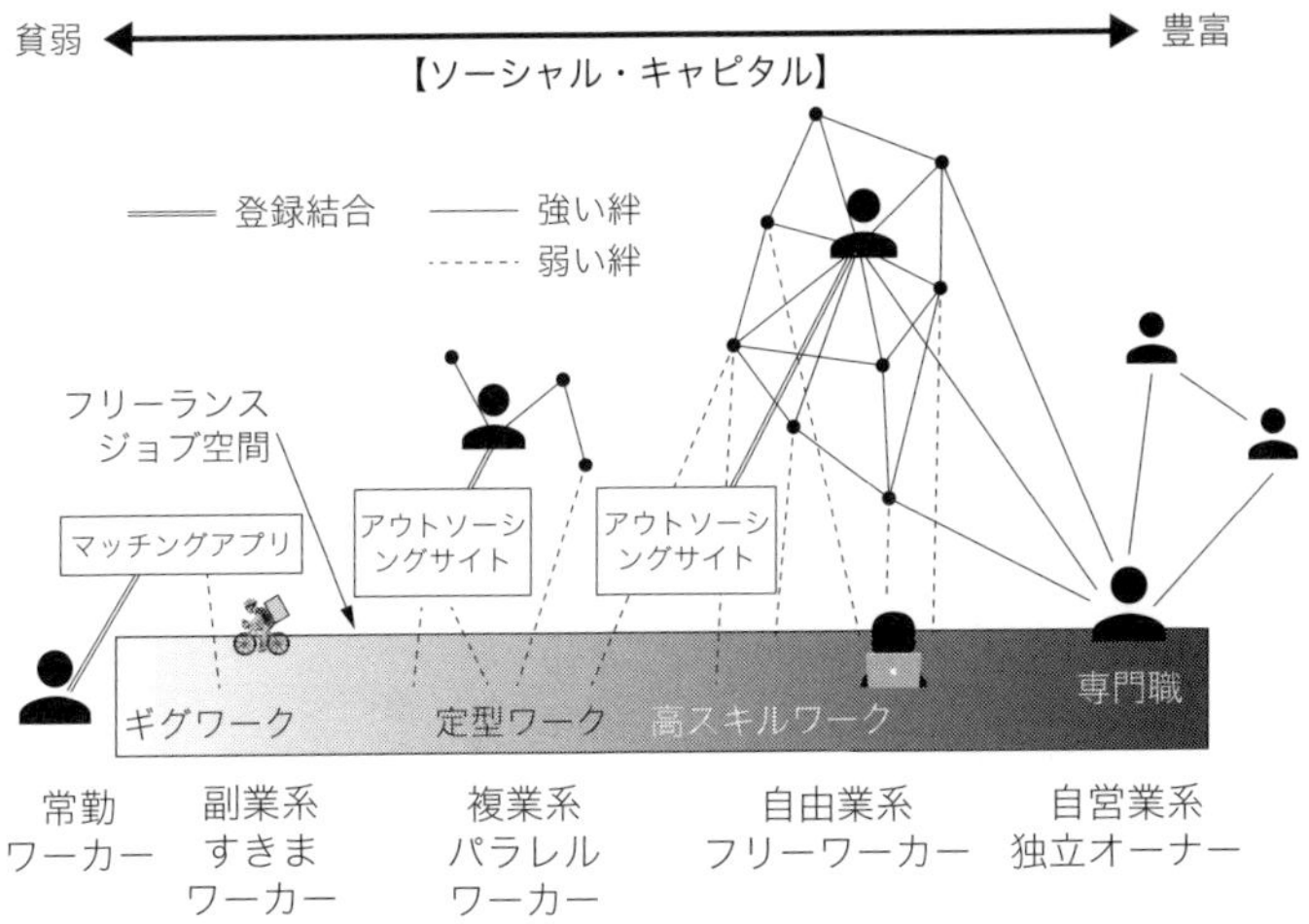

出所：筆者作成。

名前が多少売れているとかルックスが良いとかいう理由だけで、実力とは裏腹にこういう現象が起こることもある）。同時に折りたたまれていたネットワークが他のネットワークと再結合してつながったことによって新たに展開し、重複地点で結ばれて新しい結合が発生することもあるだろう（構造的折り込み現象）。人生にはこのような「おこぼれ現象」も多く存在する（忘れられた昔の歌手や芸人がコロッケに物真似されて復活した例など、枚挙に暇がない）。

したがって**ネットワークがダイナミックに重複するようなポジションにいるわずかな人々だけが、プロのフリーランサーとしてチャンスをつかみ成功を収めることができる。**偶然のきっかけがトリガーとなることもある（マーケティング戦略としてこれが逆に悪用される場合もあるので注意が必要である）。

他方で会計士、中小企業診断士などの専門職は同業者の結合なども利用して、強い結合でこの「フリーランスジョブ空間」に接続できる。また、フリーコンサルタントらも企業などの特殊な結合によって「フリーランスジョブ空間」に接続できる。専門職、準専門職が安定したキャリアとして称揚される理由はここにあるものの、今後はAIによる置き換え可能性によってその地位は安泰とも言えない。逆にクリエイティブ系の人々の置き換え可能性は低いであろう。

したがって、**「フリーランサー」つまり「インターネットやIT機器を使って、複数の顧客を相手に自宅で働き、特定の企業**（**組織**）**に属さず、独立したビジネスを営む一群の人々」として生活していくことは、ソーシャル・キャピタルに恵まれた一握りの人々にしか可能ではない**ということを学生や若い社会人はよく認識していてほしい。しかし、**だからこそチャレンジする価値はあるし、成功者でなくてもフリーランサーであることに満足度が高い**理由となっている。したがって正社員の副業としての「擬似フリーランス」は、小遣い稼ぎの手段としても、また自分のスキルを試す場としても利用すべきであろう。同時に企業はフリーランサーとしてではなく、社外副業によってビジネスシーズを社内に持って帰ることを期待して副業解禁に踏み切っている（ロート製薬の例は有名である）。このような動きがあるだけに、あえて**「隠れフリーランス」によって将来フリーランサーとして自立するための準備をしておく**ことは正解である（図2－23）。そのための長期計画を立てておくことを学生や若い社会人には勧める。

真の「フリーランサー」つまりプロフェッショナルになりたいのであれば、正社員の間を含めた

図 2-23　仲介業者の利用状況とフリーランサー

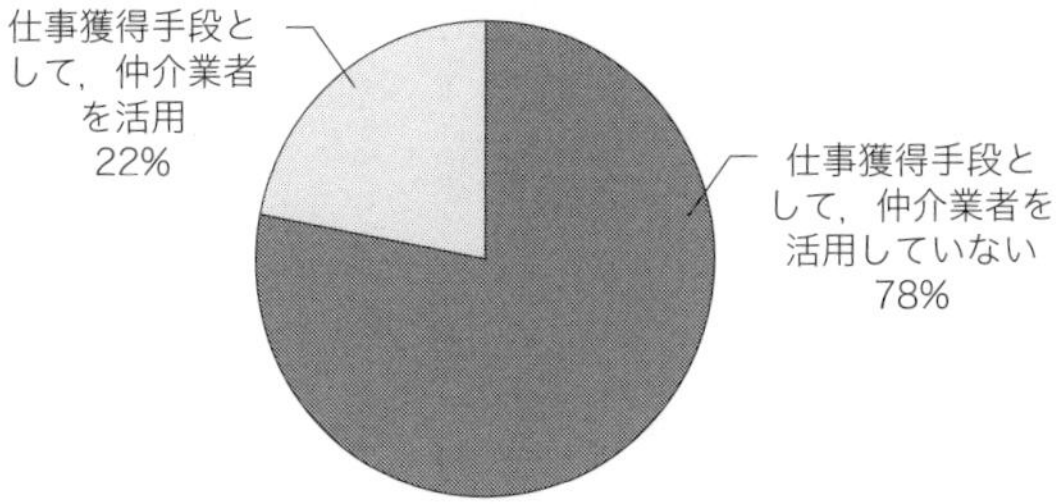

出所：内閣府「フリーランス実態調査結果」（2020 年）。

長い修行期間、エクスプローラー期間における学びも含めて、**さまざまな経験が必要になり、幅広いソーシャル・キャピタルを構築しておく必要**がある。

先ほど筆者は政府系の調査では年齢層の高いフリーランサーがきわめて多いという結果に関して、回答年齢バイアスがあるかもしれないと指摘したが、個人事業主として請負契約でそれなりに食べていけるだけの収入を得ているフリーランサーは相当な経験が必要であるため、40歳以上が多くなっているという解釈が正しいと思われる。また60代以上が3割いたことに関しては日本のメンバーシップ制の弊害である定年の影響もあるだろう。嘱託で働くことをフリーランスと回答している可能性もある。定年を過ぎてもキャリアを継続したい、働きたい、あるいは収入を得るために働かざるをえない状況にある高年齢層は多いはずである。**フリーランスが100年人生における高年齢者のキャリア戦略としても有効**になってくる。

　これを新自由主義的な解決方法だと批判する論者もいるだろうが、筆者は単純な社会的投資国家戦略（三浦 2018; 諸富 2020）だけでは労働者の100年の人生は確保できないと考える（この問題はこの本では議論しないが、自立した個人なくして社会民主主義的な政策も機能しないというのが筆者の信念である)。**蓄積してきた評判とソーシャル・ネットワーク資産を武器としてその地位を築いてきた年配者は、コロナ禍でも競争力はあるはず**である。

若年層にチャンスのあるプログラマーの世界でさえも熾烈な競争のためにプレイヤーは高年齢化してくることも考えられる。政府調査の結果でも仲介業者の利用状況を見ると、先の図2-23のようにフリーランサーの実に78%がクラウドソーシングサイトなどの仲介業者を利用せずに自分の人脈だけで仕事を請け負っている。**強弱両方の絆でつながった幅広いソーシャル・キャピタルこそがフリーランスという生き方を支えている**と言ってよかろう。

5 労働者からフリーランス、創造階級にいかに飛躍するか

格差が進んだ新自由主義社会の中で、それではいったいどのように「管理中枢から距離を置いた労働者」として働くことができるのであろうか? もちろんテレワーク、リモートワークによってわれわれは新型コロナの感染リスクがある満員電車に揺られて通勤することから免れることができる。しかし、このような働き方を確実にし、**再び会社都合で「非テレワーク労働」にさせられないように労働組合は経営と対峙して「テレワークをする権利=テレワーク権」を守る必要**がある。労働組合の存在しない企業では労働者は「**テレワークをする権利」を求めて労働組合をつくる**必要も出てくるかもしれない。

以前に述べたように「テレワーク空間」は資本により組織された「固体的労働空間」から自由を奪還する可能性を秘めた「労働機械」なのである。テレワーク権は、労働者が勝ち取ったものではなく、2020年のコロナ禍で「思わぬ形で」手に入れることのできたものだけに、資本側は今後リモートによる管理を強化するシステムを導入する可能性もあるが、それは**かえって労働者の離反を招くし、窮屈な環境ではイノベーションの創出も妨げられる**だけである。労働者はそのためにも**企業べったりの労働組合ではなく、企業の経営に関しても一定の発言力を持つ**ことが望ましい。外部からも内部からもガバナンスの利いた民主主義的な企業こそがポスト・コロナ時代の企業に求められている。**SNSによる企業評判監視も強化すべき**である（金光 2018b）。

しかし、企業側（いわゆる「資本」）は数々の歴史が示しているように、簡単には労働者に譲歩しないかもしれない。そのために「**パラレル形態のフリーランス」という戦略も最大限活用することによって管理中枢から距離をとり、将来的には「インディペンデント・プロデューサー」として独立した働き方を模索すべき**である。福祉国家を実現する手もひとつだが、100年人生には対応させるのは難しい。とりあえず元気なうちは働こうという考えが生きがいにもつながる。しかしセーフティネットを充実させることは必要である。

ポスト・コロナ時代には社会的価値観や組織も大きく変化する。大企業の時代がいつまでも続くとは限らないからである。半世紀後か、100年後かはわからないが、「**定年まで企業に雇われ、夜遅くまで残業をし、電車で通勤して巨大なビルで仕事をしていた変な時代があった」と昔話に感心**

するような時代はそう遠くないうちに必ず訪れる。マルクスも夢見た未来社会を見据え、より確実に「管理中枢から距離を置いた労働者」となるためには、大きな企業に正社員として雇われ続ける場合も含め、専門性を活かせる「フリーランス」的な働き方、「インディペンデント・プロデューサー」的な働き方を模索しておくことに勝る方法はない。それはどのようにして可能であろうか？そのためには本書の序章で紹介したような資本主義の非物質的変質に注目する必要がある。

資本主義が非物質的な無形資産の生産に移行しているのならば、労働者側も無形資産を生み出す階級としてそれを担いつつ、独自のアイデンティティを確立する必要がある。それは**大きな企業に正社員として雇われ続ける場合であっても企業にアイデンティティを求めない生き方**が望ましい。それは研究開発、プログラミング、デザインやブランディング、マーケティングやコンサルティングあるいはコーチングなどによって価値を生み出すスキルを持った「クリエイティブな人材」である。ただし注意しなければならないのは、経営のための「クリエイティブ人材」として取り替えのきく駒として使われないようにすることである。だからこそ結局は単なる「フリーランス」ではなく「インディペンデント・プロデューサー」になる必要がある。また、彼らを守るためのセーフティネットも充実させなければならない。

いま、このような無形資産を創造的に産出する階級を〈無形資産創出の「創造階級」〉と呼ぶことにする。この資本主義のもとでは、生産手段を所有した資本家と、その代理人である経営者に対して手段を持たない労働者という図式は単純には成り立たなくなることは確認しておく必要がある。

「才能や創造性とそれを発揮するための人的なソーシャル・ネットワーク資産＝ソーシャル・キャピタル」（これは単なる学校教育や職場経験だけではなく、交差的な社会集団への参加、日常生活、人生経験と人との出会いによってじっくりと醸成される）が重要な資産となる。

もちろん研究開発に従事するエンジニアやサイエンティストは実験装置や莫大な研究予算で「資本の側」に生産手段を握られるが、「才能や創造性とそれを発揮するための人的なソーシャル・ネットワーク資産」の方が支配的なのが無形資産資本主義の特徴である。つまり、**階級はもはや従来のマルクス的な階級論の物的な生産手段の所有ではなく「知識や技巧、アイデア」を生み出すソーシャル・ネットワーク資産＝ソーシャル・キャピタルによって定義される。**これはダニエル・ピンク（Pink 2001=2014）のいう「デジタル・マルクス主義」（＝「コンピューターが安価になり、携帯型の端末が普及し、どこにいても地球規模のネットワークに接続できるようになったおかげで、労働者は再び生産手段を手にすることができるようになった」という意味）の延長版である。

「創造階級」＝「クリエイティブ・クラス」という概念は、もともとアメリカの都市経済学者・社会学者であるリチャード・フロリダ（Florida 2002=2008; 2005a=2007; 2005b=2010; 2009=2009; 2014=2014）によって導入された概念で、アメリカ出自の階級論である。日本はやや無形資産資本主義が遅れているのは否めないが、無形資産資本主義の進んだ先進資本主義国であれば、この枠組みはほぼ当てはまる。表2－9のように「クリエイティブ・クラス」は全米人口の3割、総所得において47％を占めるまでに成長しているとされており、平均所得では「クリエイティブ・クラス」「ワーキン

表 2-9　2010 年のアメリカにおける創造階級を含む階級分類

<table>
<tr><td rowspan="10">クリエイティブ・
クラス（30%）</td><td rowspan="5">スーパー・
クリエイティブ・
コア</td><td>コンピューターおよび数学に関連する職業</td></tr>
<tr><td>建築およびエンジニアリングに関連する職業</td></tr>
<tr><td>生命科学，物理学，社会科学に関連する職業</td></tr>
<tr><td>教育，訓練，図書館に関連する職業</td></tr>
<tr><td>芸術，デザイン，エンターテインメント，スポーツ，メディアに関連する職業</td></tr>
<tr><td rowspan="5">クリエイティブ・
プロフェッショナル</td><td>マネジメントに関連する職業</td></tr>
<tr><td>業務サービスおよび金融に関連する職業</td></tr>
<tr><td>法律に関連する職業</td></tr>
<tr><td>医療に関連する職業</td></tr>
<tr><td>高額品のセールスおよび営業管理に関連する職業</td></tr>
<tr><td rowspan="4">ワーキング・
クラス（22%）</td><td rowspan="4"></td><td>建設および採掘に関連する職業</td></tr>
<tr><td>装置，保守管理，修理に関連する職業</td></tr>
<tr><td>製造に関連する職業</td></tr>
<tr><td>輸送および資材運搬に関連する職業</td></tr>
<tr><td rowspan="8">サービス・
クラス（47%）</td><td rowspan="8"></td><td>医療支援に関連する職業</td></tr>
<tr><td>調理および飲食サービスに関連する職業</td></tr>
<tr><td>建物および土地の清掃および保守管理に関連する職業</td></tr>
<tr><td>介護に関連する職業</td></tr>
<tr><td>低価格品のセールスに関連する職業</td></tr>
<tr><td>事務および業務補助に関連する職業</td></tr>
<tr><td>コミュニティおよび社会福祉に関連する職業</td></tr>
<tr><td>保安サービスに関連する職業</td></tr>
<tr><td>農業（1%以下）</td><td></td><td>農業，漁業，林業に関連する職業</td></tr>
</table>

出所：Florida（2014）。

表 2-10　フロリダ方式の分類による日本の階級構成の推計

階級	2005年			2010年			2015年		
	総割合	男割合	女割合	総割合	男割合	女割合	総割合	男割合	女割合
クリエイティブ・クラス	16.7%	17.6%	15.4%	17.9%	18.1%	17.6%	19.4%	19.7%	19.0%
ワーキング・クラス	29.0%	34.6%	20.9%	19.7%	26.6%	10.5%	18.3%	25.3%	9.3%
サービス・クラス	49.2%	42.9%	58.3%	58.2%	50.7%	68.3%	58.4%	50.5%	68.4%
農業	5.1%	4.9%	5.3%	4.2%	4.6%	3.7%	4.0%	4.4%	3.4%

出所：国勢調査，抽出詳細集計結果。2000年は表5，2010年は表6，2015年は表10-1。

グ・クラス」「サービス・クラス」「農業」の各階級は、それぞれ7万7177ドル、3万6991ドル、2万9818ドル、2万4324ドルとされる。

この分類方法によって国勢調査の抽出データから日本の場合で階級構成を集計したものが表2－10である。(8) 日本のクリエイティブ・クラスの推計値は2005年で16・7%、2010年で17・9%、2015年で19・4%と微増しているものの、アメリカ合衆国のそれと比べてかなり少ない。しかし対照的にサービス・クラスは2010年で58・2%と合衆国よりかなり多く、ワーキング・クラスは19・7%とやや少ないほか、農業人口は4・2%とやや多い。つまり日本の階級区分では、サービス・クラスが異常に多く、クリエイティブ・クラスが少なく、2015年ではワーキング・クラスが米国をやや下回り18%弱にまで縮小しているという特徴がある。この意味では日本も物質的な生産を担うワーキング・クラスの減少が著しく、無形資産経済化が進んでいると言える。

日米間の違いの要因としてまず挙げられるのは、両国における経済のサービス化、知識化の時期の差である。いわゆるサービス経済化、製造業の空洞化が早かった米国ではすでに1970年頃にワーキング・クラスとサービス・クラスの人口が逆転しており、同時にクリエイティブ・クラスが早くから増加し、1980年代後半にはワーキング・クラス人口を逆転していることがフロリダの『クリエイティブ資本論』第2版の中で示されている。他方1970年代から1980年代に製造業で世界を席巻した日本ではワーキング・クラスは30〜40%で推移してきたと思われ、2005〜2010年でワーキング・クラスは急速に減少し、その減少分はサービス・クラスに吸収されたようだ。つまりクリエイティブ・クラスはこの間ほとんど成長していないように見える。しかしこれには注意を要する。日米間の差には両国の雇用慣行の違いが大きいと考えられるからである。

第1に、職能制度が発達しており外部労働市場も未発達な日本では**特定企業へのメンバーシップ所属が「職業人としてのキャリア形成」を妨げており、専門職化傾向が低い**。他方で米国では職務制度で外部労働市場も発達しており、独立志向も高く、職業人としてのキャリア形成が盛んである。

第2に、日本でのジェンダーバイアスである。2015年にはサービス・クラスは全女性就業者の68・4%を占めるが、女性の職種は保健医療従事者、社会福祉専門職業、教員に偏っており、女性の理科系人材の少なさが影響し、技術者は男性に比べて極端に少ない。これは管理的職業でも

図2-24　創造階級の職種別・男女別分類

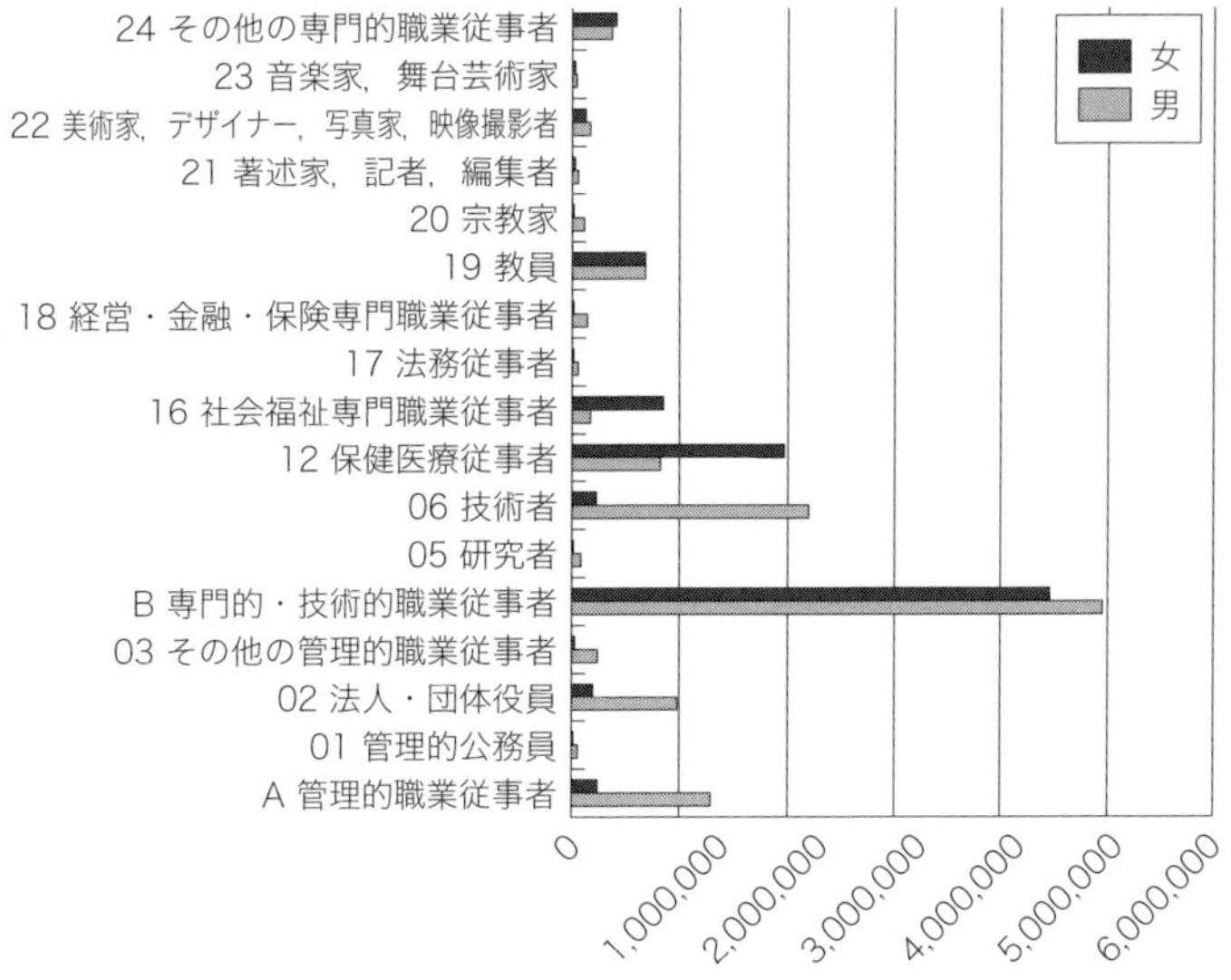

出所：2010（平成22）年国勢調査。

同じである（図2－24）。

したがって日本の階級構成は、メンバーシップ制のために、専門的なスキルや知識を持っていてもサービス・クラスに分類されている人々が多く、クリエイティブ・クラスは過少に、サービス・クラスは過大に見積もられている可能性が高く、日米の差はこれを考慮する必要がある。

ジェンダー差別とその基礎にある強いメンバーシップを要求する職能的な日本企業の労働慣行が大きな阻害要因となって、創造階級の成長を妨げている可能性が否定できない。それらを考慮すれば、製造業のサービス業化（製造業においてもメインテナンスやマーケティング活動が重要になり、実際はサービス業化していること）が進んでいる日本では、2015年時点でもサービス・クラスの10％程度はクリエイティブ・クラスに分類される可能性があり、そうすればあまり米国と違わない数字となると思われる。

この**〈無形資産創出の「創造階級」〉は高い専門性から自律性を持ちうるので、かなりの程度フリーランス化が可能な階級**であるが、フリーランス化可能率のような数字は簡単には出せないので、これに代わる興味深い数字を参考にしたい。このリモートシフトした時代に、フリーランスは今やテレワークなしでは成立しない。そのことを前提にすると、テレワーク化率とフリーランス化可能率は、非常時のエッセンシャルワーカーを別として、ほぼ互換性が高いと考えられる。テレワークは、企業としてはやむをえない事情があるにしても、労働側に裁量をある程度与え、空間と時間に縛られずに働くことを可能にする働き方である。

パーソル総合研究所が出した表2-11を見てほしい。36の職業のうち22番目にランクされる「その他」を境に、上位の職業はクリエイティブな職業であり、フリーランスとしても自律的な働き方を追求できる職業となっている。反対に、エッセンシャルワーカーなどのテレワークを許されない職業は別として、テレワーク化率の低い職業はフリーランスとしては自律的な働き方を追求できるような職業が並んでいる。ただ、ひとつ留意点がある。それは創造階級にはマネジメント層も含まれる点で、単純な労働者ではないという点で従来の階級論では捉えられない面を持つが、この階級論では「マネジメント」は「労働」に対峙する「資本」側に立つ搾取者という図式では解釈されるべきではなく、あくまでもいかに創造的・主体的に働けるかという点が重視される。

表 2-11　フリーランス化可能率としてのテレワーク

順位	職業	従業員のテレワーク率	4月実施率	4月からの変化	サンプル数
1	コンサルタント	74.8	61.4	13.4	38
2	WEBクリエイティブ職（WEBデザイナー，プランナーなど）	68.9	64.1	4.8	59
3	企画・マーケティング	66.1	60.4	5.7	174
4	経営企画	64.3	48.2	16.1	143
5	IT 系技術職	61.8	53	8.8	1414
6	広報・宣伝・編集	57.2	52.1	5.1	58
7	商品開発・研究	56.5	43.8	12.7	758
8	営業推進・営業企画	54.3	45.3	9	305
9	営業職（法人向け営業）	47.0	47.8	-0.8	1003
10	クリエイティブ職（デザイン・ディレクターなど）	43.8	42.1	1.7	159
11	資材・購買	42.4	37.1	5.3	204
12	総務・人事	37.1	32.3	4.8	952
13	営業事務・営業アシスタント	35.5	27.8	7.7	683
14	建築・土木系技術職（施工管理・設計系）	32.3	26.3	6	305
15	営業職（個人向け営業）	31.8	25.5	6.3	520
16	財務・会計・経理・法務	31.7	29.2	2.5	861
17	顧客サービス・サポート	30.5	28.5	2	403
18	その他専門職	28.0	32	-4	252
19	事務・アシスタント	26.1	23	3.1	2273
20	教育関連	22.5	20	2.5	33
21	生産技術・生産管理・品質管理	21.6	18.4	3.2	1205
22	その他	20.7	23.7	-3	1035
23	受付・秘書	18.4	15.1	3.3	101
24	幼稚園・保育士	11.6	7	4.6	86
25	［飲食］接客・サービス系職種	9.2	6.2	3	201
26	［飲食以外］接客・サービス系職種	8.7	7.4	1.3	375
27	配送・倉庫管理・ビル管理	6.3	11	-4.7	496
28	軽作業（梱包・検品・仕分／搬出・搬入など）	5.9	3.9	2	76
29	販売職（販売店員，レジなど）	5.4	10.3	-4.9	502
30	警備・清掃・ビル管理	4.8	7.9	-3.1	389
31	建築・土木系技術職（職人・現場作業員）	4.0	5.9	-1.9	198
32	医療系専門職	3.6	7.1	-3.5	982
33	製造（組立・加工）	3.4	4.2	-0.8	1960
34	ドライバー	3.3	3.2	0.1	994
35	理美容師（スタイリスト・ネイリスト・エステティシャンなどを含む）	2.6	6.5	-3.9	33
36	福祉系専門職（介護士・ヘルパーなど）	2.5	2.2	0.3	768

出所：パーソル総合研究所「第３回 新型コロナウイルス対策によるテレワークへの影響に関する緊急調査」（2020 年）。

図 2-25　第 2 章のまとめと第 1 の「疎」戦略

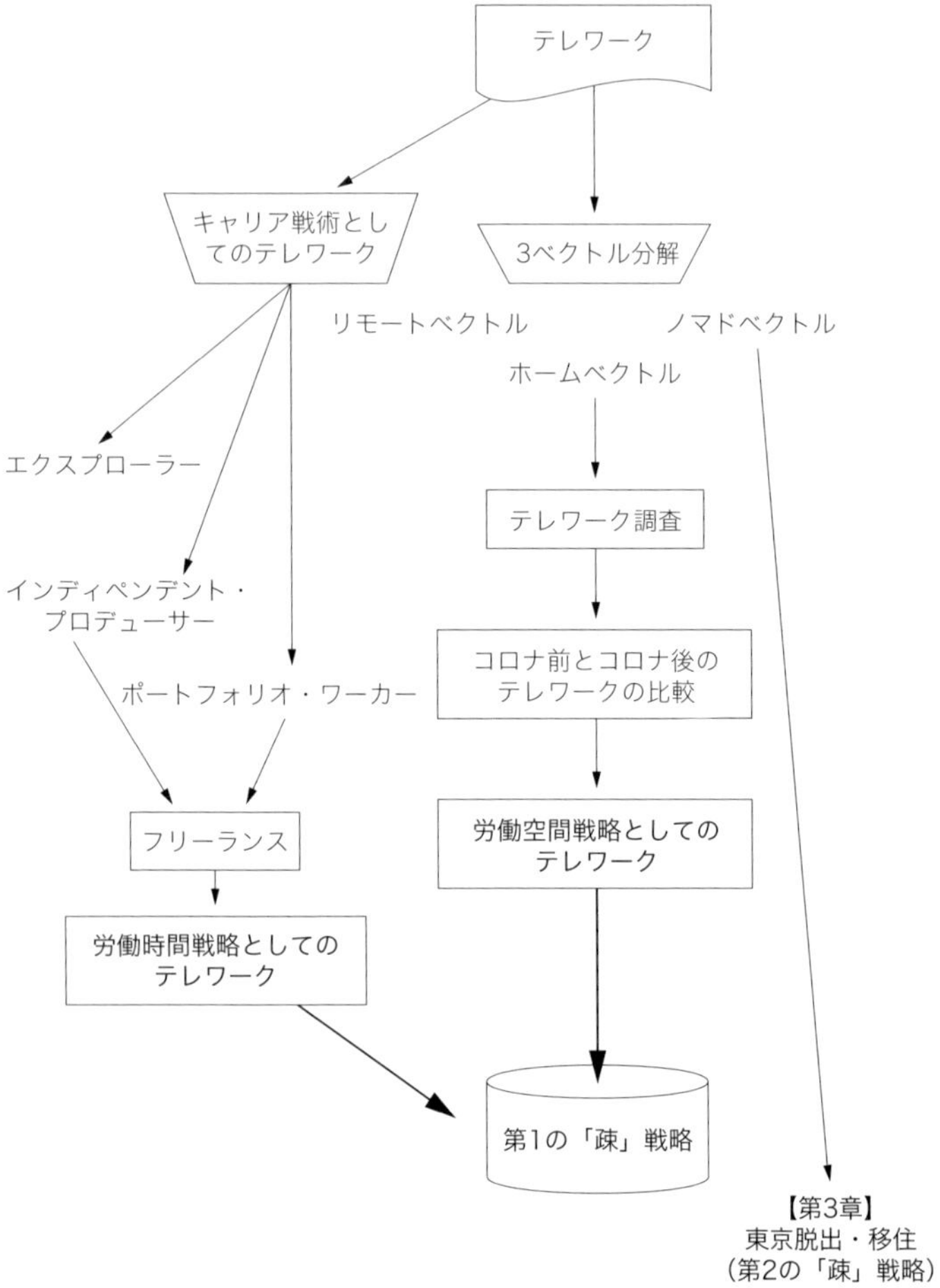

出所：筆者作成。

たしかに**現在のところクリエイティブ・クラスの大半は企業に雇われている人々が過半数であろうが、今回テレワークを経験したことによる「企業離れ」によって、フリーランス化、パラレルワーカー化、インディペンデント・プロデューサー化は急速に進んでいく可能性**がある。むしろ労働者としての権利を主張しつつ、積極的にフリーランス化、つまりパラレルワーカー化、インディペンデント・プロデューサー化することをみなさんに提唱したい。

これが第1の「疎」戦略である「管理中枢からの社会的距離戦略」の指南内容である（図2－25に要約できる）。

第3章

中央＝東京からの社会的距離戦略

——移住と地方への分散戦略

【第２の「疎」戦略】

「密集」を避け，地方に移住し創造階級として
独立事業をする働き方

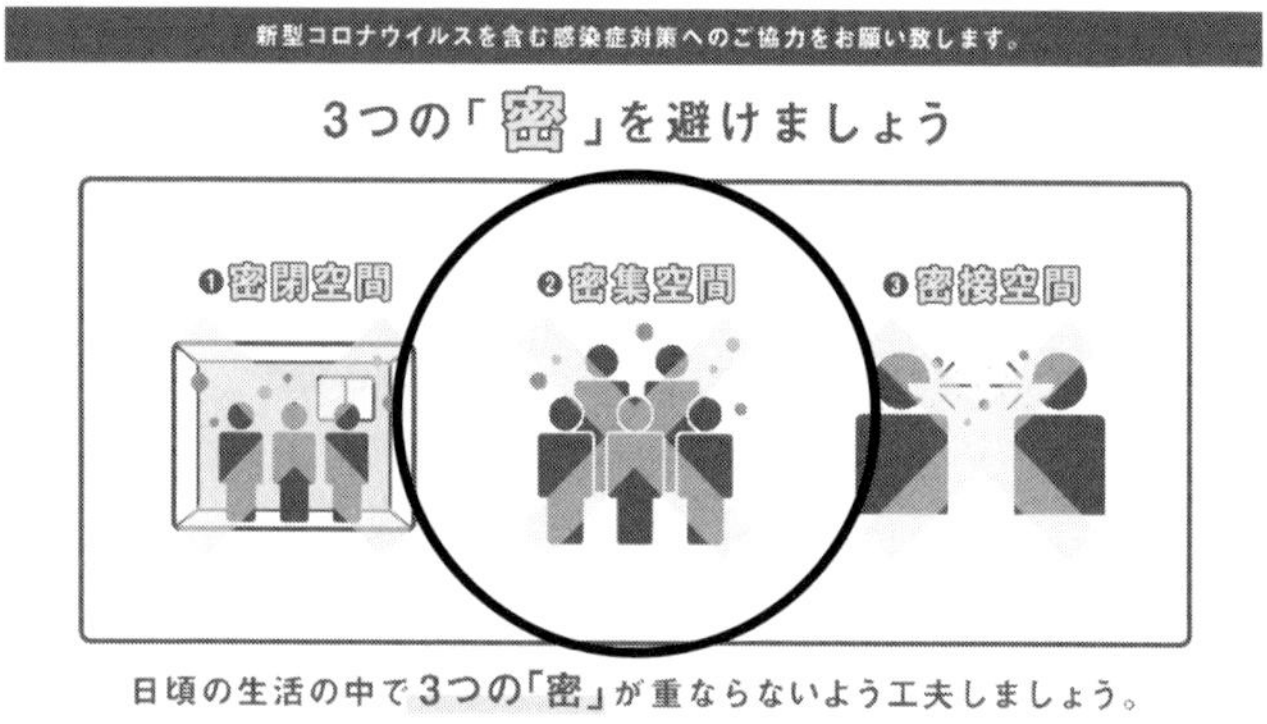
新型コロナウイルスを含む感染症対策へのご協力をお願い致します。
3つの「密」を避けましょう
❶密閉空間
❷密集空間
❸密接空間
日頃の生活の中で3つの「密」が重ならないよう工夫しましょう。

1　地方移住への関心の高まり

政府、内閣府は２０２０年６月21日の「新型コロナウイルス感染症の影響下における生活意識・行動の変化に関する調査」において、コロナ禍以降の国民の生活変化を知るべく、①生活意識の変化、②将来の生活意識・行動の変化、③生活行動の変化、などに関する詳細なアンケート調査の結果を発表した。第１番目の生活意識の変化項目において、「地方移住への関心」に関する質問を行なっている。

結果は図３－１のようになっており、内閣府は「年代別では20歳代、地域別では東京都23区に住む者の地方移住への関心は高まっている」と結論づけている。しかし地方移住の議論はコロナ禍で急に高まったわけではない。今回の言説の高まりは第２次ブームにすぎない。第１次のブームは、２０１４年５月に発表された「消滅可能性都市」（少子化や人口流出に歯止めがかからず、存続できなくなるおそれがある自治体）を名指した「増田レポート」の提出時である。地方創生に関する議論が高まり、「まち・ひと・しごと創生本部」が設立され、本格的な地方への分散化施策が始まった。

「地方移住」の言葉での検索トレンドを可視化した図３－２から、３大都市圏からの地方移住は政府の地方創生戦略の甲斐もあって、部分的な落ち込みはあるものの、２０１５年からは高い水準で推移していたことがわかる。２０２０年のコロナ禍はプッシュ要因になると思われ、感染者

図 3-1 地方移住への関心

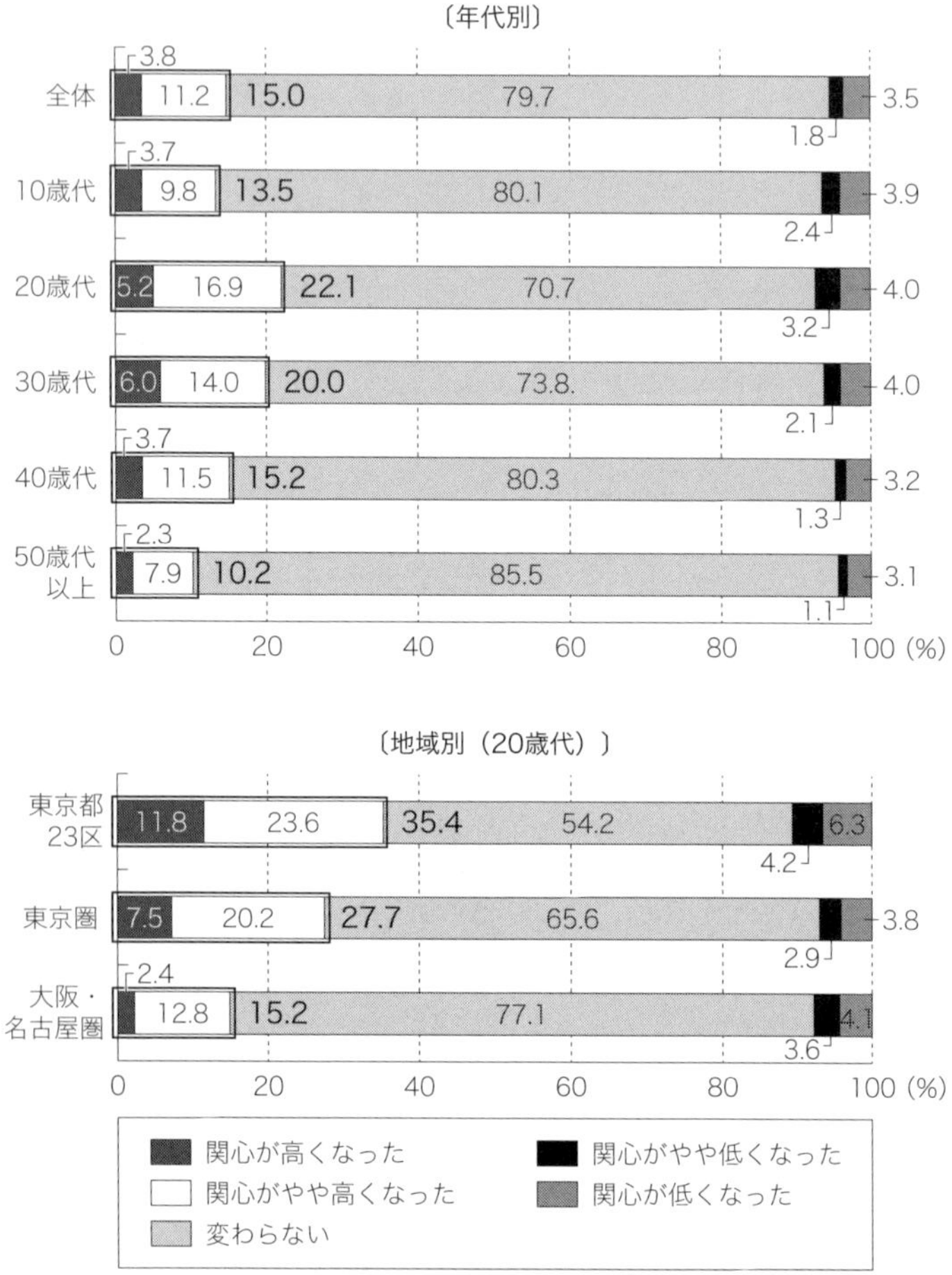

注：東京圏＝東京都，埼玉県，千葉県，神奈川県。大阪圏＝大阪府，京都府，兵庫県，奈良県。
名古屋圏＝愛知県，三重県，岐阜県。
出所：「新型コロナウイルス感染症の影響下における生活意識・行動の変化に関する調査」(2020年)。

図 3-2 「地方移住」のワードトレンド

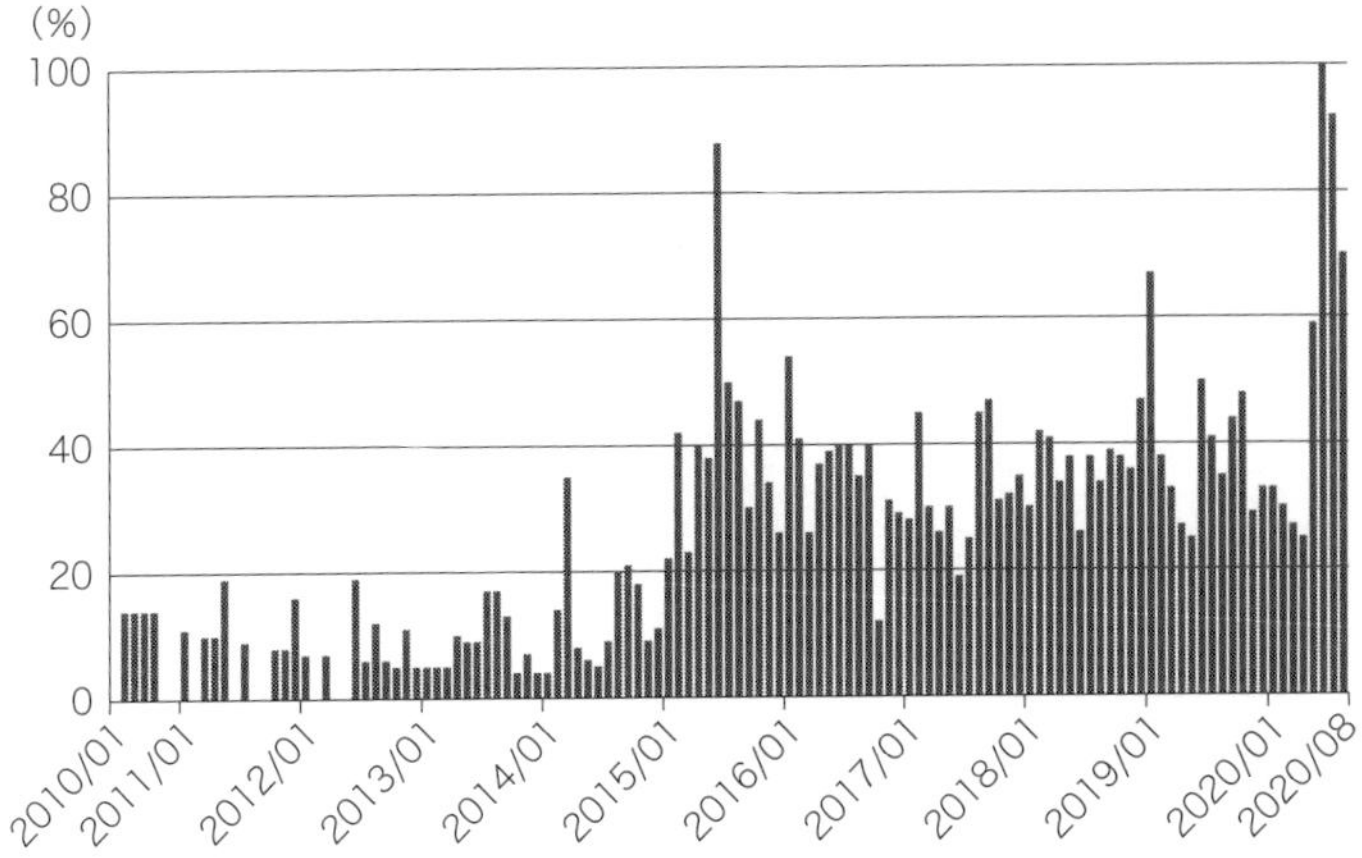

出所：Google Trends（2020 年 7 月 23 日）。

数の多い大都市からの移住は一時的避難という形にせよ世界中で見られた。グラットンによれば（グラットン 2020）、ロンドンからも数多くの富裕層が避難しているという。

新潟出身の若いＩＴ起業家が、千葉・幕張の本社機能を一部移転して故郷に移住し、新潟オフィスを起点に、自らは新潟に移住するというニュースが筆者の注意をひいた。この企業はアプリ開発や利用者分析サービスなどに強みを持つそれなりの注目企業であるから尚更である。地元も歓迎しているという(9)。

この章では、テレワークが可能にした、モバイルを伴ったリモートでの働き方と関係する、地方への移住、地方での生活に注目する。移動する、「距離をとる」とはどういうことかを考え、ポスト・コロナ社会の第2の「疎」戦略としての「中央＝東京からの社会的距離戦略」について検討する。

2　移動と「よそ者」――イノベーションの源泉？

個人的な話になるが、筆者は岡山市で生まれ、大阪府池田市、東京都清瀬市、東京都江東区、米国イリノイ州シカゴ市、ペンシルバニア州ピッツバーグ市、日本に帰って再び東京都江東区、京都市中京区、下京区と移動してきた。このくらいの数の移動は一部の公務員や転勤の多い大企業の正規社員であれば経験するし、筆者の経験は決して多くも、また特殊なものでもないだろう（しかし京都の洛中に住む人、特に老舗出身の人の中には、何百年も京都を動かない人もいるし、わざわざ東京に出かける必要すらないと感じている人も多い）。人口の流動性は高く、京都でも毎年春になるとかなりの数の学生が流入してくるが、卒業するとまた他に移動してしまう。そのため住民票を移さない学生も多い。京都の大学にとっては、卒業生をどう京都につなぎ止めるかが大きな課題となっている。

世界では、ここ数年でヨーロッパを中心に大量の移民が流れ込んだことを背景に、移民論という社会学分野に注目が集まり、国際間の移動に焦点を当てた研究がブームとなって、（文献をいちいち挙げないが）日本でも多くの本が訳されている。これらは日本では地域社会論や国際社会学のテーマとなり、特定の地域での外国人の移住と地域社会との関係を問うたり、グローバル資本主義がもたらす移民の労働問題、社会問題として研究されることが多い。

有名な社会理論家ジグムント・バウマンは20世紀の終わりにすでに「液状化した社会」という考

えを提出し（Bauman 2000=2001）、固定的に階層化した近代社会像に見慣れてしまったわれわれに警鐘を鳴らしていたが、この分野ではマルクス主義的な都市社会学の影響を受けた経済社会地理学的研究も台頭している（包括的なレビューとして、加藤・大城 2006; 吉原 2018）。これは「空間論的転回」「移動論的転回」と呼ばれ、静学的な社会研究に動態的な次元を加え、社会を流動的に把握しようとする試みでもある。ジョン・アーリは『モビリティーズ』（Urry 2007=2015）と『グルーバルな複雑性』（Urry 2002=2014）でスモールワールド・ネットワークにもふれながら複雑系やネットワーク科学の用語を使いつつ、移動によって回っていると言える社会のダイナミックな理論を提出している。ソーシャル・ネットワーク研究者としては少し理論過多で物足りない面もあるが……。

「よそ者」とは何か

また個人的な話になるが、我慢してほしい。十数年前東京から京都に移ってきた筆者は、ときどき「自分はいったい何者なのか」を考えるときがある。岡山人でも、東京人でも、京都人でもない「故郷のない人種」である。本籍地を移したものの、京言葉も身につけていないのですぐに「よそ者」であることはバレるし、京都的な習慣もいまだによくわからない。しかし今は「準京都人」だと思っている。東京への反発心は年々増していくのを覚える。もし祇園祭の鉾町《ほこまち》に住んでいたら事情が違っていただろう。残念なことに筆者が住んでいるところは道路を隔てれば鉾町の長刀鉾町《なぎなたほこちょう》というところだが、長刀鉾町の住民であったとしても東京からの「よそ者」は祇園祭に参加できなかっ

写3-1　2018年の祇園祭

出所：筆者撮影。

ただろう。祇園祭で常に先陣を飾る特別な存在である長刀鉾の運営はほとんど旧住民や地元企業の人々によってなされているからである。さすがに徒歩30秒で見物に出かけるものの、それはいつも見物人、準観光客としてであり、いまだに京都に住んでいても「京都人」だと思われていないのである（写3－1）。しかし冷静な観察者として、京都の強みや凄さ、欠点もよくわかる。

　近年ヨーロッパで大量の移民が流入したことを契機に、移民論、移民研究が盛んになり、日本でも入管法が改正されるなど大きな議論になったことは記憶に新しい。大型専門書店ではさまざまな移民に関する本が並んでおり、筆者も大量に買い込んだ。中でも移民の歴史について書いたコーエンの『移民の世界史』（Cohen 2019=2020）は地図でのイラストレーションが印象的であり、バランスのとれた内容でお気に入りである。そこでは巡礼者から難民、労働者、冒険家、亡命者、留学生、旅行者、退職者移民までさまざまな形態の「移民」＝migrationが取り上げられている。しかしそもそも国際的な人口の移動に焦点があるので、国内的に起きる「人の移動」についてはほとんど取り上げられていない。

社会学では放浪民、移動民は「よそ者の社会学」「ストレンジャーの社会学」としてジンメル好きな社会学者が扱っているが（徳田 2020）、「よそ者の社会学」を最初に展開したのはジンメルだとされる。ジンメルはアーリによっても「移動論的パラダイム」の創始者と見なされ称揚されている。ジンメルはユダヤ人であるがゆえに、ヨーロッパ社会に完全には受け入れられてない自分の立場を「異郷人（*der Fremde*）」＝「よそ者」とし、以下のように記述している。

> 異郷人は……今日訪れ来て明日去りゆく放浪者としてではなく、むしろ今日訪れて明日もとどまる者――いわば潜在的な放浪者、たびは続けないにしても来訪と待機という別離を完全には克服してはいない者なのである。（『社会学』下巻：285）

「今日訪れて明日もとどまる者」である「よそ者」は同時に「近接と遠慮、関与と不関与の統合」をするものであり、定住民のコミュニティに包摂されつつ（近接しつつ）、完全には統合されないで距離を保っている（遠慮している）者であり、地元に関与しつつ、同時に不関与的でもある。徳田（2020）はこれを分別し、重要な特徴を4つ抽出している。それを独自の図解を含めて解説してみよう。

① 移動性（新規性）：ジンメルの表現では「そこには由来せず、また由来することのできない性質をそこへもたらす」ものであり、集団内で近くにいる人や物に対して一定の距離や疎遠さを持ちながら交わるという、独特の社会的な位置を占める者だとしている。これは「近接と遠慮の関与」結合

として ジンメルによって強調され、「遠くのものを近づける」距離の克服の側面と、「近くのものと距離を伴った関係を持つ」距離の設定の側面を統合しているとされる。これはポスト・コロナ時代の社会的な距離のとり方（ソーシャル・ディスタンシング）を絵に描いたような見方である（図3ー3）。

② 客観性と信用：ジンメルの表現では「根底から集団の特異な構成部分や集団の一面的な傾向に囚われていないから、それらのすべてに『客観的』という特別な態度で立ち向かう」とされる。集団の事情に通じながらも集団の利害関係から自由であるために、物事を冷静に見極め、そのために内部者から信用を得ることができる。イタリアの都市ではしばしば外国人裁判官が招集されたという。現代では企業の外部取締役がこれを期待されている（金光 2018b）。

③ 自由と公平さ（客観性）：中立的で客観的であるために、ジンメルの表現では「実践的にも理論的にもより自由な人間であり、彼は状況をより偏見なく見通し、それをより普遍的、より客観的な理想で判定し、したがって行為において習慣や忠誠や先例によって拘束されない」人々である。よそ者は集団内の力関係や先入観に囚われることなく物事を見ることができる。集団内で距離を保ちながら、全体的な視野で物事を俯瞰でき、近接関係さえも鳥の視野で俯瞰できる。これは新しい構造的空隙論にでも展開できそうな視点である（図3ー4）。

④ 抽象的性質：ジンメルは「有機的に結合している人々への関係は、たんなる普遍的なものに対する特殊な差異の同質性に基づいているのに、人々はよそ者とは単に一定の普遍的な性質のみを共通にもつにすぎないということに見いだすのである」と、やや難解に表現している。集団メンバーは、

図 3-3　よそ者と新規性

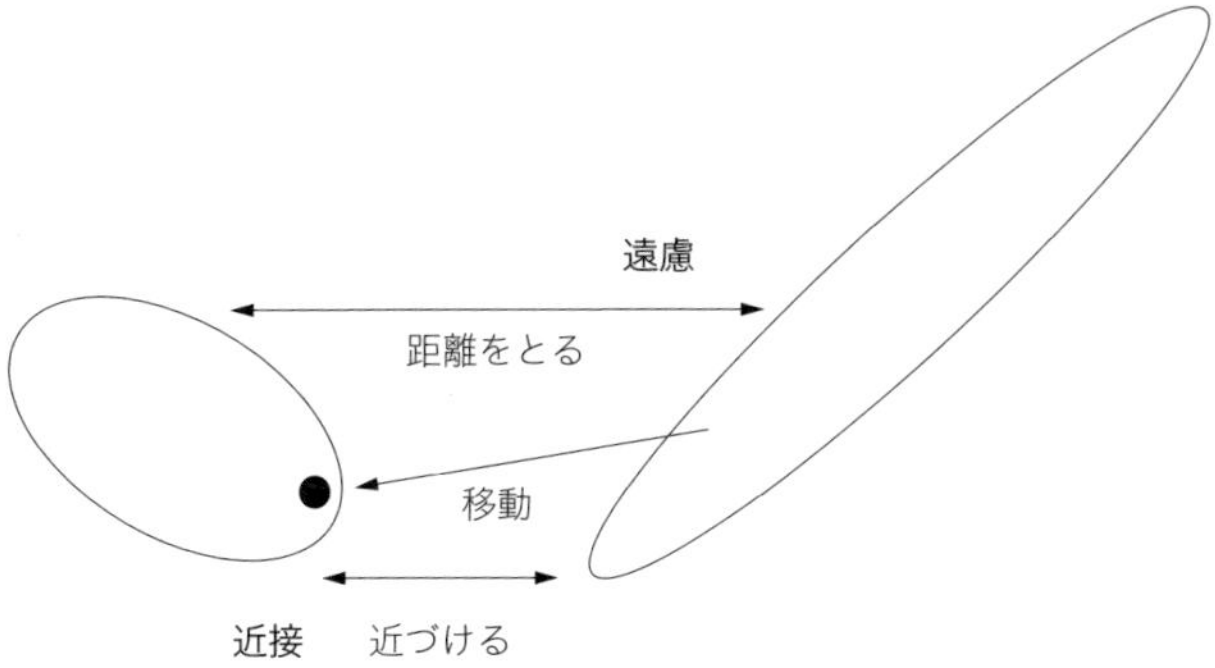

出所：筆者作成。

図 3-4　よそ者と客観性

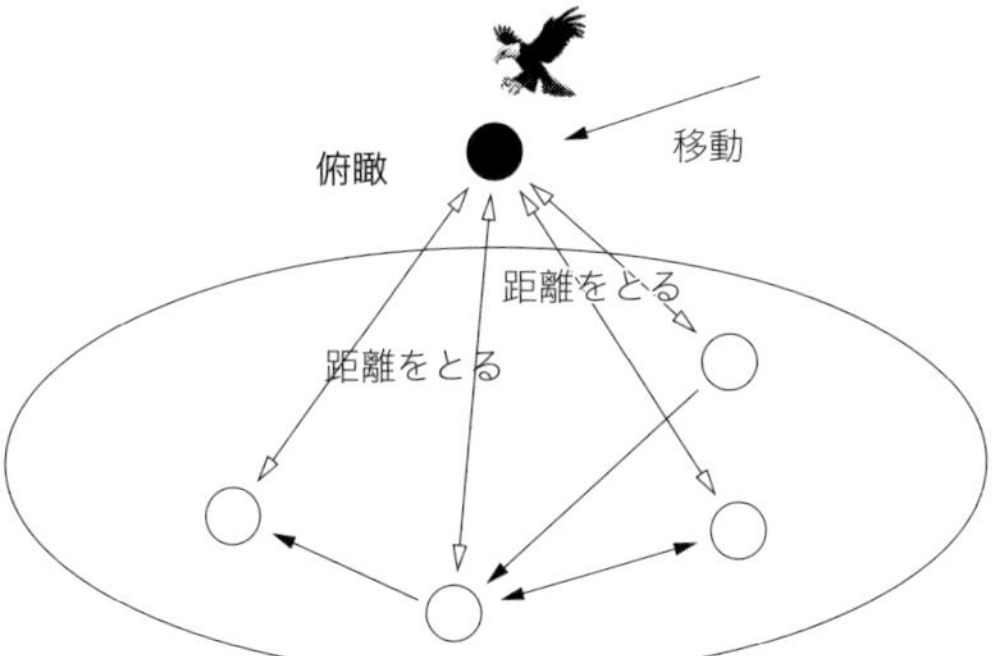

出所：筆者作成。

図 3-5　よそ者と抽象性，普遍性

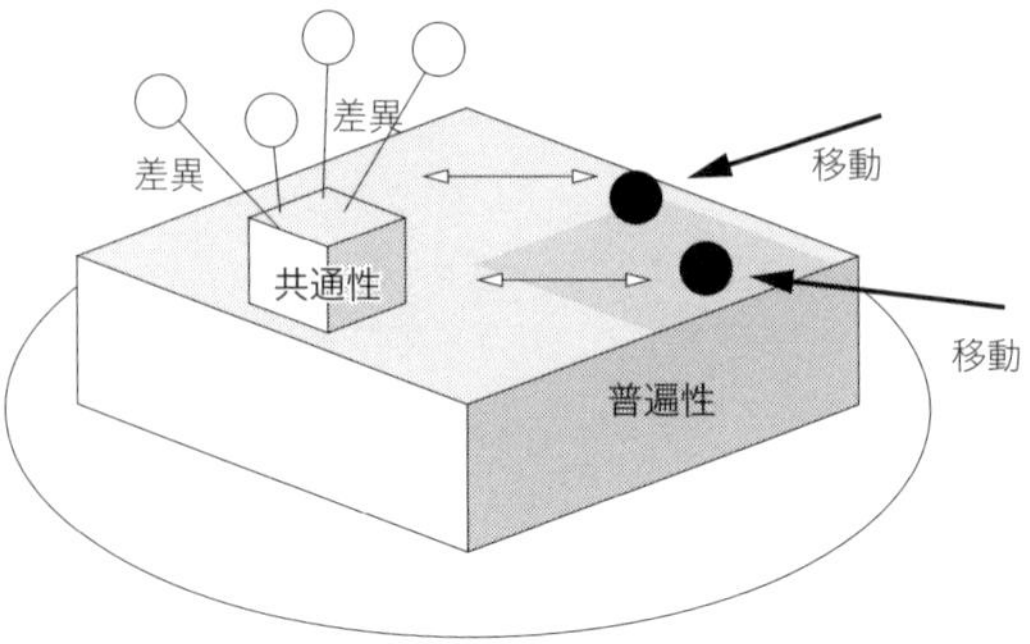

出所：筆者作成。

個人的な差異はあっても同質的に共通性を持っており、それは外から見れば特殊で比類ないものである。ところが「よそ者」は移動してやってきた人なので、そうした「特殊な共通性」を持っておらず、誰でも持っているような「普遍的な共通性」しか持っていない、と言うのである。筆者が「関西弁」を真似して喋っても標準語の「関西弁」である。しかし生粋の京都人たちは少しずつ違う「京言葉」を喋っても「京都の言葉」＝特殊な関西弁という共通基盤を持っているのである（図３－５）。

これらの視点は、ジンメル自身のユダヤ人という特殊なポジションから導き出された面が強い。ユダヤ人はそのような特性のゆえに媒介者として商業や金融業に従事する人々が多かった。また裕福な家庭出身者が多いが、内省的で冷静な観察眼を体得できるために優れた学者が多いのが特徴である。ノーベル賞受賞者や数学のフィールズ賞受賞者を何人も輩出している。

「よそ者」とは、スモールワールド・ネットワークで言え

ば微小な確率で近傍の結合から離れ、近傍でなく離れたクラスターに結合を伸ばし、そのことでネットワーク全体の平均距離を縮めることに一役買いながら、自身は別のクラスターに飛び込んできたノードである。これは第1章で予習した内容であるのでみなさんはもう理解できるだろう。「よそ者」はこのことによって、向こう側の世界を移住先の人々に見せると共に、こちら側には決して完全には打ち解けないで距離を置くのである。筆者も京都で最期を終えるつもりであるが、決して京言葉は話そうとはしないだろう。京都に住みつつ京都とは距離をとり、しかし京都のことは研究し、書き続けるはずだ。

長距離移動者としての「よそ者」はどのくらいいるか

「よそ者」は計量社会学的、人口学的にはどのように捉えることができるのだろうか。文字通りには、他の場所から移動してきた人である。つまり移住者に注目することである。移住者の調査は主に人口学的な視点から国立社会保障・人口問題研究所の『人口移動調査』でなされている。しかし、具体的な移動データは公表されていない。他方で国勢調査には「5年前の住所」を聞く項目があり、このデータは市区町村レベルでの移動が公表されているため、これを都道府県で集計し、2010年から2015年の5年間に、どういう人(年齢、性別)がどこからどこにどのくらい移動しているのかという統計を見てみよう。まずは実数である。

図3-6は、どこの都道府県からどこの都道府県に人が移住したかという実数(抽出サンプル)を

図 3-6　都道府県間の移動実数

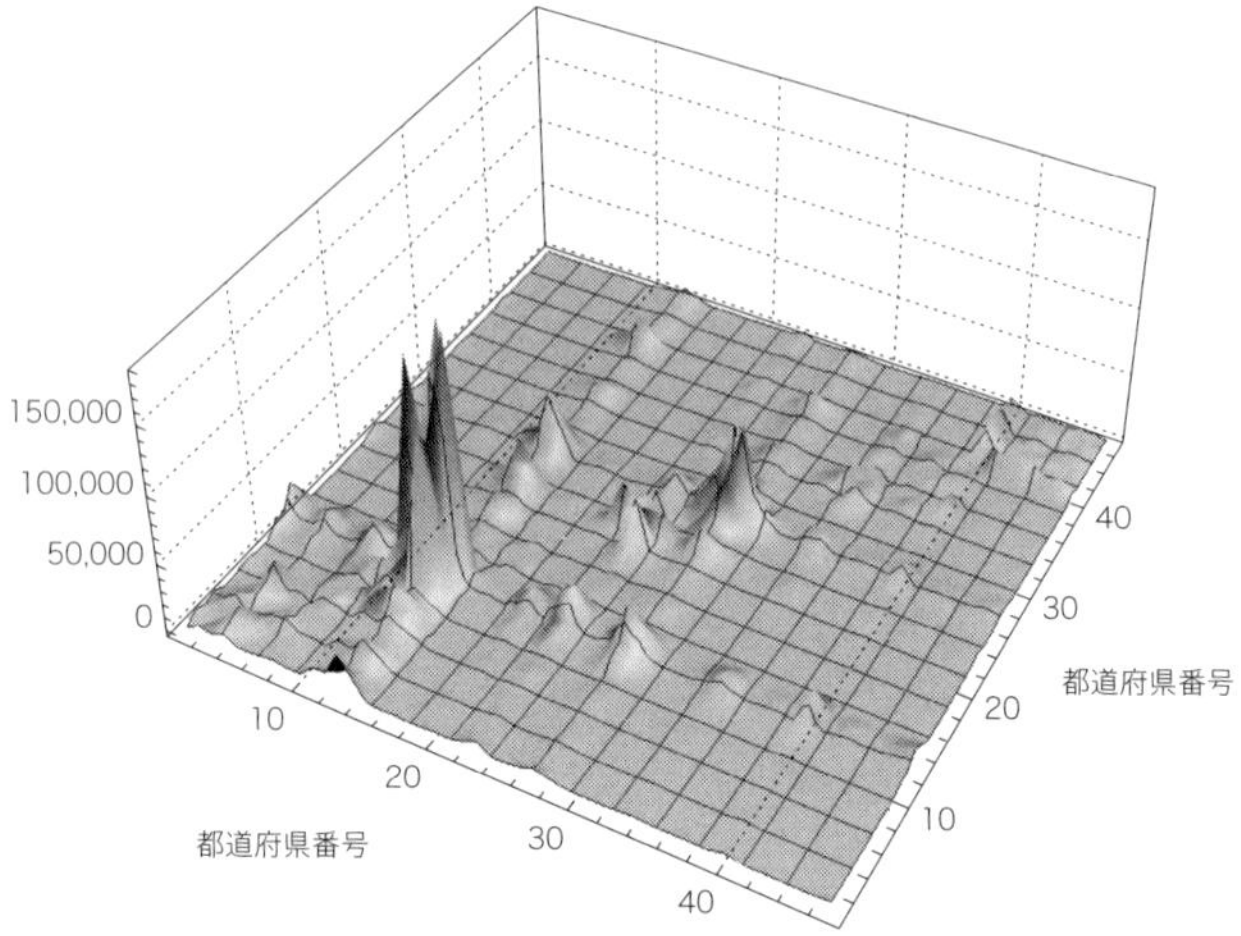

出所：筆者作成。

3次元グラフで表したものである。x軸とy軸の番号は都道府県番号として行政的にも使用されているコードで、主要な都道府県では、1＝北海道、11＝埼玉、12＝千葉、13＝東京、14＝神奈川、23＝愛知、26＝京都、27＝大阪、28＝兵庫、40＝福岡、47＝沖縄となっている。つまり行列の並びは地理的な位置関係で並ぶように番号づけしているのである。図3－6で突出している部分は10番前半であるため首都圏の4都県間の移住である。最も高い山は東京から神奈川への移住である。それ以外の移動は大阪から和歌山・兵庫、和歌山・兵庫から大阪への移動が目立つ程度で、首都圏での移動が際立っていることを示している。

　これを比率として移動元と移動先の都道府県間の移住実数を、各都道府県の合計の比率

図 3-7　都道府県間の移動割合

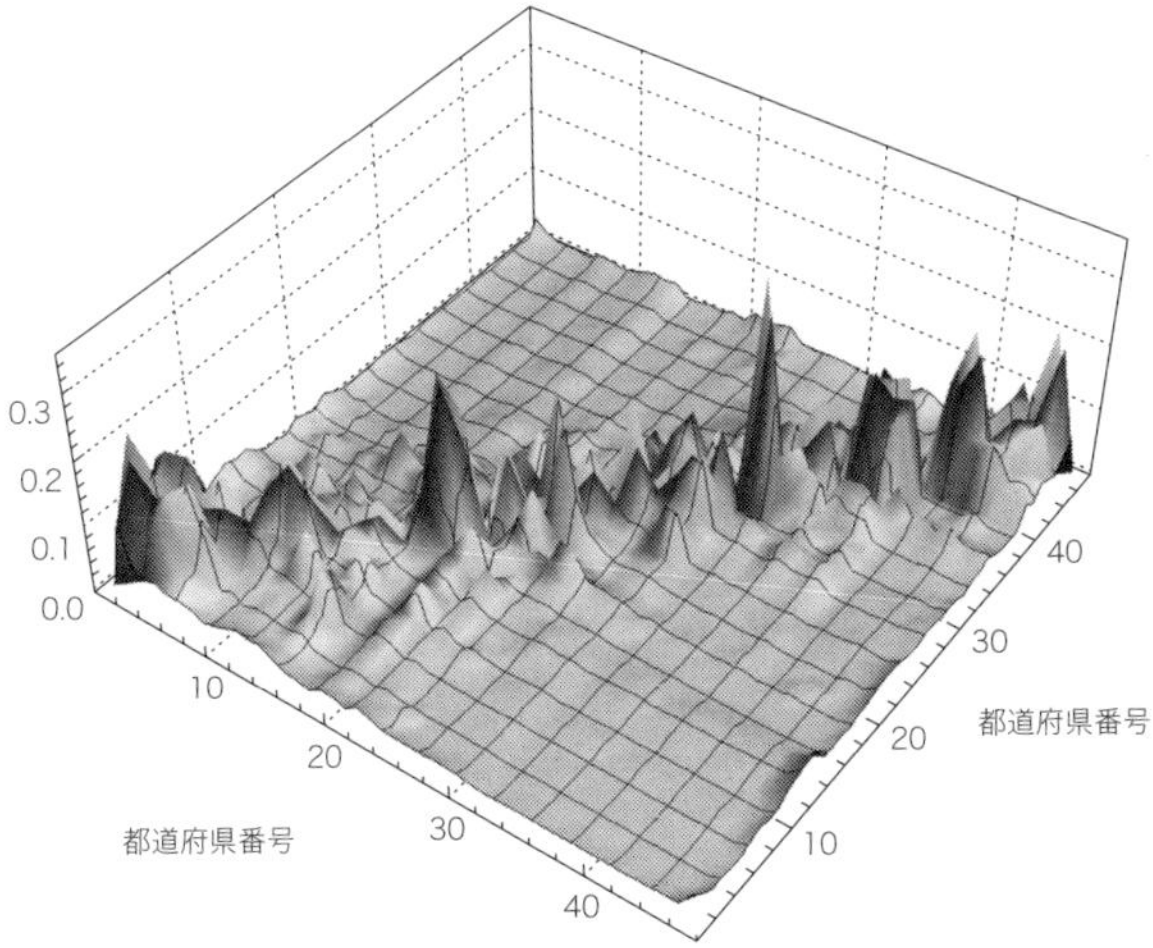

出所：筆者作成。

に合わせて計算し直したのが図3－7である。3Dの図には対角線上周辺に高い山が並ぶ構造が見られる。これは近接する都道府県間で高い割合で移動が起こっていることを示している。最も高いのは島根県と鳥取県の間の36%である。また四国4県や北陸3県などが高い割合で、人口移動の首都圏を除いて地域ブロック化現象が観察される。首都圏は比較的低い割合で周辺の各県から（へ）の移住が見られる。「中心＝コア」である首都圏たるゆえんである。

そこで、「長距離」で転居してくる人だけを抽出してみた。ここでは各都道府県間の距離を県庁所在地間の距離で定義し、「長距離」＝各都道府県間距離の平均値＋1標準偏差、と定義して各県庁所在地の距離を47×47の「距離のネットワーク」として移動人口を

図 3-8　転居先都道府県の分布（人数）

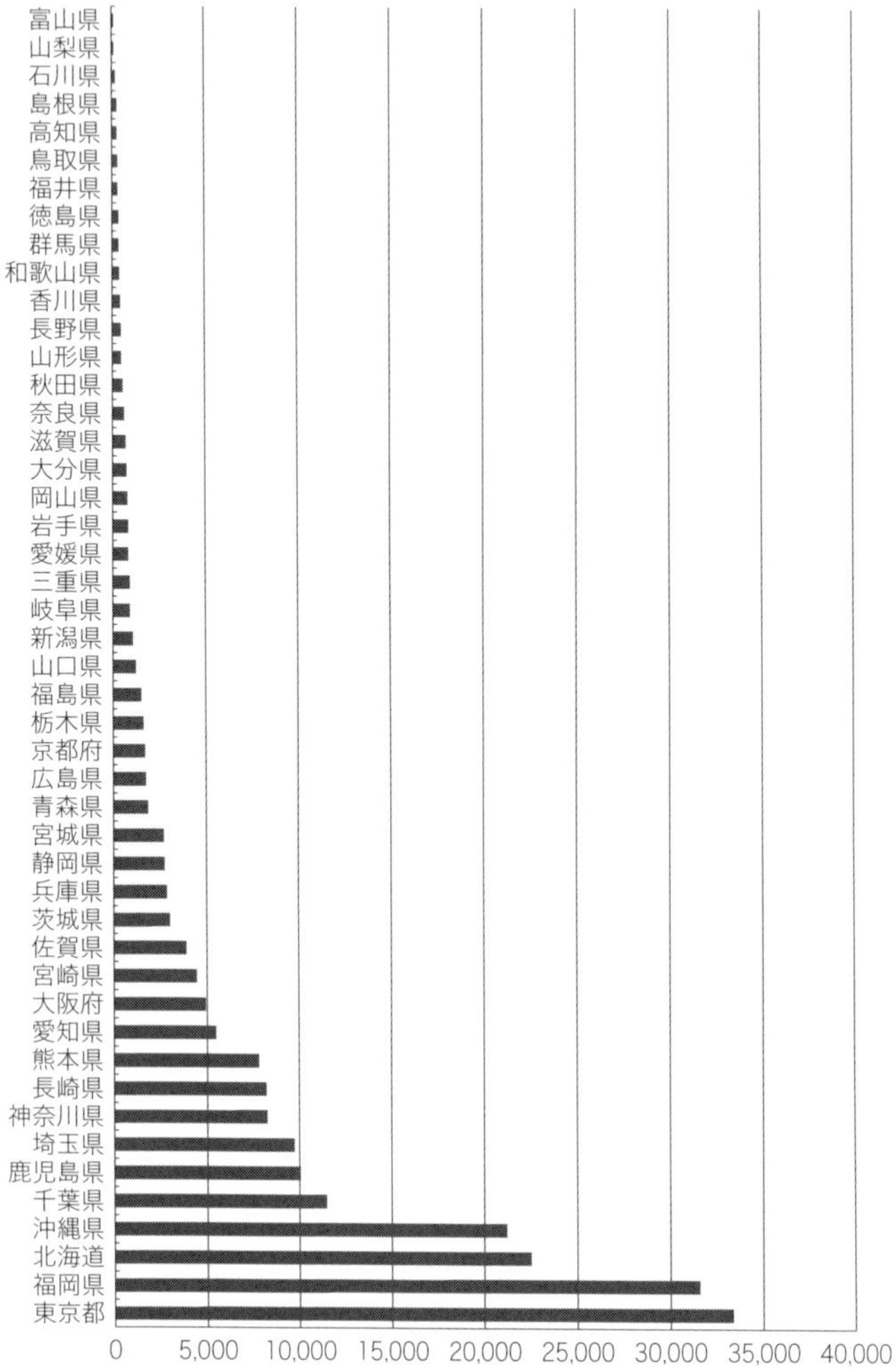

出所：筆者作成。

取り出し測定した。[10]距離は約874キロメートルであるが、この距離の都道府県間を超えて移住した人を集計すると図3－8のようになる。

結果は、東京都が最も多いが、福岡県は東京都に匹敵するほど多く、北海道、沖縄県と続く。首都圏の3県と九州の県が上位に食い込む。移住先としての選択を示しているが、単なる転勤も多いと思われ、京都府は移住先としてあまり選ばれていないほか、首都圏住民の移住先希望ランキングではしばしばトップに来る長野県は下位である。しかし九州への転居者が多いのは注目しても良いであろう。ちなみに筆者が行なった主要都市（東京23区を中央部、北東部、南西部の3つに分割し、八王子を除いて都下として分類した4つの「東京」を含む）での移住希望調査（金光 2017a）では那覇市、札幌市、京都市、函館市などが上位を占める。

しかし、より重要なのはどういう人が移動しているかである。

「よそ者」としてのアーティストと創造階級の地域効果

古くから欧州では「ボヘミアン」＝「ボヘミアの人」と呼ばれる「よそ者」が存在する。ボヘミアはチェコの一部であるが、古来フランスなどではインドからの移民であるロマ（ジプシー）がボヘミア出身であったことから「放浪民」と呼ばれ、放浪して生きている人たちのことをこう呼ぶようになったとされる。ジャック・アタリの『21世紀の歴史』（Attali 2006=2008）によれば、人類が誕生して以来〈ノマド〉放浪民、移動民生活が支配的な人間の生き方であったが、次第に定住民との衝突を経て、〈定住民〉が〈ノマド〉からの攻撃を防御するために国家を形成し、〈定住民〉の国家が商業を発達させ、〈帝国の秩序〉から〈市場の秩序〉ができあがっていったとされる。[11]

すでに第2章の終わりで紹介したリチャード・フロリダは、AI研究のメッカ、カナダ・トロントに住むアメリカ人の都市経済学者・社会学者であるが、彼はイノベーション研究の分析単位を企業から都市に移行させ、都市という空間においてIT産業に代表される創造産業で技術的なイノベーションがどのようにして起こるかという研究を進め、創造都市論（イノベーションが起こる特定の地域、都市に注目し、創造的な職業の役割を強調する議論）を展開している（Florida 2002=2008; 2005a=2007; 2005b=2010; 2009=2009; 2014=2014）。ここでは「よそ者」が大きな役割を果たす。彼の研究ではきわめてユニークな「創造性の尺度」が導入されたことで注目を集めた。ボヘミアン指数（芸術家の比率）、ゲイ指数（同性愛者の人口比率）、メルティンスポット指数（外国生まれ人口比率）と呼ばれる「よそ者」に関する統計が取られ、「よそ者」の多い地域は、寛容性に溢れ、このような土壌がイノベーションを誘発すると主張する。

中でもアーティストは創造階級を構成する異色の存在であり、日本では近年、地域での「活性剤」としての役割を期待されるようになっている（金光 2017a; 2019; 2020）。それではアーティストはいったいどこに住んでいるのだろうか？

図3-9は、主要109の都市におけるアーティスト（文芸家、記者、編集者、美術家、写真家、デザイナー、音楽家、舞台芸術家）の数を2010年の国勢調査に基づいて集計したものである。実数（図

図 3-9　アーティストの主要 109 都市での分布（人数）

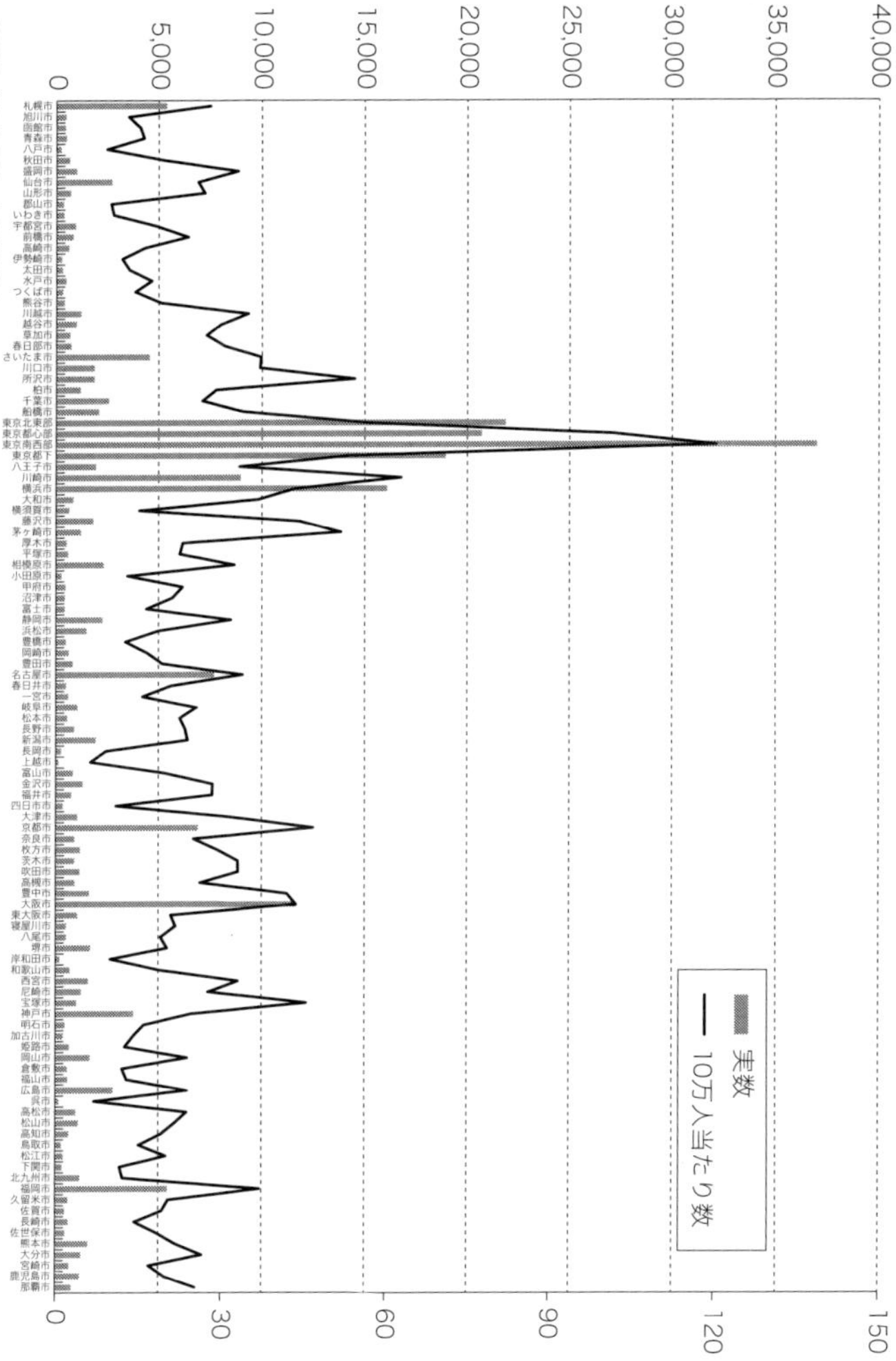

出所：2010（平成 22）年国勢調査。

の左軸）の高い山は東京の南西部（品川区、大田区、目黒区、世田谷区、杉並区、中野区）、東京都北東部（台東区、墨田区、荒川区、江戸川区、葛飾区、北区、板橋区、練馬区）、東京都中央部（千代田区、中央区、港区、渋谷区、新宿区、豊島区、江東区）、都下、横浜市などの首都圏である。大阪市がこれに続くが、かなり差があり、いかに首都圏にアーティストが集中しているかがわかる。しかしこれを10万人当たりの人数にすると（図の右軸）、これらに加えて所沢市、茅ヶ崎市と共に京都市や宝塚市の関西の都市も入ってくるものの、偏在は著しいと言わざるをえない。

創造的人材の偏りと比較するためにジニ係数という不平等度を測定する尺度で測ってみると（不平等度が1に近いほど不平等であることを示す）、マネジメント層である法人・団体管理者が0・522、研究者・技術者が0・555、経営・金融従事者が0・626であるのに対して、アーティストは最も高い0・675であり、特定の都市への偏在が著しいことを示している（表3-1）。これは、それだけ**この人材の希少性が高いということだが、首都圏がそれを独占している**ことになる。首都圏、特に東京にはマスコミや映像、広告業、エンターテインメント業など彼らを必要とする業界が集中していることが要因と考えられる。[12] しかし文字通りボヘミアン気質を持つ彼らは、場所を選ばない働き方、生き方のできるリモート時代に適合的な人材である。彼らの地方への分散化こそが日本の大きな課

表3-1　創造階級の都市間のジニ係数

創造階級	推計ジニ係数
クリエイティブ・クラス人材全体	0.482
法人・団体管理者	0.522
研究者・技術者	0.555
経営・金融従事者	0.626
アーティスト（ボヘミアン）	0.675

出所：2010（平成22）年国勢調査データから筆者計算。

題とも言える（金光 2020）。それはなぜなのだろうか？

その秘密は以前にも指摘した、非物質化した無形資産資本主義の台頭にある。従来の物質的資本主義ではより良い製品を大量に安く作り、製品自体の品質、新しい機能を加えることで付加価値を生み出してきた。しかし今の資本主義ではそもそもソフトウェアやアプリケーション、サービスが主な事業内容である上に、それを生み出すクリエイティブな人材、知財がきわめて重要になる。機械設備や建物などへの物質的な、有形な資本投資よりも、人件費、特許、ブランドなどへの投資が莫大になる。世界で初めて2兆ドルの時価総額となったAppleを例にとると、東アジアで製造された精密な電子部品からできた機器に「Designed in California, USA（米国カリフォルニアでデザインされた）」という刻印を行ない、独自の世界観を体現して強力なアイデンティティを持った製品に仕立て上げる。そこでは多くの製品名に「i」の付く、美しい白パッケージ箱に入れられたクールな製品群とアプリで「クリエイティブなことが容易にできる」「他人とは違うことができる」、そういう誇大とも言える広告で大きな付加価値を与える。

したがって、これに関与できる創造階級、特にスーパークリエイティブ・コアとコア人材（科学者、技術者、美術家、教員、音楽家、作家、デザイナー、建築家、エンターテイナーなど）をいかに確保するかが重要になる。しかし、科学者や技術者などはある程度教育投資で養成できるが（もちろんそれなりに幼少期からの投資は必要だが）、**アーティストはむしろ中核的な教育システムの周辺、外れたポジションで成長**する。**決まったものの見方に囚われず、移動を厭わない自由人＝ボヘミアンな彼らは、周辺的な**

図3-10　よそ者としてのアーティスト

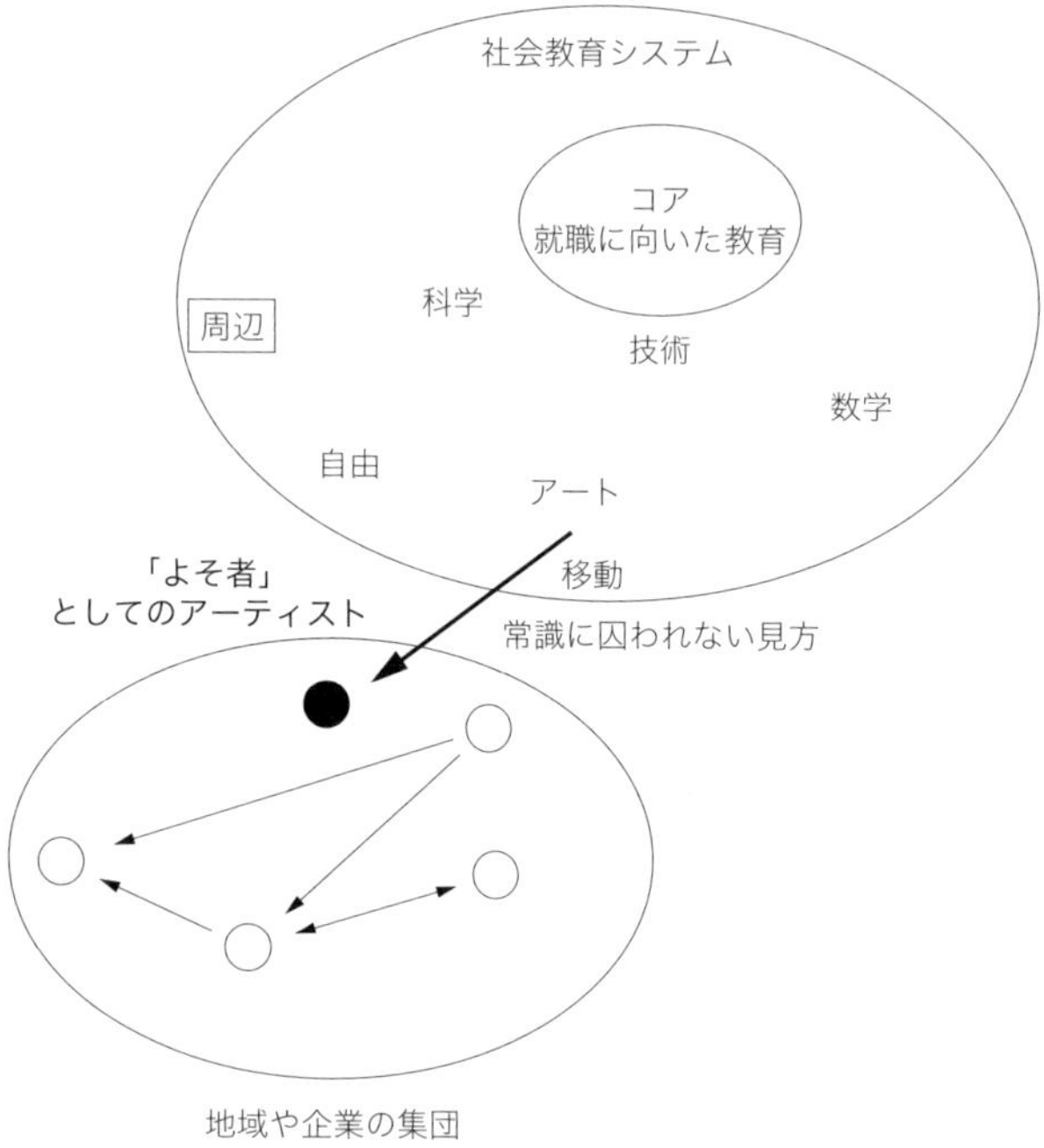

出所：筆者作成。

ポジションに置かれるからこそ特殊な感性を身に付け、われわれに驚きを与えるような新たな発想と世界像、インスピレーションを形にして表現することができる。いわば「**よそ者中のよそ者**」であるのがアーティストである。逆にそういった人だからわれわれは彼らを「アーティスト」と呼ぶのである（図3-10）。

創造階級の都市経済への効果を検証するために、筆者がかつて行なった調査（科研費・挑戦的萌芽研究「ステイタスに基づいた都市ブランドパワーモデルの開発と都市ブランドマップの作成」）の結果を利用したい。もともとは都市ブランドに関するウェブ調査として始めた調査であったが、途中で創造都市研究にも化粧直しした研究である。そこでは２次的な地域データが１０５の都市と４つの地域（東京都心部、北東部、南西部、大学の多い八王子を除く都下）に対して収集された。

調査項目には地理的条件（他の都市への平均距離）、自然資本（森林面積、都市公園数など）、社会関係資本（ＮＰＯネットワーク、地方政治への関与など）、創造的資本（T1＝技術：特許数、創造産業売り上げ、T2＝人材：各種の美術家・音楽家など専門人材の割合、T3＝寛容性：女性議員の割合、県外・国外からの移住者比率）、文化資本（博物館数、図書館所蔵数、文化財数、ライブハウス数、高級レストランの数など）30変数と、新規開業率、人口増加率、平均賃金、都市ブランド、移住希望などの都市のパフォーマンスに関するデータが分析のために収集された。このうち重要なのは創造的資本であり、これは技術シーズ（テクノロジー（Technology）＝T1）、才能のある人材（タレント（Talent）＝T2）と寛容性（トレランス（Tolerance）＝T3）の３つのＴの組み合わせで測定される。また、新しい概念として国土交通省の勧める各都市の接近可能性という距離尺度を導入している。(13)

表３－２でまとめられた県外・国外移住者比率、議会女性議員比率、美術家・音楽家比率、科学者・技術者比率、特許出願数、創造産業売上比率との偏相関係数（アイスクリームの売り上げと熱中症搬送者数のような見せかけの高い相関＝擬似相関を抑えた純粋な相関係数）から、他県・国外からの移動者率が高いほど創造産業売上比率が高く、美術家・音楽家比率が高いほど特許出願数が高いことがわかる。つまり**「よそ者」は都市経済パフォーマンスの高さと関係がある。**

表 3-2　創造的な資本と都市経済パフォーマンスとの偏相関

	県外・国外移住者比率	議会女性議員比率	美術家・音楽家比率	科学者・技術者比率	特許出願数	創造産業売上比率
県外・国外移住者比率		0.1666	-0.1194	0.4755	-0.0643	0.4127
議会女性議員比率	0.1666		0.1690	0.0098	-0.0469	-0.1103
美術家・音楽家比率	-0.1194	0.1690		0.4727	0.7131	0.1525
科学者・技術者比率	0.4755	0.0098	0.4727		0.0583	-0.3377
特許出願数	-0.0643	-0.0469	0.7131	0.0583		0.0717
創造産業売上比率	0.4127	-0.1103	0.1525	-0.3377	0.0717	

出所：筆者作成。

さらに細かく、都市のパフォーマンスに効果を与えるのは何かを検討してみよう。図3－11は新規開業率に対する効果をPLS回帰分析[14]という統計手法を使って、変数ごとに測定した結果である。「他の都市からの平均距離」が新規開業率に最も強い効果を持っており、次に住宅地価格の変動（2010～2015年の平均住宅地価格の変化）、先ほどの県外・国外移住者比率、大学生比率、女性議員比率がこれに続くことが示されている。

言い換えると、新規開業（イノベーション）が起こっている都市は、実際は首都圏、中部圏や関西圏のような中心的な都市地域とは離れた都市（具体的には福岡市など九州の都市が多い）で、大学生が多く居住し、研究者、大卒以上の学歴者も多く、（女性議員を多く生むような）寛容性が高い都市であり、その結果として住宅地価格がプラスに変動したのである。注意してもらいたいのは、NPOネットワークもある程度の効果を持っ

図 3-11　新規開業率への効果

変数	効果	効果の図 マイナス 0 プラス
切片	0.0000	
平均距離	0.2209	
接近可能指数	−0.0560	
登録外国人	−0.1258	
女性職員	0.1228	
外部移住者	0.1599	
市長選の投票率	−0.0194	
NPO法人	0.0697	
刑法犯発生	0.0005	
可住地面積	−0.1525	
森林面積	−0.1060	
都市公園数	0.0513	
人口密度（2010年）	0.0357	
地価（2010年）	0.0022	
地価（2016年）	0.0120	
住宅地価格変化	0.1851	
大学・大学院	0.0730	
大学生	0.1471	
研究者	0.0355	
技術者	0.0163	
経営・金融・保険	−0.0060	
ボヘミアン指数	−0.0400	
図書館蔵書	−0.0065	
博物館・美術館	−0.0829	
文化遺産	−0.0500	
ライブ会場	0.0582	
画廊	−0.0555	
高級レストラン	0.0669	
創造産業売上	0.0319	
特許	−0.0580	

出所：筆者作成。

ており、支援のネットワークも重要な役割を果たしていること、また高級レストランやライブ会場、都市公園のような都市アメニティ（都市で快適に生活するための環境）がプラスの効果を持ち、外部からの創造的な移動者（よそ者）を惹きつけていることがわかる。もちろん学生が多いからライブハウスも多いという論理も成り立つのだが、外部移住者が多い都市、多様性と寛容性の高い都市で新規開業率が高い。つまり概ねフロリダの創造都市論は日本でも当てはまっていると言える。反面、北米の研究とは異なり、ボヘミアン指数（自由な美術家・音楽家の比率）や10万人当たりの博物館・美術館数や画廊数は効果を持たず、創造階級としてのアーティストの活動の場の多さが都市のイノベーションに必ずしもつながっていない。

そこで、全産業における創造産業の売上比率に対する他の変数の効果を測定したところ、人口10万人当たりの画廊の数にきわめて高いプラスの効果、経営・金融・保険業者比率やアーティスト＝「ボヘミアン」にも強いプラスの効果を見出せた。つまり**アーティストが多く、アート産業の集積のある都市では創造産業（情報通信業、金融・保険業、学術・専門サービス業、教育・教育支援サービス業）の売上高が高い比率を占めている**のである（図3-12）。

しかし人口1万人当たりの特許出願はマイナスの効果となっている。これは東京に本社を置く企業への一極集中と関係していると思われる。実際の居住地は別として東京の本社名だけがデータ化されているため、このデータにはもともとバイアスがある。

図 3-12　創造産業売上比率への効果

変数	効果	効果の図 マイナス 0 プラス
切片	0.0000	
平均距離	0.3880	
接近可能指数	0.2106	
登録外国人	−0.0893	
女性議員	−0.1468	
外部移住者	0.0379	
市長選の投票率	−0.0067	
NPO法人	0.1376	
刑法犯発生	−0.0779	
可住地面積	−0.3158	
森林面積	0.1047	
都市公園数	−0.1654	
人口密度（2010年）	0.0783	
地価（2010年）	−0.1248	
地価（2016年）	−0.4200	
住宅地価格変化	−0.2400	
大学・大学院	0.0045	
大学生	0.1450	
研究者	0.3111	
技術者	0.0314	
経営・金融・保険	0.5552	
ボヘミアン指数	0.4104	
図書館蔵書	0.0454	
博物館・美術館	0.0684	
文化遺産	−0.0354	
ライブ会場	0.1088	
画廊	0.9569	
高級レストラン	−0.0097	
特許	−1.1337	

出所：筆者作成。

地域の価値付加活動としてのアート・フェスティバル

近年日本各地で「アート・プロジェクト」とも呼ばれる美術祭、アート・フェスティバルが2年、3年間隔で開催され、都会の真ん中やのどかな田園に突如として出現したアート作品、インスタレーションを楽しみながら、都会のアスファルトや田舎の山道を巡礼者のように歩む観光客の姿が普通に見られるようになった。2019年の「あいちトリエンナーレ2019」の展示内容を巡っては大きな政治問題が発生し、アートと表現の自由との問題で大きな議論を呼んだのは記憶に新しい。また、2020年の夏はコロナ禍で残念ながら「ひろしまトリエンナーレ2020」が中止され、「ヨコハマトリエンナーレ2020」も人数制限をして開催された。何を隠そう、筆者はここ数年フィールドワークでさまざまなデータを収集し、学生とアート・フェスティバルも研究しているため、この分野に詳しい（金光 2018a; 2019）。

アート・プロジェクトとは、「現代美術を中心に、1990年代以降日本各地で展開されている共創的芸術活動であり、作品展示にとどまらず、同時代の社会の中に入りこんで、個別の社会的事象と関わりながら展開される。既存の回路とは異なる接続／接触のきっかけとなることで、新たな芸術的／社会的文脈を創出する活動」であるとされる（熊倉 2014）。多くはホワイトキューブ（美術館）の外で大掛かりなインスタレーションを展示し、時には社会問題を問いかけるような作品も展示される。(15) また、しばしばアーティストによる介入的パフォーマンスを伴う現代アートは、積極的に社会（変革的）にコミットする芸術活動でもある（Bishop 2012=2016; 吉澤 2013）。

図 3-13　小豆島と豊島のコアなブランド連想イメージ（3 ーコア）

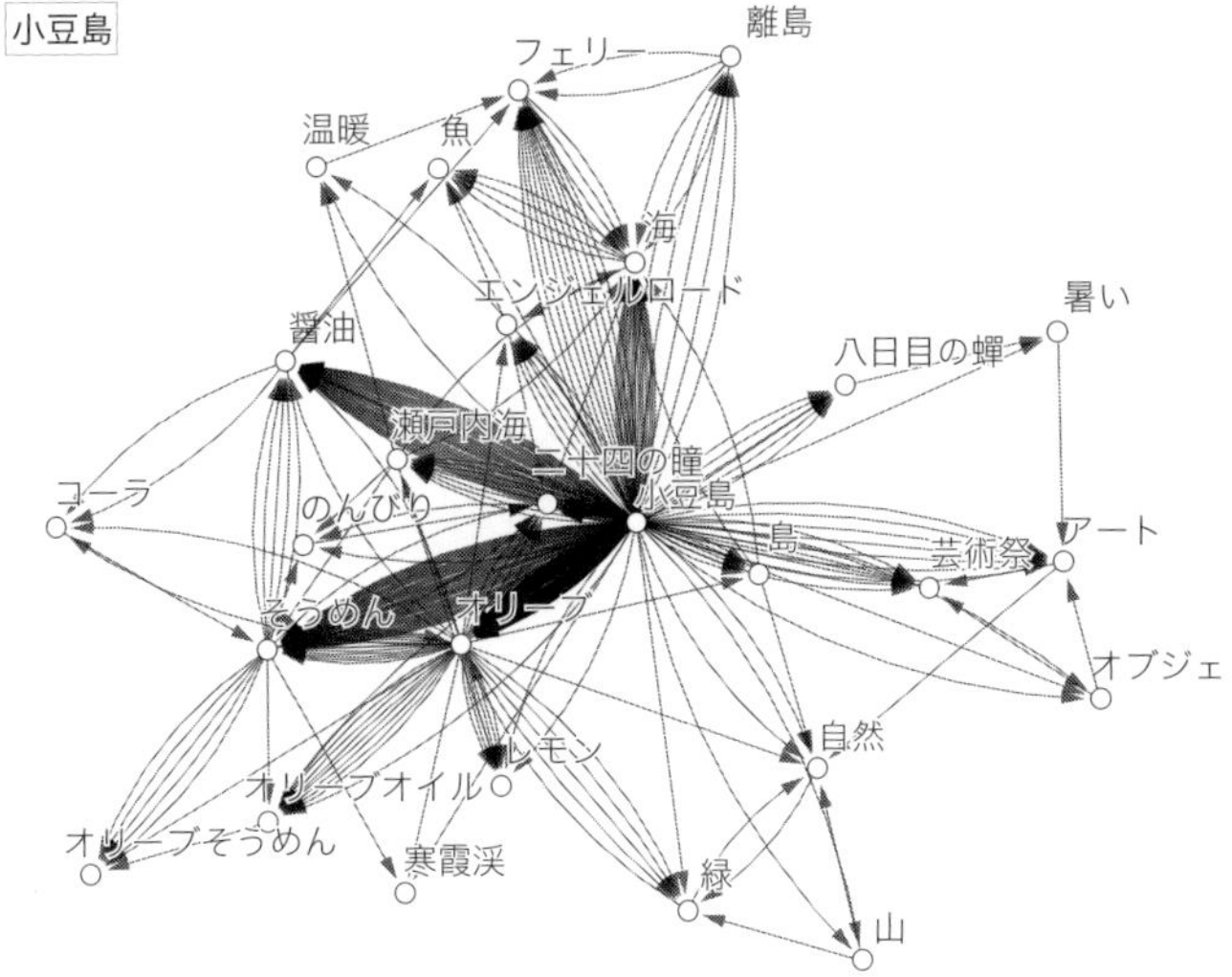

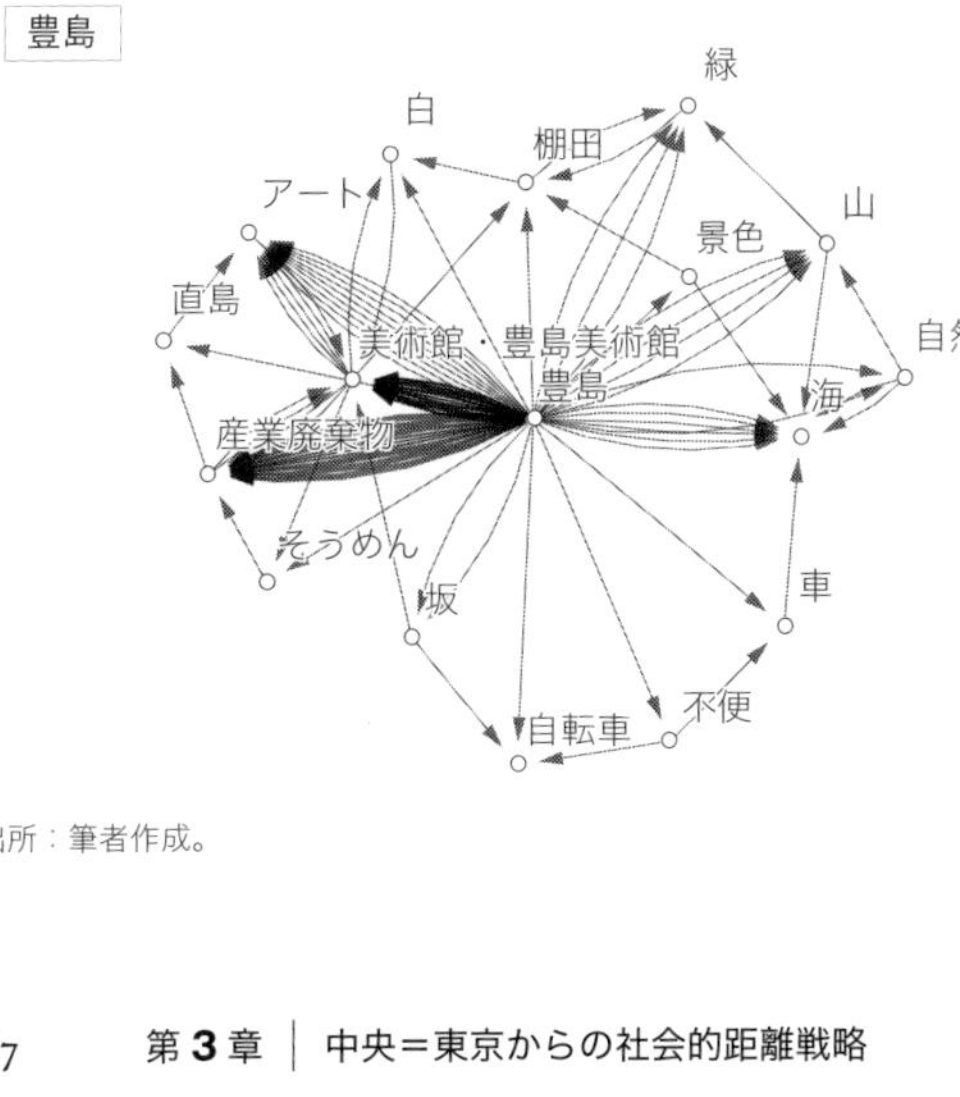

出所：筆者作成。

表 3-3　アート・フェスティバルの分類

	目的と特徴	具体例
① 過疎地型	人口減少，過疎に悩む地域社会を活性化し，観光を振興し，交流人口を増やし，移住を促す。地域資源の発見としてのサイトスペシフィックな作品展示。	・大地の芸術祭 ・瀬戸内国際芸術祭 ・北アルプス国際芸術祭 ・奥能登国際芸術祭
② 中間地域型	温泉地や観光地として有名な地域で前衛的な作品を展示し，地域の存在を示し，観光資源を増やし，観光収入を維持する。個性的なディレクターが多い。	・中之条ビエンナーレ ・BIWAKO ビエンナーレ ・BEPPU PROJECT によるアート・フェスティバル
③ 大都市型	政令指定都市が創造文化都市のアイデンティティの確立をめざして現代アートで都市の再生を図る。都市住民の現代的な感覚を刺激する前衛的な作品の展示。	・ヨコハマトリエンナーレ ・あいちトリエンナーレ ・札幌国際芸術祭 ・水と土の芸術祭（新潟市） ・岡山芸術交流

出所：筆者作成。

また、アート・プロジェクトは近年自治体主体の観光文化イベントとして組織されており、地域（地方）の魅力創出、地域ブランディングのツールとして使われている。実際に瀬戸内国際芸術祭の小豆島《しょうどしま》と豊島《てしま》でアート・フェスティバルがどのようにブランドイメージを作り上げているかを調査した結果では（金光 2018a）、図3－13のようにコアなブランドイメージ（3－コア）に絞り込むと、豊島の場合は美術館とアートに関するイメージに集中し、島の社会問題である産業廃棄物問題を圧倒している。

都市でも横浜市のように積極的にアート、演劇、映像などのクリエイティブ産業によって「創造都市」＝文化を中心にした都市の経営、再生をめざそうとする潮流が大きくなり、金沢、神戸、新潟そして製造業王国の名古屋もこれに続こうとしている。アート・フェスティバルには表3－3のように過疎地で行なわれるものと、大都市で行なわれるもの、中間地域で行なわれるものがある。日本では創造都市ネットワークが形成され116の自治体が加盟している。

アーティストには、特に過疎地のアート・フェスティバルではアート作品によって都会に負けない地域の価値を創造する活動に関わっており、地域プロデューサーとしての役割を担うケースもある。過疎地では瀬戸内国際芸術祭の直島《なおしま》や豊島のように世界的に土地の知名度が高まり地域ブランディングに成功した例がある。これによって高松市は移住者を増やしているという(16)。またヨコハマトリエンナーレと同時期に開催される「黄金町《こがねちょう》バザール」のように、街の再生にリンクする例などがある。アート・フェスティバルがすべての社会問題を解決するわけではないが、さまざまな形で触媒としての役割が期待されているのである（金光 2018a; 2019; 2020）。

いま2つのアート・フェスティバルの例を見ながら、アーティストの役割を図3－14のオーガニグラフ（組織の活動をフロー図で表現した組織図）で見ておこう。

過疎地型アート・フェスティバル：瀬戸内国際芸術祭

過疎地型アート・フェスティバルの目的は人口減少、過疎に悩む地域社会を活性化し、観光を振興して交流人口を増やし、ひいては移住を促すことである。瀬戸内国際芸術祭はこのような目標を達成している数少ないアート・フェスティバルである（福武・北川 2016）。

過疎地型アート・フェスティバルに限らず、どの自治体でも自治体が主導的な役割を果たすが、

図 3-14　瀬戸内国際芸術祭のオーガニグラフ

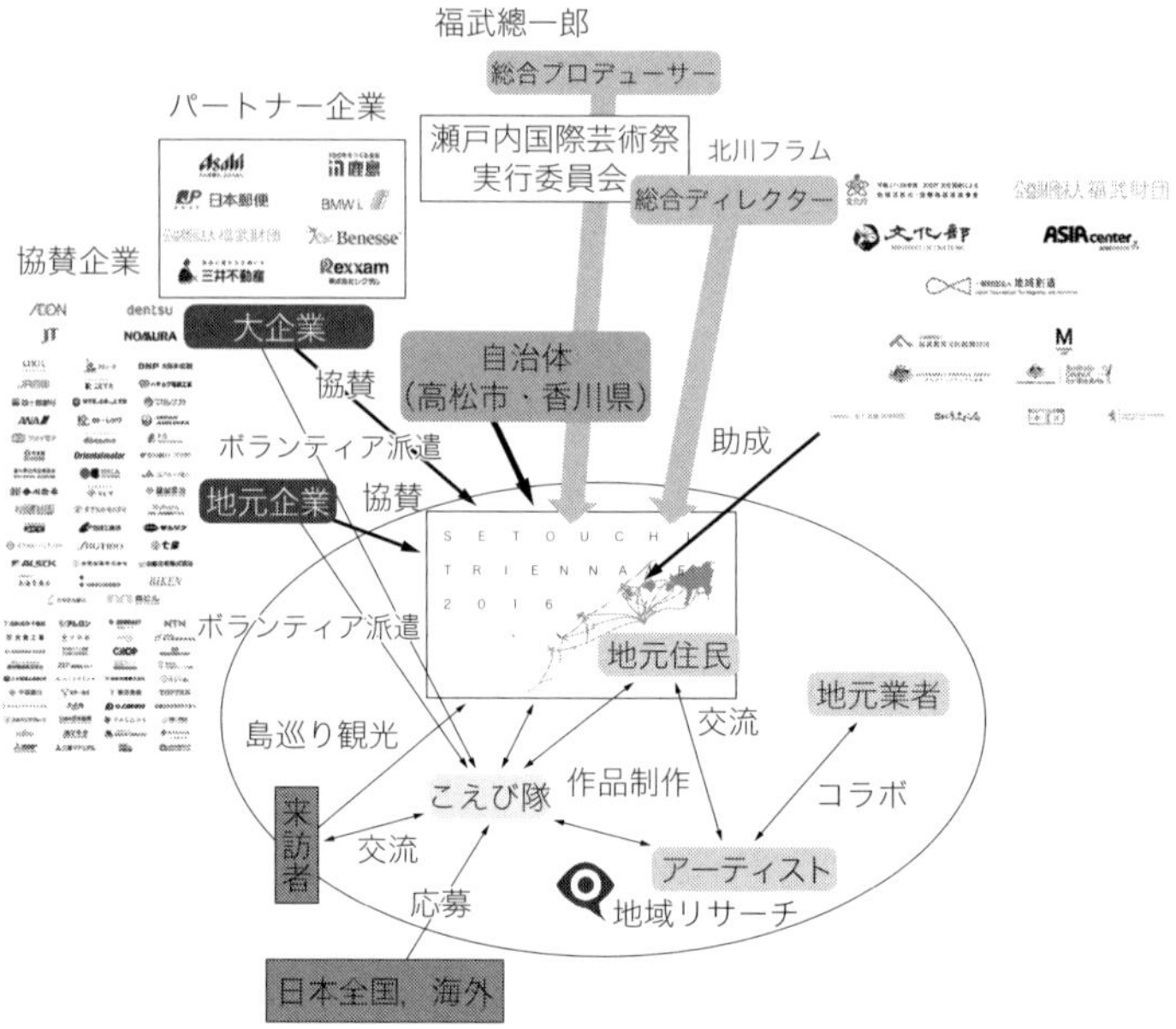

出所：筆者作成。

瀬戸内国際芸術祭の場合は、そもそもベネッセが進めたアートアイランド建設の結果生まれたため、民間の果たす役割が大きいと言える。しかし運営主体である実行委員会のスタッフは香川県と高松市から派遣された職員とベネッセからの派遣の混成チームであり、それに外国語による対応の外部スタッフで構成される（2016年の事務局への聞き取り調査による）。自治体の役割は小さくない。

瀬戸内国際芸術祭は多くのアート・フェスティバルと同じように文化庁や財団法人、外国の財団の助成金を受け、200を超える協賛企業から協賛を受けているが、特別な役割を担った事業的な企業を「パートナー企業」として選定し、独自の事業展開を許可している。このことは、この芸術祭が他では見られない巨大な事業体であることを示している（金光 2019）。日本一のアート・フェスティバルと言われるわけである。

この組織では総合プロデューサーと総合ディレクターが分離され、後者の北川フラムがプログラムの企画から人選、交渉までを掌握している。また総合的なボランティア組織「こえび隊」はアーティストとの作品制作、カフェの手伝い、会場の受付、案内、会報誌の編集、イベント終了後の清掃などさまざまな活動を行なう。(17) アーティストは製品のパッケージづくりなどで地元業者（醤油づくり）とコラボしたリーダー地元民と交流している（椿・原田・多田 2014）。

大都市型アート・フェスティバル：ヨコハマトリエンナーレ

過疎地型アート・フェスティバルが観光客集客を主な目的とするのに対して、大都市型アート・フェスティバルの目的は、創造都市としてのアイデンティティの確立をめざして現代アートで都市の再生を図ることである。日本の創造都市のフロントランナーを自認する横浜の場合は、日本第2の都市でありながら「強い東京の光」に隠れてしまいがちな横浜の都市アイデンティティ、シビック・プライドを確立する上で重要な都市政策の中心イベントである（野田 2008）。

この政策は日本最初の世界に開かれた港町の歴史的建造物を保存し、有効活用する政策として始まったとされ、アートNPOが重要な役割を果たしている。中でも「BankART1929」（代表：池田修）

図 3-15　ヨコハマトリエンナーレのオーガニグラフ

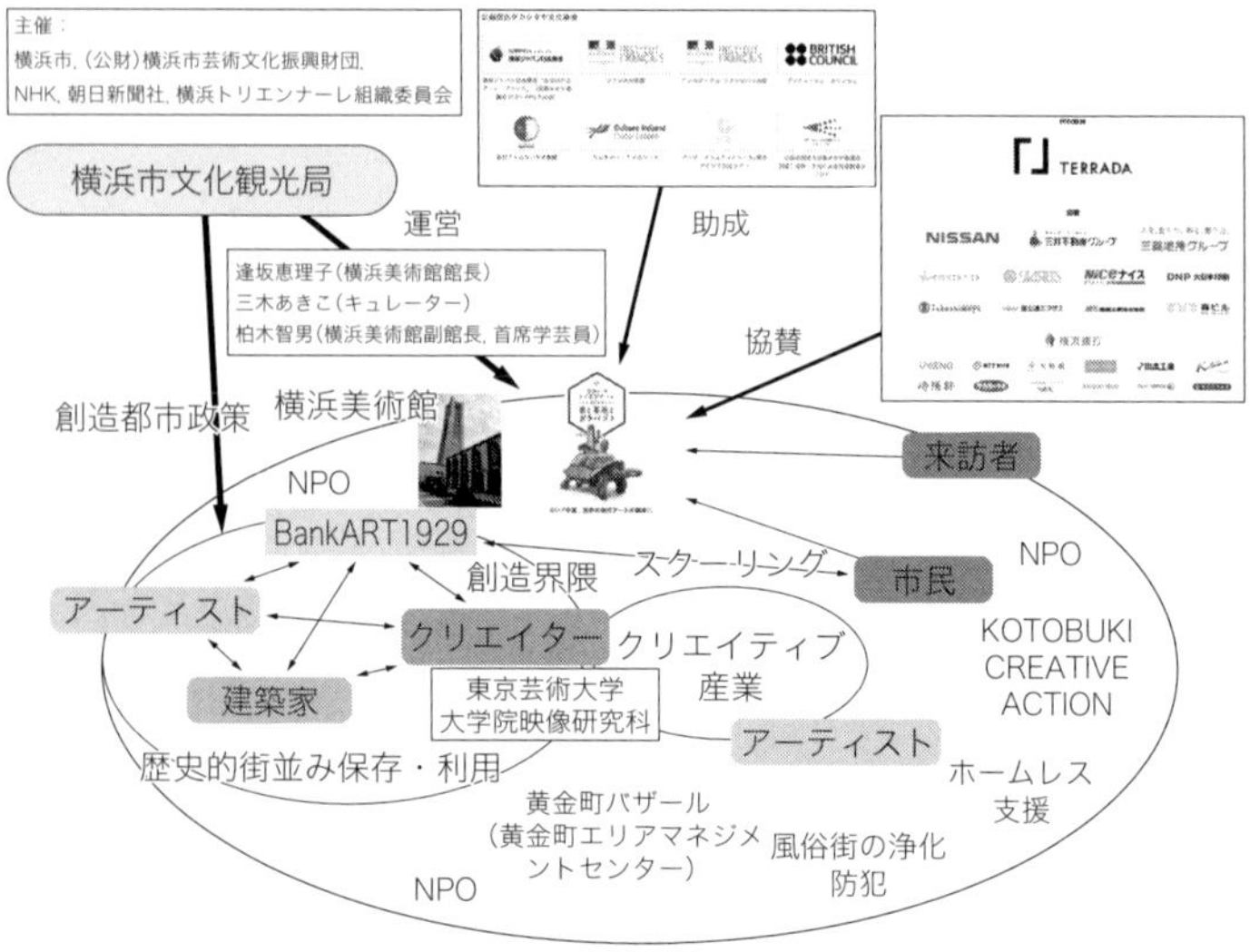

出所：筆者作成。

は、港湾の数々の歴史的建造物を利用した文化芸術創造のプロジェクトをはじめ、それらをスタジオ、スクール、出版、カフェパブ、ブックショップ、コンテンツ制作に利用し、アート、建築、パフォーマンス、音楽イベントや会議などさまざまな活動を行なっている[18]（図3―15）。これによって創造産業振興によるコンテンツ産業とクリエイター、アーティストの誘致を積極的に進め、「創造界隈」と呼ばれる文化、コンテンツ産業のインキュベーション・クラスターを形成している。2005年に東京芸術大学大学院映像研究科の誘致に成功し、「映像文化都市」をめざしている。また、少し離れた場所にある風俗街であった黄金町地区の浄化を狙ったアーティスト・イン・レジデンスによる街づくりは一定の成果をあげ、「黄金町バザール」という小規模のアート・フェスティバルに結実しており、ヨコハマトリエンナーレとも連動して毎年開催されている。また、日本3大ドヤ街のひとつである寿町《ことぶきちょう》でも同じような「KOTOBUKI CREATIVE ACTION」が行なわれている。

このような創造都市政策には、人口370万を超える日本最大の政令指定都市として、飛鳥田《あすかた》一雄《いちを》革新市政時代の伝統をある程度受け継いだ市民参加活動が連動していることが特徴的であり（北沢・UDSY 2008）、行政とアートNPOの連携ネットワークが構築されている。

ヨコハマトリエンナーレは自治体の強力な主導権による主催であり、文化観光局が事務局となって開催し、2016年の場合は数人のディレクター体制が築かれ、瀬戸内国際芸術祭のような毎回の強力なディレクターやプロデューサーは存在しない。またヨコハマトリエンナーレは瀬戸内国際芸術祭のように観光を一義的な目的にしたアート・フェスティバルではなく、あくまでも創造都市政策の活動の一環であり、当初は国際交流基金の大型資金が投入されたこともある国策事業であった。今では横浜市からの資金が投入されているものの、大企業中心で他のアート・フェスティバルと比べて協賛企業も多くはない（金光 2019）。

このようにアート・フェスティバルは多様な側面を持つ一方、過疎地型の新規のアート・フェスティバルは地方において自治体主体の地域活性化イベント、「文化的公共事業」として組織されることが多く、都市や地域（農村）にイノベーションを起こし、従来の重厚長大産業に代わる新しい産業（コンテンツ産業）を生み出そうという政府の産業政策の転換がある。またボヘミアン志向を持つアーティスト系人材が地方に移ることで、移住を増やし地方経済を活性化したいという自治体の期待もある。しかしポスト・コロナ時代ではアート・フェスティバルは岐路に立たされており、今後は新たな展開が期待されるが、未だに不透明な部分が多い。それでは他の手立てはないだろうか？

3　地域での起業という戦略

コロナ禍で創造階級、とりわけ各地で頻繁に開催されるようになったアート・フェスティバルで今まで重要な役割を担ってきたアーティストの役割が改めて問われている。「よそ者」としてインディペンデント・プロデューサーとなって地方で起業するという戦略の重要性が増している。ここではそのような戦略について考える。

「しょぼい起業」で場末に生きる

いま企業に雇われない生き方のためのバイブルとして、ペンネーム「えらいてんちょう」の『しょぼい起業で生きていく』（イーストプレス、２０１８年）という本が密かに売れている。すでに「えらいてんちょう」は登録者数10万人超の人気YouTuberになり、『しょぼ婚のすすめ』（矢内 2019a）、『静止力』（矢内 2019b）、『ビジネスで勝つネットゲリラ戦術 詳説』（矢内 2019c）と立て続けに本を出版している。最近は内田樹らと『しょぼい生活革命』（内田・矢内・中田 2020）を上梓している。

そもそも「しょぼい起業」とは、自宅兼店舗でカフェやリサイクルの店をしながら自分が食べていけるだけの起業である。人を雇わず、拡張路線もとらないビジネスである。また「しょぼ婚」とは、「3高」（高学歴、高収入、高身長）などのスペック計算によって結ばれるのではない、打算によらないとりあえずの結婚のことを指している。これは「えらいてんちょう」が知り合って2週間で結婚した体験に基づいて書かれている。また「静止力」とは地域に根づき、地元の名士になることである。

筆者は数年前、検索中に偶然この本を見つけて電子書籍で購入し、授業で取り上げたのだが、学問的でもなんでもない内容に興味を持った。筆者は経営学者としても通用しているため、特にそこに書かれているビジネスモデルのユニークさに感服した。著者は慶應義塾大学経済学部出身の矢内《やうち》東紀《はるき》という1990年生まれの若者である。あまり裕福でなかった家庭出身で、小さいときからサラリーマン社会の歯車になる日本的就職に対して疑問を持ち、学生時代には「就活反対デモ」を組織したり、自らを教祖とする「あやしげな」宗教団体を立ち上げたりしている。「フーテンの寅さん」的な生き方に憧れ、「寅屋」のような誰でもそこに立ち寄れる気軽な店をつくって暮らしたかったという。

ところで少し脇道にずれるが、「フーテンの寅」こと車寅次郎《くるまとらじろう》は東京北東の柴又の団子屋に生を享けたが、父親が「外」に産ませた子で、さくらとは腹違いの兄妹である。父親と母親が亡くなった後、叔父夫婦に育てられるが、家庭にいつけず、中学在学中に的屋《てきや》で修行し、やがてそのまま全国を的屋として回る旅に出る。ご存じの通り毎回失恋劇を演じるのだが、寅次郎は第2章でも取り上げた「フリーランサー」であることにお気づきだろうか。同時に行商人は「ノマドライフ」の実行者でもある。現代風に言えば、通信機器を持たない「モバイル事業者」である。筆者は下町の東京・錦糸町で寅さん映画を家族で観たものだ。

話を戻そう。「しょぼい起業」のビジネスモデルを要約すると、基本原則は「生活の資本化」という考え方である。生活の中で余った野菜、雑誌、インテリアなど、余剰物をそのまま商売のタネにする。生活で得られた人間関係も資本化してしまう。これは第1章で予習したソーシャル・キャピタルではないか、と思った方は優秀な読者である。

「えらいてんちょう」はシェアハウスをやっていて、人が引越しで残していった家電などで最良のものを自分のものとし、残りを自ら経営していたリサイクルショップで売ったり、塾などもやっていたようだ。そしてリサイクルショップの営業権を売って、イベントバーを開業した。

まず重要な資本であるが、生活での物的な余剰を物的資本として、また生活で知り合った人間関係を社会関係資本として利用しつつ、自分の得意なこと、できることでとにかく事業を始める。しかし「こういうことをしたいから出資してほしい」と銀行に融資を相談して金を借りるわけでもないため、事業計画書も必要ない。とりあえず事業を始めておけば、「こういうことをやっているから お金が必要だ」という投資を頼みやすいと指南している。特に自宅として生活している店舗を持って（借りて）いるので、信用力があるとする。

しかし従業員は雇わないで、お客さんとの信頼関係を構築し、気軽にできることで手伝ってもらう。2週間で「しょぼい結婚」をした女性はビジネスパートナーとなった。相手が進んでやってくれるように物事を頼み、自分も他人の仕事を進んで引き受ける。これはソーシャル・キャピタル論では、互酬性《ごしゅう》の規範（相手によくされたら相手にもよくして返す）と呼ばれるものであるが、この原理に基づけば人をうまく無賃で使うことができる。これを矢内は「正しいやりがいの搾取」と呼んでいる。

またマーケティングに関して、誇大な宣伝はせず、かつ嘘がないようにSNSを巧みに利用するが、むしろ自分自身が「SNS」となって口コミが発生するようにする。こうして自分の周りに集まってくる人をファンにし、顧客へと変える。こうしてソーシャル・キャピタルは膨れ上がり、顧客資本となる。そのようにすると事業は安定的に継続するようになる。さて、ここで読者に質問です。これは何型のソーシャル・キャピタルでしょうか？　……正解は、凝集性ではなくブリッジ性が重要になるので、橋渡し型ソーシャル・キャピタルです。

図3-16はこのビジネスモデルを図解したものである。ここで重要なのは、評判という資本と人脈というソーシャル・キャピタルが「えらいてんちょう」の唱える地元に根づく力を与えてくれるかもしれないという点である。「しょぼ婚」は、地元に根を張り、ネットワークを張りめぐらす転機となる。子供ができれば子育てに関するネットワークが地域に根づくからである。実際子供が保育園に通うようになると、ママ友やパパ友が生まれてくる。保育園は行事も多く、自分も若いので行事に参加する機会が多くなり、地元のネットワークが格段に広がる。このような地元での人間関

図3-16　しょぼい起業のメカニズム

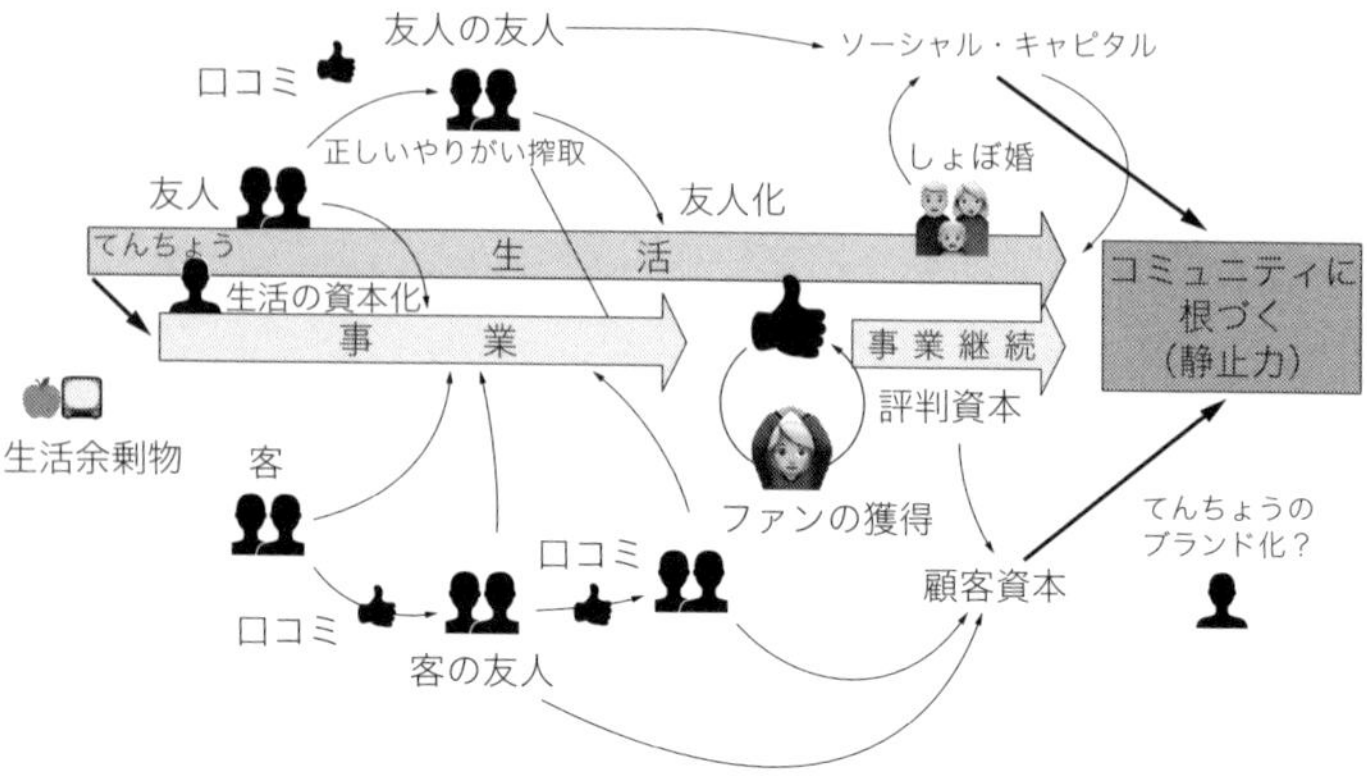

出所：筆者作成。

係に依存したソーシャル・キャピタルの蓄積は事業継続、また顧客のネットワーク（経済資本）にも転用される。

特に「えらいてんちょう」は出版以来、YouTuberとしても成功しており、「自分ブランディング」にも成功しているようだ。今ではコンサルタントや投資家という肩書きも付くようになっている。

この独自のビジネスモデルは、①ある程度人口密度のある場所であること、②少ない資金での開業をめざすので、基本的には都市の場末での立地であることが重要である。東京でたとえれば、23区の北部や東部が向いていることになる。世田谷区や三鷹市などのハイソな住宅地には向かない。③ターゲットとする顧客の所得層は下～中の下といったところであろうか。これも東京23区では北部や東部向きである（失礼！　自分も東部の人だったからよくわかる）。④「えらいてんちょう」は高学歴だが、このモデルでは開業者はどちらかというと高学歴者ではなく、人の話を聞くのが好きな、社交的で庶民的な人であることが求められる。

実際「えらいてんちょう」が関わってアドバイスし、いくつかの店を開業させている。このビジネスモデルを採用し、事業を開始した店が中心となって作っているポータルサイト「しょぼい起業マップ」(19)では、北海道・札幌1件、群馬1件、山梨1件、東京5件、愛知6件、京都2件、兵庫2件、広島5件の計23件の店が登録されている。中には行政書士もこのメンバーに加わっているが、本業とも言える「イベントバー」と呼ばれる「飲んで遊んで話す」バーが3分の1ほどを占める。中には「しょぼい〜」という名前の店もあり、「しょぼい」自体が「コーポレートブランド化」している。

このモデルは、基本的にはもともと基盤のない地域コミュニティにおける弱い絆をベースに、弱い絆の連鎖とSNSで得られた評判を基盤につなげていくという、積極的にターゲットを得ていくというより、網を張りめぐらせて引っかかるのを待つというような「仕掛け網漁的」なビジネスで、場所の持つ強さや地域固有の文化や伝統は重要ではない。とりあえず食べていければ良いという、ある意味で「ビジョンの小さい」ビジネスであるため、永続するようなモデルではない。ソーシャル・ネットワークを張りめぐらせてそれを資源化するという安上がりのビジネスモデルはもともと弱々しいものがある。「しょぼい」ことをよしとする時流に対応できたかもしれないが……。

しかし、このコロナが直撃し、「えらいてんちょう」の店は飲食店の自粛要請、緊急事態宣言で大きな打撃を受けたようだ。このビジネスは、もともと客層には若い人が多く、また対人接触を特徴とすることで、ウィズ・コロナ時代では逆に弱みになってしまったのではないだろうか。今後は

「話したり飲んだりする場所」からテレワーク用のコワーキングスペースに切り替えるなどの方向転換が考えられるが、休業に追い込まれたホテルやゲストハウスなどからの転換組のライバルも多い。このビジネスモデルは大きな転機を迎えているようだ。

それでは地域で移住者が自分で生きていけるだけのビジネスを始めるための別のビジネスモデル候補はないだろうか？　実は身近なところにあったのである。

「京都の小商い」というモデル

筆者の住む京都は言わずと知れた国際文化都市である。今はインバウンドの観光客はいないので京都の街はかつてのオーバーツーリズムから落ち着きを取り戻している。外国人観光客に占領され満員で乗りにくかった市バスも、今では嘘のように人が減っている。この先の京都観光がどうなるかはわからないが、まずは富裕層向けの観光に特化していくものと思われる。部活クラスターなどが多発していることを考えると、修学旅行生の数もすぐには元に戻らないであろう。

京都は、筆者の行なった20項目以上に及ぶ「農産物に偏向しない（偏向した某民間調査だと函館と札幌が1位と2位を占めてしまう不思議が起こる）独自の都市ブランド調査」では（図3－17、表3－4）、京都市は東京23区に肉薄する第2位の都市ブランド力であることを確認している（金光 2017a）。

京都の強みは、歴史的かつ文化的な資産の蓄積が他都市に比べて突出しており、街自体が文化的コンテキストで編まれている点である。また大学の街ならではのアカデミック・ハイカルチャーが

図 3-17　都市ブランド調査の項目

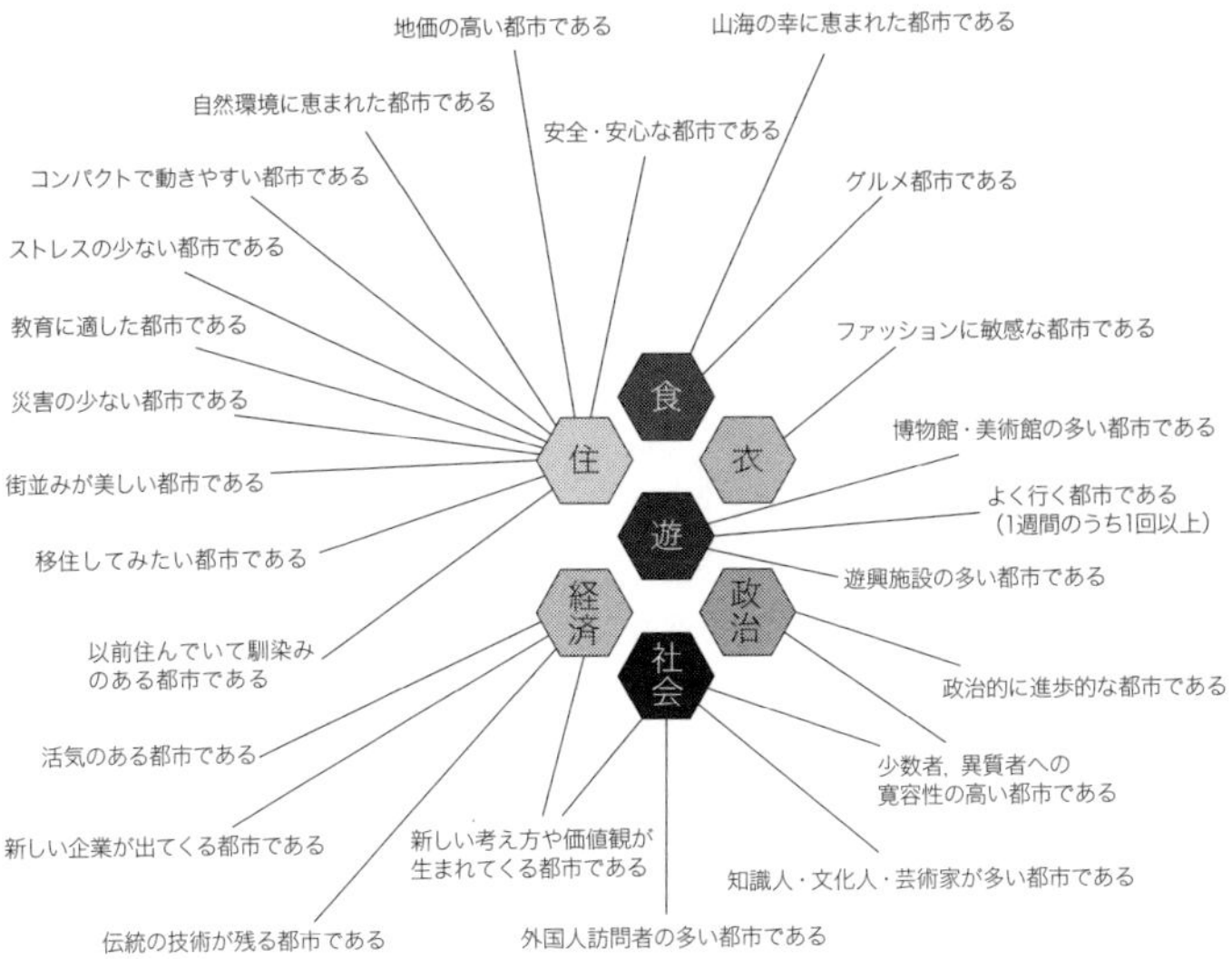

出所：筆者作成。

街に息づき、カフェや個性的な書店などが街の主役となるような、他の日本の都市にはない独自の生活様式ができあがっている（同じような都市文化を持つパリ、ボストンとは姉妹都市である）。欧米のブランドは、大阪ではなく、東京の次に京都に出店するというケースもある。

また、企業は京都に次々と開発拠点を設けている。LINE、ロボット開発のテムザックやパナソニック、SONY CSLなどである。海外では京都は非常に人気が高く、東京とさほど変わらない扱いをされる。京都の海外での人気は、LINEが京都に開発拠点を構える際に世界中に技術者の募集をかけたところ、多くの外国人から応募があり、担当者が「東京では考えられない。優秀な外国人を採用する

表3-4　都市ブランドスコア上位10地域

順位	都市名	ブランドスコア
1	東京都心部	3377
2	京都市	3250
3	横浜市	2323
4	札幌市	2224
5	神戸市	2062
6	大阪市	2045
7	函館市	1835
8	福岡市	1812
9	奈良市	1728
10	仙台市	1559

出所：筆者作成。

のに『KYOTO』ブランドが効く」という旨の発言をしている点に表れている。[20]

『しょぼい起業で生きていく』が売れていた少し前に、京都では『京都の小商い：就職しない生き方ガイド』（鈴木 2016）という本が話題を呼んでいた。東京の美大を卒業後、全国自転車行脚で立ち寄った京都に2年住んだことがある著者が、京都で人に雇われない生き方をして活躍している人々に出会った経験から12人を取材した本である。

「小商い」とは著者によれば「身の丈にあった形で、自分の責任が持てる範囲でする商い。大きな投資を募らずに自己資金プラスアルファの予算で始める。自分の持っている知識を仕事にする」ことである。これは「しょぼい起業」の思想と通じるが、「京都の小商い」はその名の通り「京都」という歴史的な空間特性を最大限活かしたモデルであり、より洗練されたビジネスモデルである。

著者の鈴木雅矩《すずきがく》は京都で「小商い」が成立しやすい要因をいくつか挙げている。

①　美術系の大学を含め、大学が多いので寛容であり、クリエイターやアーティストが育つ風土がある。

②長い歴史に裏づけられた文化の蓄積があり、街中が博物館や美術館である。高い文化のもとで優れた感性で磨かれ、モノやサービスの質が良いと認められれば小商いが成り立つ。

③観光客が多く、人口以上の顧客が存在し、小商いでも成功しやすい。

④コンパクトな街で歩きやすく、碁盤の目のような道なので、立地の良し悪しが平均化できる。適当な距離感で商店が立地できる。

⑤コミュニティが狭く、うわさも伝わりやすく、小商いのうわさもすぐに広がる。

筆者はこれに以下の2つを加えたい。

⑥京都ライターという文筆業を生業としている人、大学人、文化人、知識人、批評家が多いこと。日本を代表する現代アーティスト（田中功起、名和晃平、金氏徹平、ヤノベケンジ、やなぎみわなど）も数多く京都に活動拠点を構えている。

⑦全国版の婦人雑誌を含め、京都をテーマ、ネタにした「京都本」が多く、全国的に宣伝されやすいこと。出版社、特に学術書関係の出版社が多い。

京都での小商いのモデルは図3－18のように図式化できる。このモデルは**京都という土地、空間の文化的価値を最大限活かしたビジネスモデル**である。これを説明しよう。

図 3-18　京都の小商いモデルのメカニズム

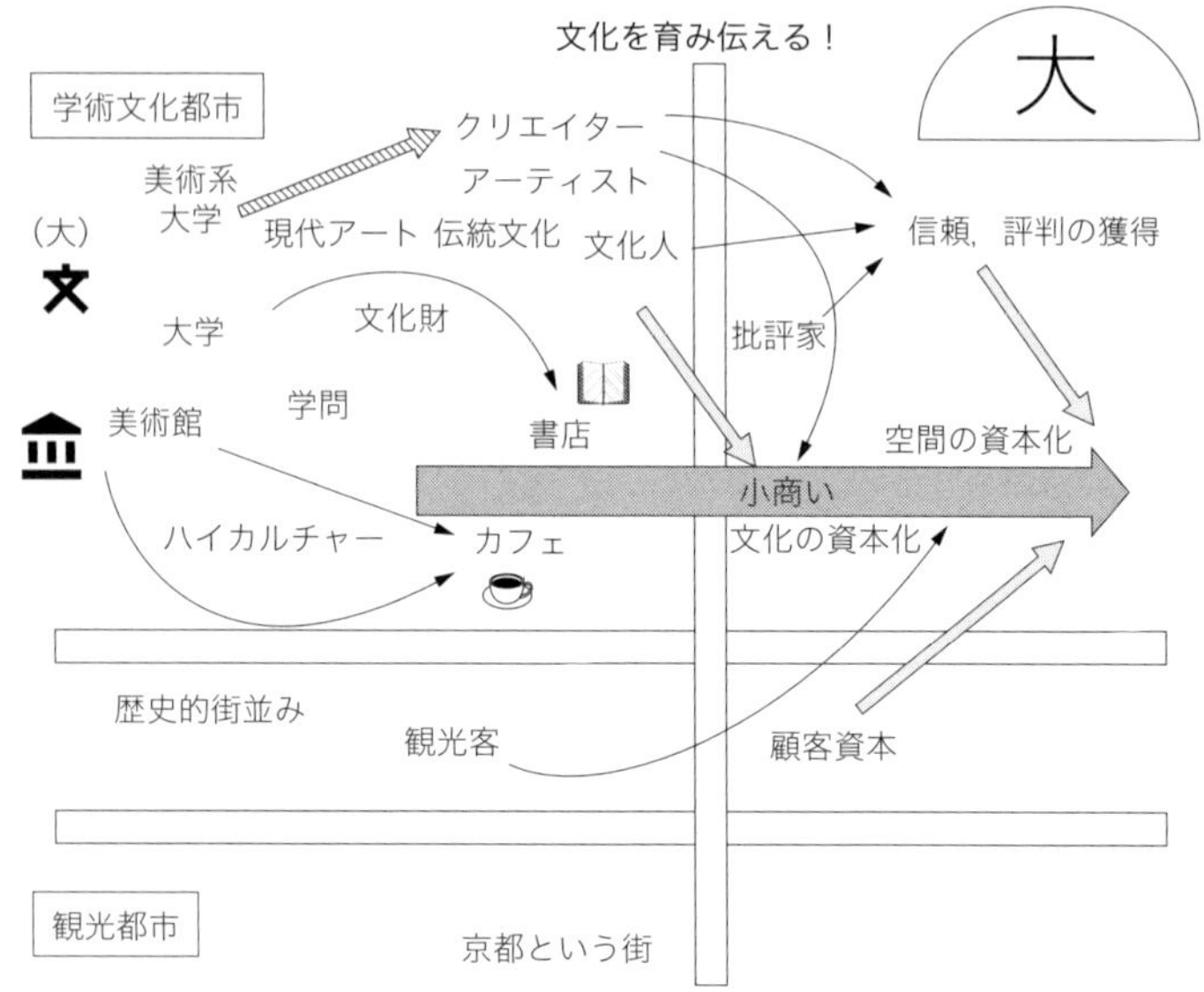

出所：筆者作成。

①最大の資本は街丸ごとの文化資本である。この文化資本は大学、知識人、サイエンティスト、学生、文化人といったアクターの複雑に絡み合ったソーシャル・ネットワークからできあがっている歴史的なソーシャル・キャピタルである。他の都市にはマネができない最大の強みである。東京があと200年日本の首都でも（その可能性はきわめて低い）逆転できないほどである。

②この街の中で「起業」することは、かなりの覚悟と準備期間、資金も必要とする。特に信頼を得ることが重要である。京都市出身でありもともと知り合いが多いなどという人的ネットワーク的な基盤は最大の資

源になる。あるいは、ネットワークのない人は有力者から紹介してもらうしかない。

③そのために逆に信頼を得ればビジネスができるということである。したがって「しょぼい起業」とは異なり、計画書も銀行からの借り入れも必要となるかもしれないが、何よりも世界遺産を守り、日本文化を高めながら財産として後の世界中の次世代にも残していくという京都人の琴線に触れるビジョンを有していないと何も始まらない。「文化でも儲けよう」というような東京の巨大広告会社の「さもしい企み」など京都人には簡単に見抜かれてしまうので注意が必要である。

④また周りに京都ライター、大学人、文化人、知識人、批評家ら厳しい目で「小商い起業家」を育ててくれるような人々が大勢いる。今や財界人として日本の顔となっている経営者を多く抱える京都だが、ビジネス界も、いまだに強い左翼政党と切磋琢磨し、リベラルな知的風土に逆らえないので柔軟である。一応このような起業には積極的で、ベンチャーシティの復活を唱えているため、多方面で助けにはなるだろう。ポケモンセンターが2階に入っている京都財界の総本山「京都経済センター」で相談すると良い。おしゃれな代官山 蔦谷書店のような大垣書店が1階にある。筆者のお気に入りのひとつである。

このような面倒くさいことも必要だが、だからこそ、世界が羨むこの街でチャレンジする価値はある。今この本を読んでいる読者もぜひチャレンジしてほしい。東京に比べれば四条や祇園地区以外の家賃や地価は比較的安い。京町家《きょうまちや》で共同のビジネスを始めてみるのはどうだろう。今後京都での起業はコロナ禍にもかかわらず限りないチャンスが眠っているはずである。とりあえず移住してから長期戦で道を探るのも良い。この街は東のどこかの大都市や近くの西の大都市と違ってあくせくしていない。京都は新参者を受け入れてくれる寛容性のある都市である。コンパクトな都市構造であるためどこでも自転車や徒歩でアクセスできる京都は、「3密」を避けつつ文化的に高いレベルでの都市生活が可能である。今後もリスクを抱え続ける東の都から、IT関係者、デザイナー、アーティストなどのクリエイティブ層が流入してくる可能性は高いし、そういう人たちの周辺に絡まるポジションを探すのも良いだろう。

注目すべき「京都的な都市モデル」

経営共創基盤CEOの冨山和彦は「ローカル・デジタル・トランスフォーメーション」を提唱し（冨山 2020）、公衆衛生リスクに脆弱で、効率性・生産性を追求し、人員・機能を集中させる高コスト・高ストレス、「3密」のライフスタイルから、ウェブ会議、リモートワークに依存し、地方居住・2拠点居住、健康趣味のライフスタイルの尊重を特徴とする「ローカル経済圏の活性化による地方創生」を提唱している。また京都大学の広井良典は（広井 2019a; 2019b; 2020）日立総研との共同研究のAIシミュレーションに基づいた予測から「人口減少社会のデザイン」モデル（広井 2019a）を提案し、それに基づいて多極集中のドイツ型「分散型システム」を提唱している。両者の考えは筆者の考えに近いが、それを実現するためには、政府の投資、民間の投資だけでも十分ではない。**どんな人的ネットワークが必要で、誰がどのようにそれを担うかという議論が大事**である。またどのよ

図 3-19 「オオバコ」モデルと「風通しの良い場所」モデル

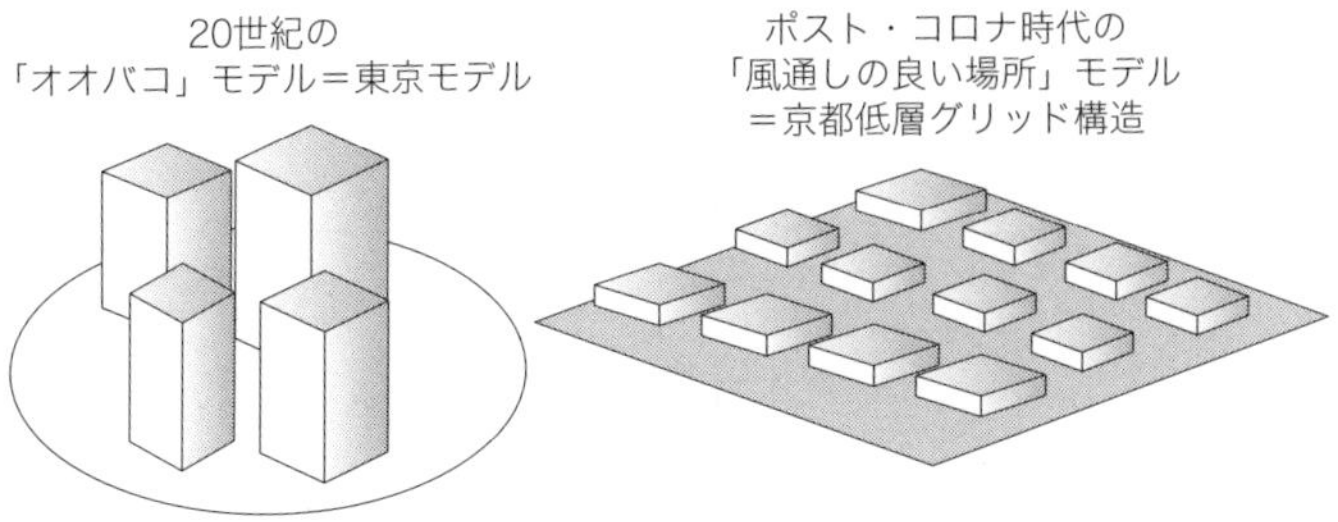

出所：筆者作成。

うなビジネスモデルが良いのかということも考えておかなくては構想は実現されないままに終わる。経営学的な議論は必要である。

そのような中で、ポスト・コロナ時代の都市モデルとして俄然注目されているのが「京都的な都市モデル」である。２０２０年６月、コロナ禍のためオープンが先延ばしされていた新風館というリニューアル商業施設に、アメリカの新参高級ホテルであるエースホテルが開業した。日本では京都が初めての開業である。これは建築家の隈研吾の設計であり、お得意の木製の和風建築のホテルである。これに合わせて隈はポスト・コロナの建築のあり方として、20世紀型「大箱都市」の終焉論を打ち上げている（隈 2020; 隈・清野 2020）。密な空間をつくる効率優先の超高層ビルの「大きな箱」＝「オオバコ」の建築と都市から、密を避ける街路構造と室内に風を持ち込む京町家に典型化される「風通しの良い場所」（＝著者はこれを低層グリッドと呼ぶ）へのシフト、つまり20世紀スタイルの都市・建築モデルからの脱却を提唱しているのだ（図3－19）。東京・日本橋育ちの隈自身は東京への愛着が強く、東京からなかなか離れられないようだが（筆者から言わせれば日本橋、浅草は「京都の偽物コピー」である)、京都の街構造と町家に注目したのは慧眼である。

このように京都の「3密」を避けることのできる街構造＋町家の持つ構造自体も「京都の小商い」モデルにとっては追い風である。ポスト・コロナ社会におけるビジネス、働き方、居住の仕方を考える上でも食住近接で自転車通勤できる京都は他の都市にもモデルを提供しているのである。

「リモートできれば東京の郊外でも良いのではないか」「場所は関係ない」と考えるかもしれないが、今だけなら良いが長期的に考えると〈場所の持つ意味〉は重要になってくる。すでに不動産市場でＩＴ企業はオフィスを売る動きが加速している。自然にも恵まれ、歴史的・文化的なコンテキストが存在する伝統的な都市の価値は限りなく高い。西日本には、京都だけでなく、そのような都市が目白押しである。

そこで筆者が最後に提案するのは、特殊な「京都モデル」の敷居を少し下げ、多くの都市に適用可能性の範囲を広げた、文化的な都市での小商いモデルである(図3-20)。

「文化都市での小商い」モデル

「小商い」はここでも身の丈にあった起業を意味する。しかし「しょぼい起業」ではない。「イケてる起業」である。歴史と文化に埋め込まれた地域での「小商い的な起業」によって東京、大阪の高密度を避けつつ、創造階級として自立した生き方を求める積極的な戦略である。「大都会の一般労働者」「非正規労働者」もアップグレードの過程を経て、ここでは創造階級として成長し、ア

図 3-20 「文化都市での小商い」モデル

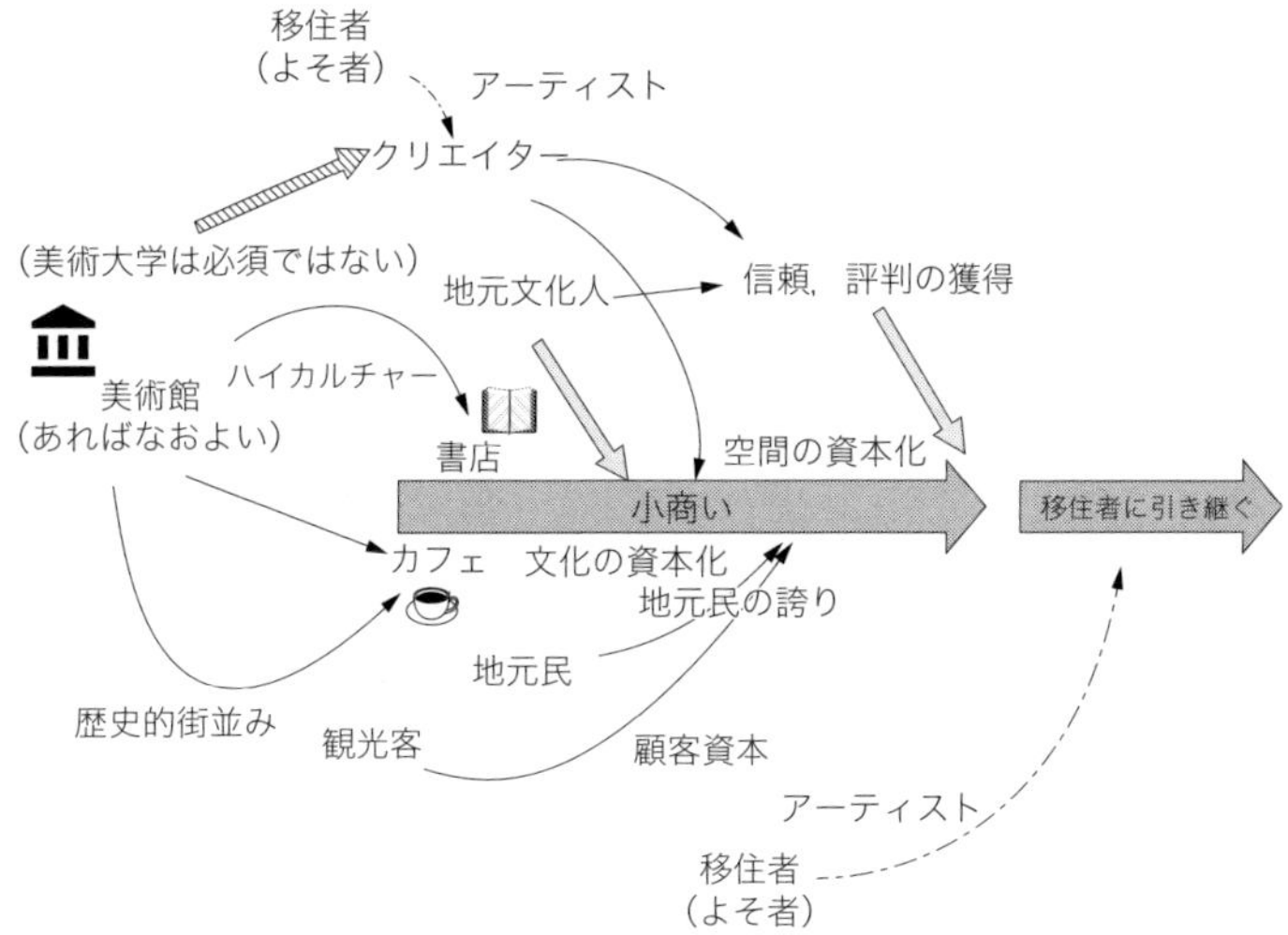

出所：筆者作成。

イデンティティを獲得できる。農村や大都市の郊外に引きこもるのではなく、さまざまな文化的な文脈生産が行なわれる街の中心部での小商いである。創造都市政策でも農村版の創造農村政策（佐々木・川井・萩原 2014）でもない、民間による試みである。自治体は側面で協力するが、公費負担は少なくする。地域おこし協力隊のような国費負担だけでなく、投資機構のようなところからは投資を得られる仕組みも必要だろう。

「文化都市での小商い」の要件は、創造都市を標榜する中～大都市ではなく、**旧城下町であったり、歴史的な史跡があり、大学があるような都市で、歴史的な街並みの残る都市**である必要がある。直島のような自然の文化資本化によって観光業を成立させるのではなく、ある程度の人口のある中都市で、ビジネスの基盤があるところで経済活動を営むという戦略である。関西であれば近江八幡・彦根、関東であれば水戸（２０２０年に中核市に移行した）などである。大学があることは条件の１つである。前節の分析でも判明したように、若者と学問、大学は文化都市にとっては必須の要件である。しかし必ずしも美術系の大学や美術館は必要ない。地方中核都市で学んだ学生が東京に流れてしまうのではなくこれを吸収できるようにする仕組みが必要である。そのような仲介ビジネスの「小商い」自体もこの起業に含まれる。これは、これからすぐに起こるであろう首都圏からの企業の本社機能の移転が今度は**政令指定都市に集中するのを防ぐ**役目もある。すでに福岡はいろいろな企業が拠点を設けすぎ、集中（「東京化」）が進んでコロナ感染も広がりやすくなっている。

業種は問わないが、リモートやＩＴ化は必須であり、デジタル・トランスフォーメーション（ＤＸ）は避けられない。革新的な商品やサービスを生み出して利益を出すことが目的ではなく、「文化」を育み地域の文化を有形資産化したものを「リノベーションした空間」の中で生み出すことがビジョンであらねばならない。**グローバルな資本主義での無形資産とは正反対の、地域空間の固有価値での「小商い」**である。「場所」の力を最大限利用するのである。そのために**建築的空間の創出が重要**になってくるが、歴史的な街並みに調和した建築で、アート作品としても鑑賞できるようなものであれば観光資源にもなり価値は高まる。過疎地のアート・フェスティバルがアート作品で成し遂げたことが参考になる。地域の文脈、文化資産を有形化した空間の創造によって「文化」を耕しつつ、文化空間として創造することが重要である。業種や商品・サービスなどは特定することはできないが、その活動の中心は移住者、「よそ者」である必要がある。美大で教育を受けたアーティスト志向や建築家志向は最適である。大都会での空間創造は限界に来ているが、中都市であれば建築的な冒険もできる。具体的な業態としては京町家で新たな業態が生まれていることを参考にすると良いであろう（写3－2）。

ちなみに筆者が学生と調べた、京町家での新たな業態ついてまとめた図3－21が参考になるかもしれない。京町家は京都市内でもどんどん減りつつあるが、近年はそれをリノベーションする業者も出てきており、強みのある和装産業から派生したさまざまな業態のビジネスを繰り広げている。

各都市には固有の産業的基盤や文化的伝統がある。それを最大限活かしつつ、新たにビルをつくるのではなく、民家や廃校などをリノベーションして独特な空間を演出し、特有の文化を活かすような業種展開をするべきである。リモートワークが一般化する中で、リモートワークのためのコワーキングスペースやクリエイティブスペースとして利用できるような多業的な展開が望まれる。雑貨とカフェと本屋とミュージックショップのような組み合わせも考えられる。固有の空間に作品としての価値を高めていくような仕掛けをつくり出

写3-2　京町家

出所：筆者撮影。

図 3-21　京町家での新規ビジネス例

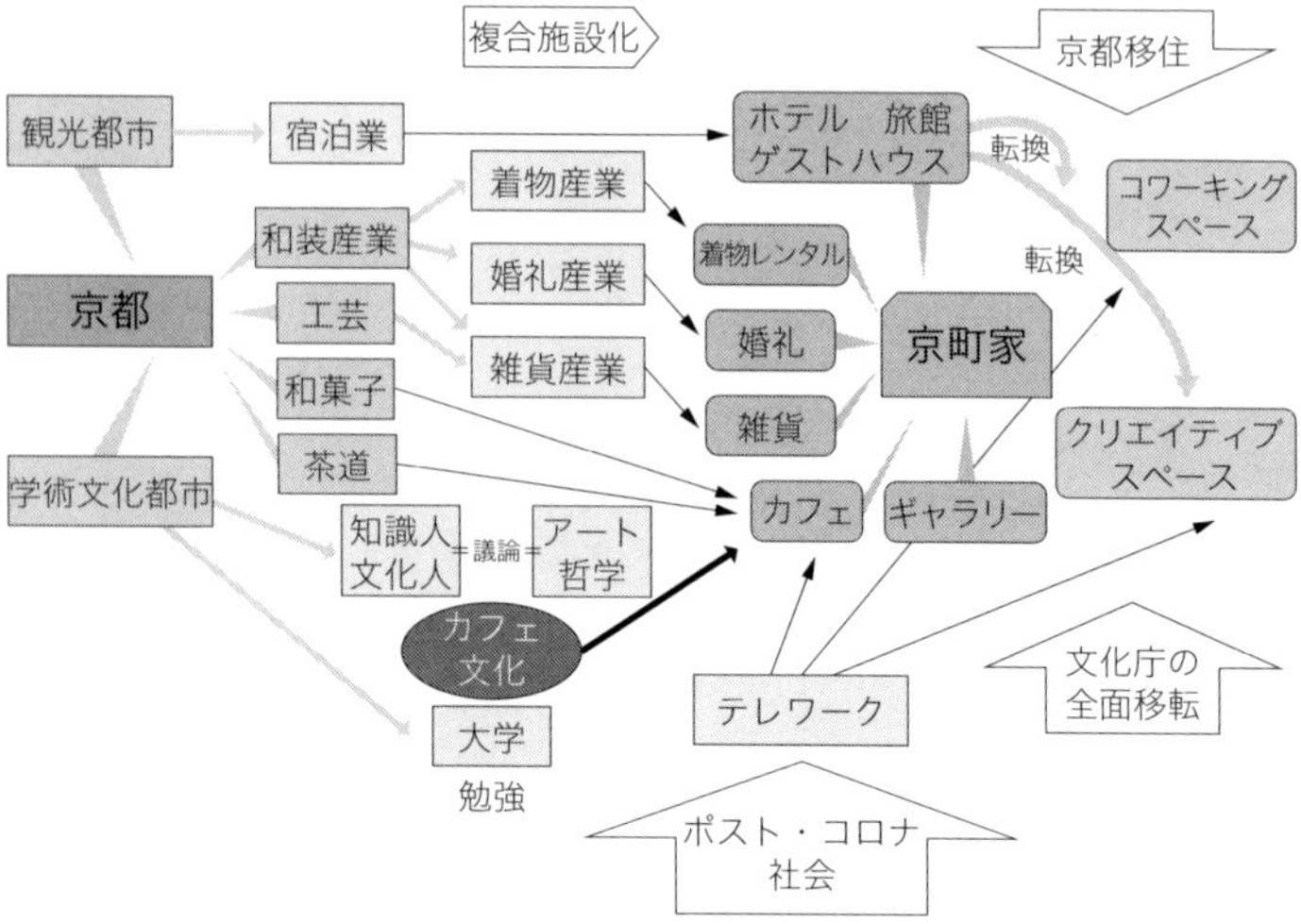

出所：筆者作成。

す空間プロデュースがきわめて重要になる。中之条《なかのじょう》のようなアート・フェスティバルを展開し、作品の展示会場となるのも重要である。KYOTOGRAPHIEという国際写真展では町家に作品が展示され、作品を数倍引き立てる役割を果たしている。展示空間と作品は一体化してそれ自体がアート体験の場となり、いつまでもそこにいたくなるような空間ができあがっている。そのような空間が存在するからこそ、創造階級は集まってくる。

創造階級にとってもはや大都会のオフィスは「無意味なハコ」でしかなく、「オオバコ」が林立する大都市固有の文化的価値はどんどん失われている。丸の内・大手町・有楽町でまちづくり協議会をつくって丸大有地域のブランディングをしているが、誰も住んでいない、住めないような場所で地域のブランディングを行なっても大きな意味はない。巨大都市はもはやそのような空虚なハコモノ空間しかつくり出すことができなくなっているのである。

民間業者でヴァーチャル・ネットワークをつくり、お互いに交流して知恵を交換し合う。大都市の住民にも関係者となって関与してもらう。いわゆる「関係人口＝移住しなくてもファンとしてその土地に関与する人口」（田中 2017）を増やし、ヴァーチャルにもリアルにもファンになってもらう必要もある。最も重要なのは**移住者＝「よそ者」が「小商い」の中核を担う**ということである。**地元民は地元で構築している人的ネットワークでそれを支える黒子に徹する。**しかし**「よそ者」としての小商い業主は、移住先に深く根を下ろし、骨を埋める必要はない。**1つの場所にとどまるのではなく、また別の場所で小商いを始めても良く、その際に他の移住者に小商いを譲ることで、イノベーションの連鎖を続けていく。そのためには**移住した先では「よそ者」に徹し、完全には地元に溶け込まないことが重要**であり、そのことで外部者の視点から、**元からあるものの新しい組み合わせを探っていくような「構造的な折り込み」の仕組み**をそれぞれのやり方で実現していくことが大切になる。

以上が第2の「社会的距離戦略」のための分析、エビデンスと提案である。How do you like it?

第4章

人からの社会的距離戦略

――イノベーションのネットワークをどうつくるか

【第３の「疎」戦略】

「密接」を避け，ソーシャル・ネットワークを構築して
プロフェッショナルな知識と技能を活かした働き方

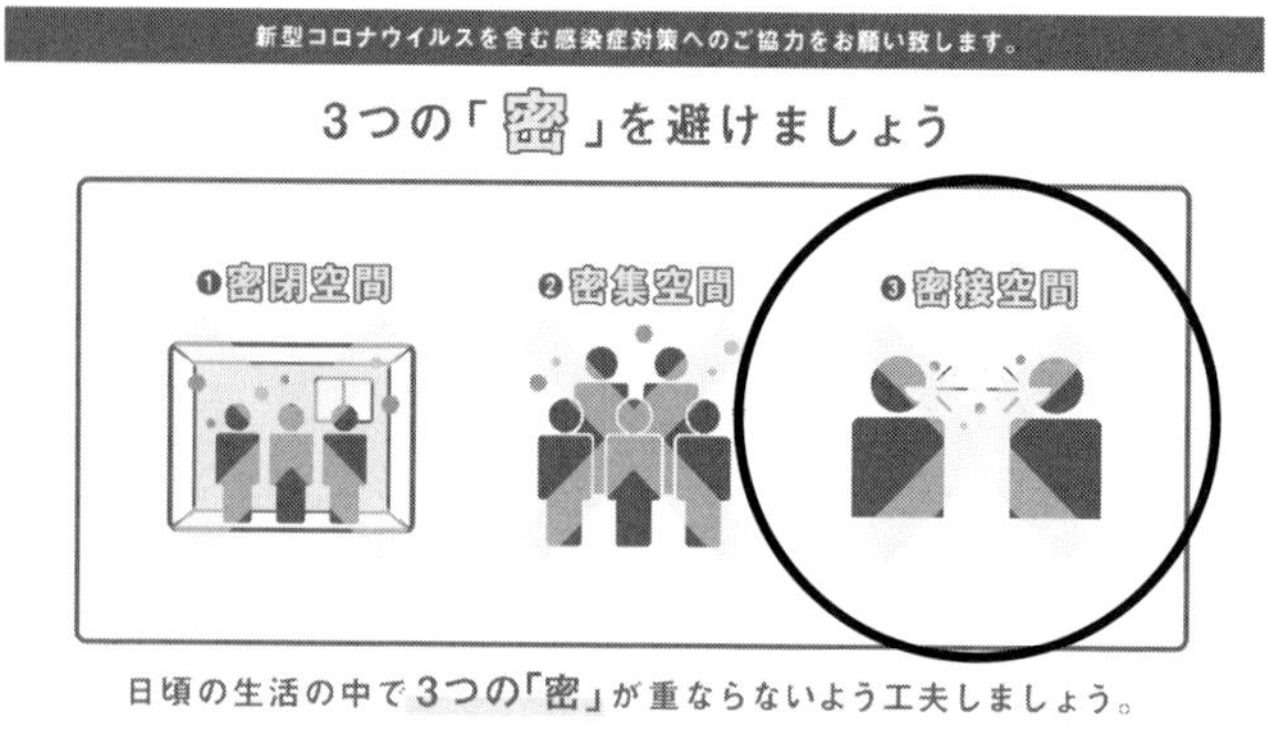

新型コロナウイルスを含む感染症対策へのご協力をお願い致します。
3つの「密」を避けましょう
❶密閉空間
❷密集空間
❸密接空間
日頃の生活の中で3つの「密」が重ならないよう工夫しましょう。

1　自立した強い個人の確立のためのネットワーク戦略

われわれは「密接」な関係を避けつつ社会生活を行なう「社会実験」の最中にある。密接回避のためにスーパーや書店の床に引かれたラインの後ろに並ぶことは常識になった。知らず知らずのうちにバスでも席を空けて座る。そのような中で社会的な交わり、ソーシャル・ネットワーク形成の有効な方法が問われている。

しかしこれは流行りの実験経済学の「ナッジ」（強制によってではなく自発的に望ましい行動を選択するよう促す仕掛けや手法）ではどうにもならない課題であろう。人間という種は仲間をつくることで進化してきたからオンラインではダメだという学者もいれば、代替できるという学者もいるだろう。結論から言えば、筆者の回答は「**オンラインでやることを基本にしましょう**」というストレートな回答である。職場での人間関係が楽しいという日本人はどれほどいるであろうか？　仕方がないから一緒にいたり、会話するだけではないのか？　テレワークで人間関係の煩わしさから解放されたという人も多いはずだ。そのような声はカオナビHRテクノロジー総研調査レポート[21]ではリモートワークに関する質問への複数回答の第4位に来る（25・7％）。

リンダ・グラットンの『ワーク・シフト』は執筆時からは10年近く経った本になるが、4部の中で、2025年に向けて起こるであろう3つの大きなシフトについて論じている。当時はコロナ禍などのパンデミックはまったく想定されていなかったためやや楽観的なシナリオが描かれていた観は否めないが、われわれの人間関係づくりに関する重要な内容を多く含んでいる。3シフトのための資源となる3つの資本と3種類のネットワークの重要性を指摘している。3資本とは、知的資本（知識と知的思考力）、人間関係資本（われわれの言葉ではソーシャル・キャピタル、人的ネットワーク）と情緒的資本（自分自身について理解し、自分の行なう選択について深く考える能力、勇気ある行動をとるために欠かせない強靭な精神を育む能力）である。これを私見を挟みながら簡単に要約しておこう。

第1のシフトと知的資本のネットワーク構築

グラットンによれば、第1のシフトは、**知的資本を強化し、ゼネラリスト的な技能から専門技能の連続的習得へとシフトする**ことであり、ここでは**知的資本の重要性が増す**。このシフトにおいては、知的資本が中核的役割を果たし、そのためには次の2つのことが必要になるとされる。これは本書の第1の戦略である「管理中枢からの社会的距離戦略」とも一致するものである。専門技能を連続的に習得し、企業に従属した生き方からの脱却である。

①　専門技能の連続的習得：　未来の世界でニーズが高まりそうなジャンルと職種を選び、高度な専門知識と技能を身につける。その後も必要に応じて他の分野の専門知識と技能の習得を続けることである。オンラインによる学習は成人にとっても、学び直しのための手段を提供してくれるようにな

るだろう。今後大学院もオンライン化される可能性があり、大都市の大学でも地方の大学でもスキルアップに役立つような授業には、全国からたくさんの受講者が殺到するようになることは考えられる。

②セルフマーケティング：自分の能力を取引相手に納得させる材料を確立する。グローバルな人材市場の一員となり、そこから脱落しないために、その努力を欠かさない。これはいわゆる「自分ブランディング」である。

このための対応として、広く浅い知識を持つのではなく、いくつかの専門技能を連続的に習得することだとする。そのためには、時間とエネルギーをつぎ込む覚悟をする。大学のMOOCs《ムークス》は大いに利用できる。感染症を学ぶ公衆衛生学は新たに人気科目となるだろう。また哲学などの授業には多くの学生が集まってくるかもしれない。データサイエンスやロジカルシンキングはすでに飽和気味で陳腐化しつつある。手前味噌であるが、ネットワーク分析はオススメの専門技能である。大学、大学院としては、若い学生に代わって、これらの知的好奇心に満ち本当に学びたい社会人の受け入れが重要な生き残り戦略となる。

高い価値を持つ専門技能の条件は、①価値を生み出す、②希少性がある、③模倣されにくいもの、である。今後価値が高まりそうなキャリアの道筋として、草の根の市民活動、社会起業家、ミニ起業家が挙げられ、特に重要性を増す専門技能、生命科学（アジアではシンガポール、日本では関西が強い）・

健康関連、再生可能エネルギー関連、創造性・イノベーション関連、コーチング・ケア関連としている。これらはいまでも通用するほどの慧眼である。

「鉄オタ」でも「LEGO《レゴ》オタ」でも、誰にも負けない深い知識と技術であれば希少価値がある。趣味を深めるという戦略は有効である。「文化都市での小商い」ではそのような差別化を図った業態を考えると共に、リモート時代にふさわしい複数種類の組み合わせでヴァリエーションをめざす必要がある。セルフマーケティング、自分ブランディングは正社員として働く場合でも重要性が高まる。ヒエラルキー組織の階層が簡素になり役職や肩書きが減り、在宅勤務も増えて同僚と上司の結びつきが失われ、自分を印象づける必要があるからである。むしろ、**これを機にセルフマーケティング、自分ブランディングを進め、いずれインディペンデント・プロデューサーとなる準備を進めておくべきだ。自分の仕事に自分の名前を刻印し、自分の評判の積極的なマネジメントを行なう**のである。

一方でグラットンは、具体的な知的資本の構築については十分に語っていない。この分野には疎いのだろう。また、同業者組合についてもあまり多くを語っていない。

イノベーションのシフトとソーシャル・ネットワークへの関わり

第2のシフトとしてグラットンが提唱するのは、**孤独な競争から「協力して起こすイノベーション」へのシフト**である。つまり個人主義、競争原理から人間同士の結びつき、コラボレーション、人的ネットワークへのシフトであり、人間関係資本、つまりソーシャル・キャピタルの強さと幅広さが重要になる。友人同士のSNSよりも、高度な専門知識と技能を持つ人たちとつながり合って、旧来の価値観に囚われない社会制度的イノベーションのネットワークをつくり出し、それを普及させることが重要である。そのためにグラットンが推奨する人的ネットワーク（われわれの言葉ではソーシャル・ネットワーク）は以下の3つである。

①〈ポッセ〉：　比較的少人数のグループ、声をかければすぐに集まってくれる面々で、メンバーの専門知識がある程度重なり合っている必要がある。信頼できる仲間で、強い紐帯で結びついている。充実したポッセを築きたければ他の人と協力する技能を磨く必要がある。ヴァーチャルなつながりでも良い。他方でポッセには弱点があり、専門分野や考え方が自分と似ており、自分を信頼し、同じ志向・行動パターンをとるような人、つまり相同的な人々の集合なので、大きなイノベーションには多様性に富んだ大規模なコミュニティである「ビッグアイデア・クラウド」が必要になる。

②〈ビッグアイデア・クラウド（Big Idea Cloud: BIC）〉：　イノベーションを可能にする大規模で多様性に富むコミュニティである。ＢＩＣは、自分の人的ネットワークの外縁部にいる人々で構成されなければならない。友達の友達などのネットワークで、自分とは違うタイプの人たちとのつながりで、弱い絆で結びついている。これは以前、「弱い絆の強さ」論のところでも紹介した例である。そもそもＢＩＣは自分の専門分野や得意分野でない世界の住人にアクセスするわけなので、情熱と強い意思だけでなく「カメレオン人間」となって当該グループの流儀に合わせていく柔軟性も必要だとする。

異業種交流会のような各種イベントやセミナーを探してアクセスするのも良いだろう。現在さまざまなイベントやセミナーがオンラインで開催されており、専門の学会でも低額の参加料でオンライン参加できることも多いため、アクセスは以前よりは容易になっている。

③〈自己再生のコミュニティ〉：　頻繁に会うことができ、リラックスできる人々とのつながりである。ポッセとBICはヴァーチャルでも成り立つが、自己再生のコミュニティは現実世界の人間関係でなければならない。支えと安らぎの源となる。人間同士の温かい触れ合い、特定グループへの帰属感を感じられる人々である。家族との絆やスポーツクラブの仲間、同級生、同窓会などがこれに当たる。また居住空間を選ぶ必要があり、人々が出会いやすく、会話を交わしやすく、孤独な自動車移動よりも徒歩移動が可能な距離にある必要がある。友人同士が近くに暮らしていたり、住居をシェアして共同生活をしていたりする場所が最も理想的である。

これらについて少しソーシャル・ネットワーク論的に考察する必要がある。3つのネットワークには、グラットンが第1のシフトでも挙げている「ギルド」を加え、図4－1のように多層的な「ネットワークのネットワーク」を形成していると考えられる。まず「自己再生のコミュニティ」は「地べた空間」に存在し、LINEがなくてもつながる仲間である（実際には日本ではLINEはすでにあらゆる場面における情報インフラになっており、LINEなしでは誰にも連絡が取れないとさえ言える状態になっている）。「自己再生のコミュニティ」は、社会学で言えば基礎的集団、第1次集団であり、何かを実現するため

図 4-1　ライフシフトのための 4 つのネットワークの特徴（主にリアルな空間）

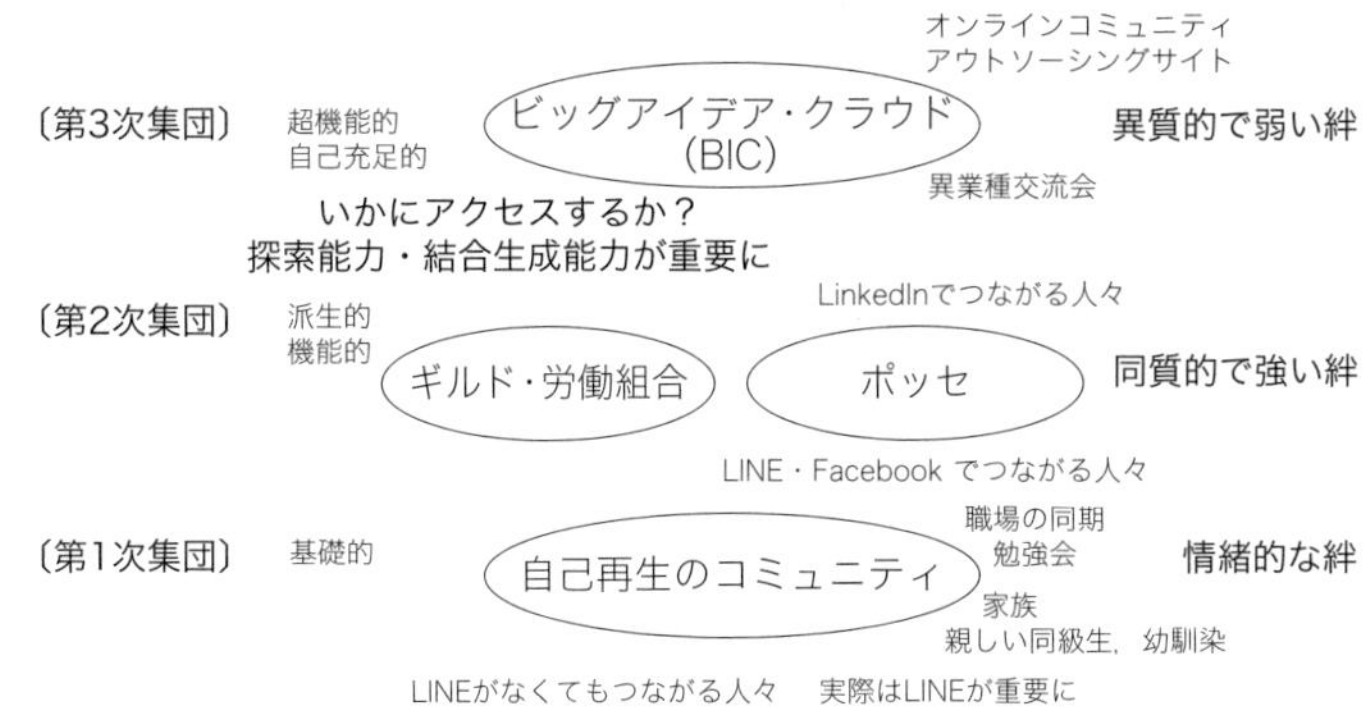

出所：筆者作成。

の目的からつくられた機能的な集団ではない。必ずしも同質的ではないが、「情緒的な絆」に基づいている。

この第1次集団を基礎に、職業の分業体制、業態によって機能的な集団が発生してくる。第2次集団や、派生集団と言われる。代表的なものは、同業組合＝「ギルド」や労働組合である。事業者の場合は業界団体として地域ごとにも細かく組織化されている。中央では経済団体として日本商工会議所や日本経団連などが中央組織として組織されている。経営者側の集団は権力と結びついて強力に組織されているが、労働者側の組織が不十分なのはどこの国でも同じである。

労働者の場合、企業ごとに組織された労働組合が業界の労働組合にまとまり、中央レベルでも連合や全労連などの中央団体に加わるが、個々の労働者は、同じ職業で加わるという場合は、専門職、資格団体でないとあまりない。日本医師会や日本弁護士会などである。そうではなく、同業者の労働者が同じ業種の専門家として加わる組織が必要である。日本では「プロ野球選手会」がこれに当たる。今後日本でもフリーランスが増えていく中で、**一般的な労働者も何らかの形で「ギルド」を（オンラインで良いので）組織化し、さまざまな情報交換を行ない、アイデンティティを確立する必要**がある。

特にフリーランサーであるウーバーイーツ配達員の組織化が重要である。実際には労働組合が有志によって結成され、会社側と交渉を始めているが、依然会社側は厳しい態度で望んでいる。「戦うため」のオンラインのネットワークを組織化し、既存の労働組合の全国組織とも提携を図っていく必要がある。フリーランスを対象とした社会保険制度も重要になってくるが、一般社団法人プロフェッショナル＆パラレルキャリア・フリーランス協会が損害保険会社を巻き込んでこれを整備しつつある。ウーバーイーツの配達パートナー向け「傷害補償付きベネフィットプラン」も整備されつつある。ある程度稼げる個人による自己防衛であるが、**大部分のフリーランスにとっては労働組合機能を兼ねた同業組合が重要になる**だろう。

たとえば、フリーランスで働くハリウッドの俳優の間にはギルド的な俳優組合組織（SAG: The Screen Actors Guild）が存在し、端役俳優の生活も守ってきた。今はテレビ・ラジオ労働者の組合が合併し、SAG-AFTRAという組織になっているが、ラジオ、テレビ、映画産業に関わる俳優やスタントマン、シナリオ作家、吹き替えの声優、人形師、ニュースレポーター、アナウンサーなどが結集している。不安定なこれらの組合員の権利を守り、年金基金を確保することが重要な任務となり、俳優もこのギルド所属でないと一流とは見なされない。渡辺謙や菊地凛子といった日本人ハリウッド俳優もこのギルドの一員である。労働組合の機能は基本的にこのような「共同出資」によるメンバーの保障機能であり、これは資本主義社会ではどうしても労働組合が必要であることの大きな理由である。

〈ポッセ〉も機能的な第2次集団であるが、LINEよりもFacebookやLinkedIn《リンクトイン》でつながるようなネットワークである。ある程度の専門的な知識を交換するような信頼関係に基づいたソーシャル・ネットワークであり、共通の関心がないと構築するのは難しく、また関連する複数のポッセに同時に参加することは可能である。仲の良い職場の仲間がオンラインでつながって仕事の話をするだけでも良いが、特定の本で開催する読書会、テーマの研究会、朝活のような知的刺激を与えてくれるソーシャル・ネットワークが好ましい。研究者にとってこれは研究仲間に相当する。共通テーマで、同質性の高い絆で結ばれているからである。学会は規模が大きすぎ、また競合関係もあるので必ずしも信頼関係で結ばれているわけではないためこれには相当しない。

最後に〈ＢＩＣ〉は第3次集団とも呼ばれる、アクセスするには少し努力を必要とするコミュニティである。ポッセよりも多様な趣味や専門分野で組織された特殊なネットワークであり、多くはオンライン・コミュニティ化されており、日経ビジネスの購読者のネットワークや大学の同窓会、消費者オンライン・コミュニティがこれに含まれる。またこのネットワークへの「投資」は金と時間もかかり、深いコミットメントが価値を生み出し、アイデアやビジネスチャンスに直結する情報やつながりも得られる。「弱い絆」を通じて、今まで知らなかったような異質的な情報がもたらされる。これらのネットワークは複雑なシステムであり、メンバーは多重に重なり合っているので、ネットワークを広げたい個人は自分の培った人的資本とソーシャル・キャピタルを基盤に、さらに関連するソーシャル・ネットワークに投資することになる。**これを強化するためには最低限の英語力がどうしても必要**になる（グラットンは最近の日本の新書『コロナ後の世界：世界の知性6人の緊急インタビュー』において、日本の若者の多くは英語ができないことに「驚愕した」と述べていることを肝に命じてほしい）。

大量消費から「情熱を傾けられる経験」へ

第3のシフトは、大量消費から「情熱を傾けられる経験」へ、である。**貪欲に大量のモノを消費し続けるライフスタイルから質の高い経験と人生のバランスを重んじる姿勢へのシフトであり、情緒的資本、自分の選択について深く考える能力、勇気ある行動をとるための強靭な精神を育む能力が必要**となる。

際限ない消費に終始する生活をやめ、情熱を持って何かを生み出す生活に転換する。やりがいとバランスのとれた働き方に転換する。消費からシェアへ転換する。「お金のためだけに働く」という古い考え（古い約束事）でなく、「働くのは充実した経験をするためで、それが幸せの土台」となる。自分の生き方と選択に責任と理解を持つ。明確な意図を持って職業生活を送ることだとする。これはフリーランスやインディペンデント・プロデューサーとして、地域で創造階級として生きる生き方である。これについては議論はもう必要ないであろう。

グラットンは第3のシフトに必要な資本である「情緒資本」について、「自分自身について理解し、自分の行なう選択について深く考える能力、勇気ある行動をとるために欠かせない強靭な精神を育む能力」だとするが、これは「資本」としてはややあいまいな定義である。これについては精緻な社会学理論に基づいた検討が必要であるが、これからは「**直感的な美的感覚を重視しよう**」という提案をしておく。結局は「**美しい」と思える働き方を自分で苦労して探す**しかない。

グラットンは『ライフ・シフト』でもこれらの資本について追加的に議論し、ソーシャル・ネットワーク論的な議論も進めている。①生産性資産、②活力資産、③変身資産がそれである。これをまとめよう。

① 生産性資産：　人が仕事で生産性を高めて成功し、所得を増やすのに役立つ要素。スキルと知識が主たる構成要素で、他にもさまざまな要素が含まれる。

② 活力資産：　肉体的・精神的な健康と幸福。健康、友人関係、パートナーやその他の家族との良好な関係も含まれる。

③ 変身資産：　大きな変化を経験し、多くの変身を遂げるために必要な資産で、自分についてよく知っていること、多様性に富んだ人的ネットワークや、新しい経験に対して開かれた姿勢。このタイプの資産は、旧来の3ステージの人生ではあまり必要とされなかったが、マルチステージの人生では非常に重要になる。

グラットンの「ワーク・シフト」論は、細かく見ると実は少し複雑になっている。第1のシフトは、第2のシフトのソーシャル・ネットワーク戦略によってしか成し遂げられないからである。どうしてであろうか？　それは、知識資本がソーシャル・ネットワークに根差しているからである。次節ではこれを詳しく説明し、リモートシフトをふまえ、このシフトモデルをアップグレードしてみよう。

2　知識資産とは何か？　仕事上のネットワークをどうつくるか？

ナレッジマネジメントとソーシャル・ネットワーク

グラットンも最近は無形資産として重視している「知識資本」は、知識を価値を生む資産として考えたものだが、データに価値を与えたものである「情報」との違いは、知識は情報が意味立て理解できるようになったものだという点にある。情報を頭に入れても、自分の中で意味立てられなければいざというときに使えない。使える状態になっていればそれは知識となっているということを意味する。

知識は企業レベルでも個人レベルでも無形資産である。特定の職業に関する検定など資格を有する専門知識（コード化された知識）、業務上のノウハウに関する知識、国際情勢や業界の出来事に関するニュース、Excel や Word、Power Point での情報処理加工能力や、論理的な思考力、図解力など

図 4-2　who-know-who-know-what のネットワーク

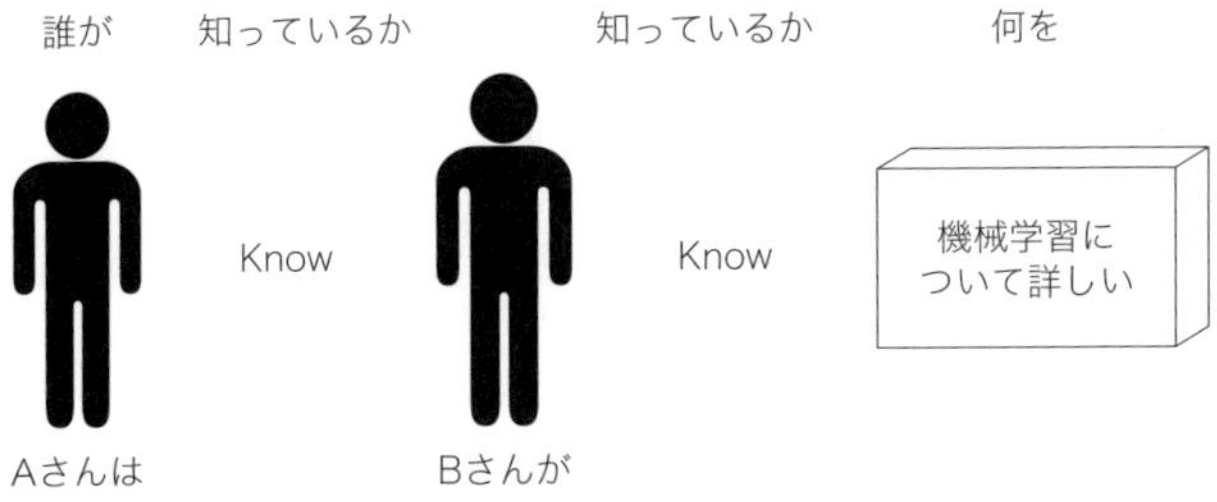

出所：筆者作成。

まで幅広い領域にわたる。これらの知識は個人が特定の職場での経験や資格のために勉強する場合、各人は孤独に学習するもののように思われるが、これは誤解である。そもそも学習とは人を真似することを語源とし、それ自体は人の相互行為である。知識は高校時代の勉強時でさえ学校教員や塾、予備校の先生、家庭教師との人間関係＝ソーシャル・ネットワークなしには存在しないものである。したがってそれを得るためには、自分もそのようなソーシャル・ネットワークに関与するしかない。

知識は、誰かとつながって、誰かとの交流の中で得られるものである。これをネットワーク分析では、who-know-who-know-what という形で捉えようとする（図4－2）。つまりこのネットワークを職場で捉えようとすれば、「あなたは、誰が（＝この人が）、何を知っているかを知っていますか」という質問でそれぞれの人に関して質問して聞き出すことができる。組織ネットワーク分析では、これを「**知識ネットワーク**」と呼んでいる（Cross and Parker 2004）。この知識ネットワークを含めて「職場＝仕事」ではさまざまな種類のナレッジ・マネジメントのネットワークが張りめぐらされている。そのことで知識が生産され、流通し、再生産されているのである。

第1章で組織改革を得意とするコンサルティング会社（33名からなり、代表、上級パートナー24名、一般パートナー8名から構成）の「雑談ネットワーク」の例を紹介したが、筆者が独自に行なった組織ネットワークの研究（金光 2010）では、すでに紹介した①雑談ネットワークと②知識ネットワークの他に、③知己ネットワーク＝誰かをただ知っているだけの関係、④協働ネットワーク＝仕事を一緒にしたことがある関係、⑤情報交換ネットワーク＝仕事上の情報を交換したことのある関係、⑥アクセス・ネットワーク＝実際にその人に接近できる関係、⑦問題解決ネットワーク＝アドバイスで問題を解決してくれる関係、⑧革新ネットワーク＝新しいことを始めるときに助言を求める関係、⑨通常の仕事上の助力関係、の9つのデータをとっており、仕事のソーシャル・ネットワークを多側面から立体的に分析することができる。

知己ネットワークは2レベル（知っているかいないか）、それ以外は雑談、協働、情報交換は3レベル、あとの5ネットワークは5レベルで評価しており、数字が多いほど強い関係となるようデータをとっている。ソーシャル・ネットワークは同じメンバーに対して複数の関係から構成されており、「多重ネットワーク」と呼ばれる。多重ネットワークではそれらをまとめて見ることで、単独のネットワークでは見えない社会的関係性が見える。

図4－3は多重ネットワークの各関係行列を、関係強度を表すように色づけしたものである。これは組織のレントゲン、あるいはＭＲＩ画像のような役割を果たし、点と線のネットワーク図よ

図 4-3　ソーシャル・ネットワークの関係行列表現

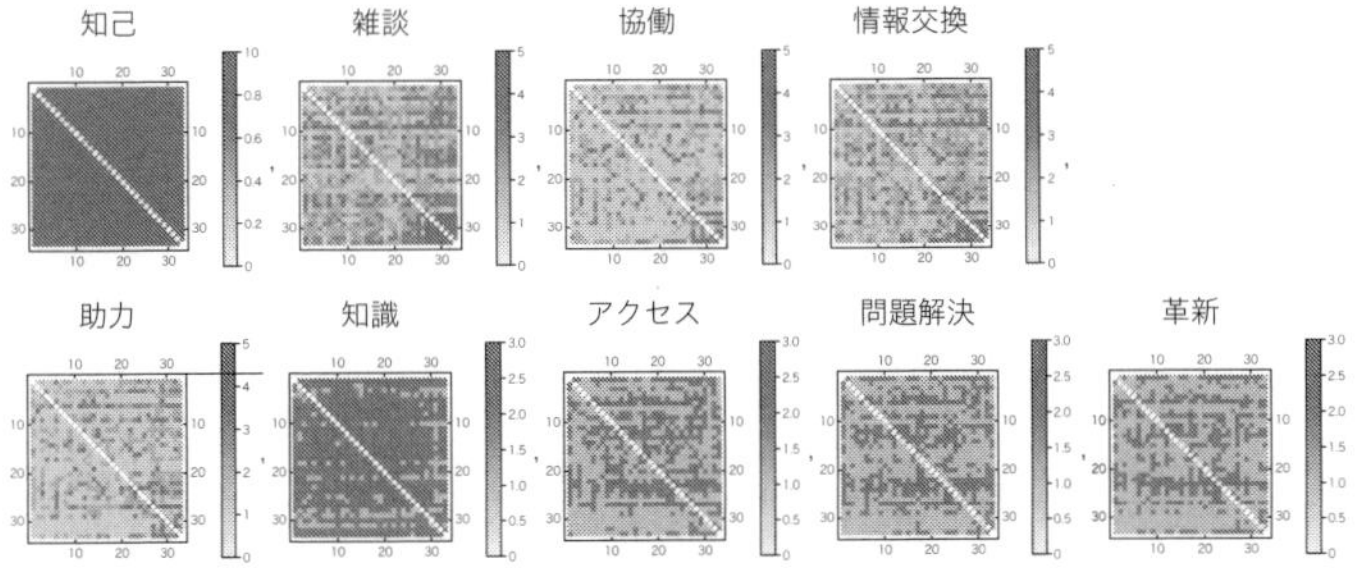

出所：筆者作成。

り人間関係がよく表現されているため、組織の「健康診断」に役立つ。強い関係が形成されているほど濃い色で、されていないほど薄い色で表現される。番号は個人のＩＤ番号を意味する。1番はこのコンサル会社の代表であり、行列はほぼ階級ランクで並んでいる。行列の1と3の成分はＩＤ番号1の代表とＩＤ番号3の上級パートナーとの関係性を表し、対角線上にある白い部分は、自分と自分の関係を表しているため白く表現されている。

雑談ネットワークの右下の端に少し濃い色の部分が固まっているが、これらの人々は一般パートナーで、そのランクの人々の雑談が頻繁なことを示している。これは情報交換でも見られる。知識ネットワークについては、さすがに専門者集団の職場内では誰が何を知っているかをよく知っているようで、濃い部分が多い。アクセス・ネットワークと問題解決ネットワーク、革新ネットワークのパターンがほぼ同じ構造をしていることがわかる。

これらのネットワーク群の間には、組織が機能するための図

図 4-4　仮定されるソーシャル・ネットワーク間の関係性

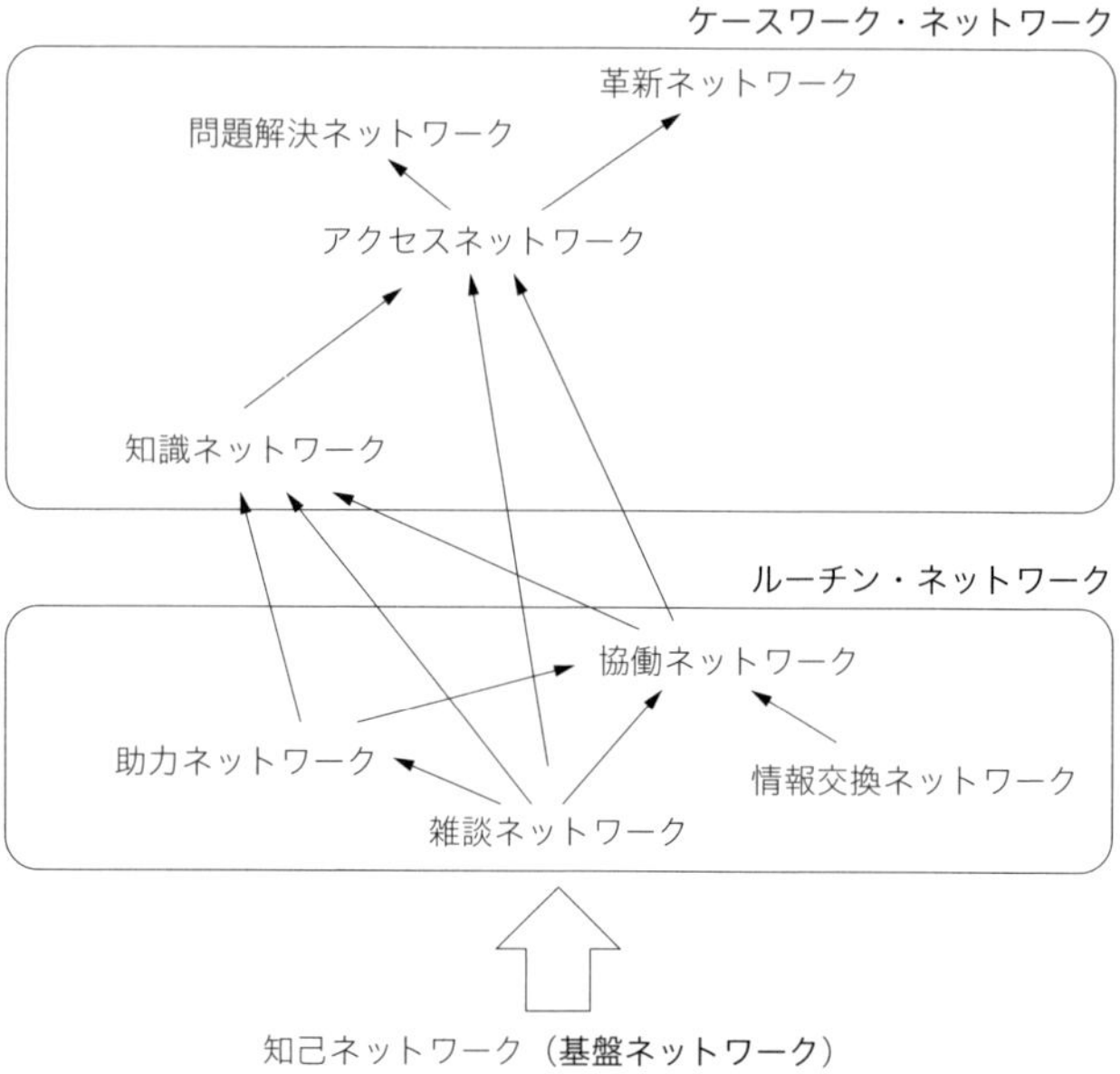

出所：筆者作成。

4－4のような関係性の準因果的連関、絡み合いが想定できる。これは「ネットワークのネットワーク」で表現されるが、通常の少人数の職場では知己ネットワークはすべてつながっているため、これを〈基盤ネットワーク〉と呼ぼう。

その上の層に、一般的な情報を流す情報交換ネットワークと雑談ネットワーク、それに仕事のアシスト関係である助力ネットワークが日常的なインフラとなる。これを〈ルーチン・ネットワーク〉と呼ぼう。

これに実際の組織改革のために実際に動員されているネットワークである知識ネットワーク、問題解決ネットワーク、革新ネットワークが加わる。これを〈ケースワーク・ネットワーク〉と呼ぼう。〈ルーチン・ネットワーク〉群は通常の定型業務でのネットワークで、中でも雑談ネットワークは、このコンサル会社が潤滑油として重視し、自ら手がける企業の組織改革にもそれをツールとして利用している。

実際の顧客に対する組織改革の業務に関与する活動では〈ケースワーク・ネットワーク〉が作動し、顧客となる「動脈硬化」を起こした組織の変化を促すのである。知識ネットワークとそれへのアクセスを可能にするアクセス・ネットワークは、実際のメンバーへの接触可能性に関わるネットワークであるので、〈ケースワーク・ネットワーク〉の中では媒介的な役割を果たし、これが問題解決ネットワーク、革新ネットワークの創発につながっていくと想定される。

このコンサル会社自身の実際のネットワーク間の関係性を知るために、ピアソンの相関行列0・3以上を閾値《いきち》に設定し、その値以上であれば接続するような「ネットワークのネットワーク」を描いたのが図4-5である。(22) これはネットワークで次数中心的なものが上位に配置されるような、階層的な3D描画方法で表現したものである。横から見た縦断面と上から見た横断面も共に描いたものになっている。

知己ネットワークに接続した知識ネットワークが中心となり、実際に接近できる関係性を表したアクセス・ネットワークがフィルターとなってそこからさまざまなネットワークにつながり、問題解決、革新ネットワーク、雑談、協働、助力、情報交換のネットワークが互いにつながる構造になっ

図 4-5　実際のネットワーク間の関係性

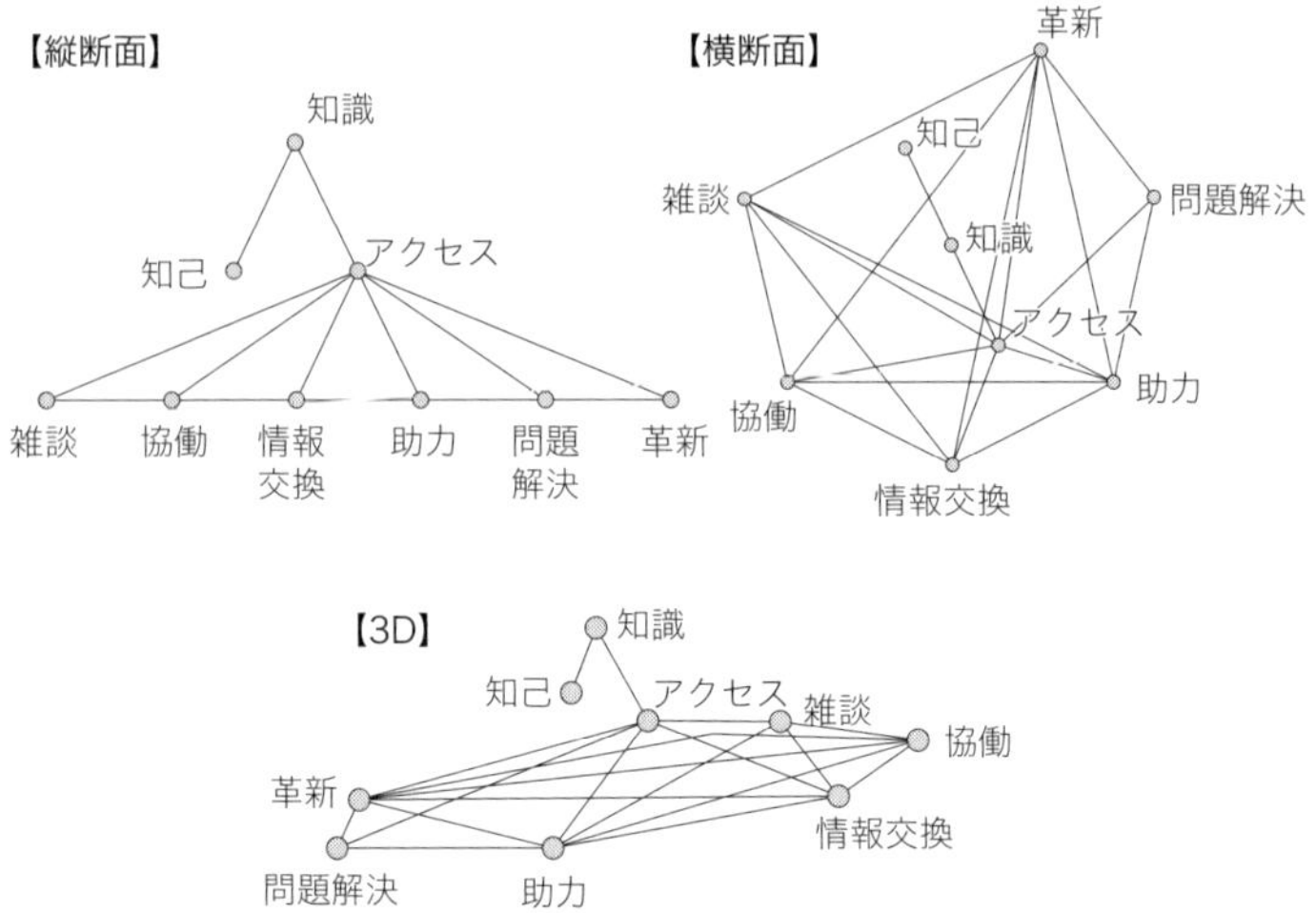

出所：筆者作成。

ていることがわかる。アクセスネットワークだけが課題解決、革新ネットワークという最も重要なネットワークの創発を決定しているわけではなく、ルーティンなネットワークも同様に関与している。

このような専門的な人々の知識創造に関わるネットワーク構造を知っておくことは、オンライン上にさまざまなライフシフトのためのソーシャル・ネットワークを構築し、さまざまな分野の専門的な人々が集うようなオンライン空間を設計する場合に参考になる。また、インディペンデント・プロデューサーとして専門的ネットワークを築いていく際にも参考になるであろう。

しかし、密接でリアルな人間関係の構築への障害がある中で、いかにオンラインを通じて専門的なネットワークを築いていけば良いのか、模索が必要であろう。他方でＩＴ技術、ＡＩ技術の進歩によってアルゴリズミックに「最適化」されたアクセスを推奨されるようになる可能性が高い中で、われわれは**ヒトとヒトの関係がモノとモノの関係に置き換えられないような「リアルなソーシャル・ネットワーク」をいかにオンライン・ネットワークに組み込んでいくかという困難な課題**に挑まねばならないことになる。

ワークシフト・ネットワークのオンラインシフト

知識のネットワークをマネジメントし、ゼネラリスト的な技能から専門技能の連続的習得への第1のシフト、孤独な競争から（地域などで）協力して起こすイノベーションに関わる第2のシフト、大量消費から情熱を傾けられる経験への第3のシフトは、それぞれ絡みながら加速するだろう。しかし、ここに大きな嵐が吹き寄せた。コロナ禍に対応したリモートシフトである。

『ワーク・シフト』が執筆されていた10年ほど前には、ロンドンオリンピックを前にして、ロンドンが「グローバル経済社会の首都」として君臨するべく首都改造が進んでいた時期である。しかしそのイギリスもＥＵからの離脱（Brexit《ブレグジット》）という反動が起こり、コロナ禍にも見舞われた。ロンドンもローカル首都化せざるをえない。２０１２年、オリンピックが開かれる年に出版された『ワーク・シフト』にはどこか主体的な未来の選択で人生が変えられるという楽観論がただよっている。ロンドンの「成功例」を同じように首都改造に結びつけようとした東京オリンピックは、やはりグローバル化の反動とも言えるコロナ禍に見舞われて頓挫した。**時代は「オフィスレス」へシフトし**

始めた。同時に**社会はローカルな方向に向かい、大幅にヴァーチャル空間への退却を余儀なくされた。**

リモートシフトした今、われわれの生活には大きな変化が起こっている。そしてこれは、元に戻ることなく「展開・進化」していく可能性さえ秘めている。企業はここぞとばかりにデジタル・トランスフォーメーション（DX）を進めている。このような環境変化の中でワークシフトのシナリオと見取り図も大きな修正を迫られている。グラットンもおそらく今は『リモートライフシフト』のようなタイトルの本を執筆しているのではなかろうか。

図4―6はオンラインシフトした中でソーシャル・ネットワークにどのような変化が起きたのかをまとめたものである。リアル空間のオンライン空間での置き換えが根本的なパラダイムシフトをも生じさせつつある。これを1つひとつ詳しく挙げてみよう。

第1次集団、第2次集団、第3次集団の平坦化とLINEの社会インフラ化

これまで「身近さ」「親密さ」の点で区別のあった第1次集団、第2次集団、第3次集団の区別はほとんど意味がなくなり、すべてが平坦化されたデジタル空間に移行した。特に「親密圏」と言われる身近な関係性が特別なオーラを持っていたが、その関係性が縮小した。他方で、非親密的な第2次集団で起こる現象も、旧来の「親密圏＝家族、友人などの親しい人々とのつながり」と変わらない「身近さ」で接続してくるようになった。以前から兆しはあったものの、オンラインシフトによって完全にLINEが社会インフラとなった。序章で示した厚生労働省とのコロナに関する合

図 4-6　オンラインシフトしたソーシャル・ネットワーク

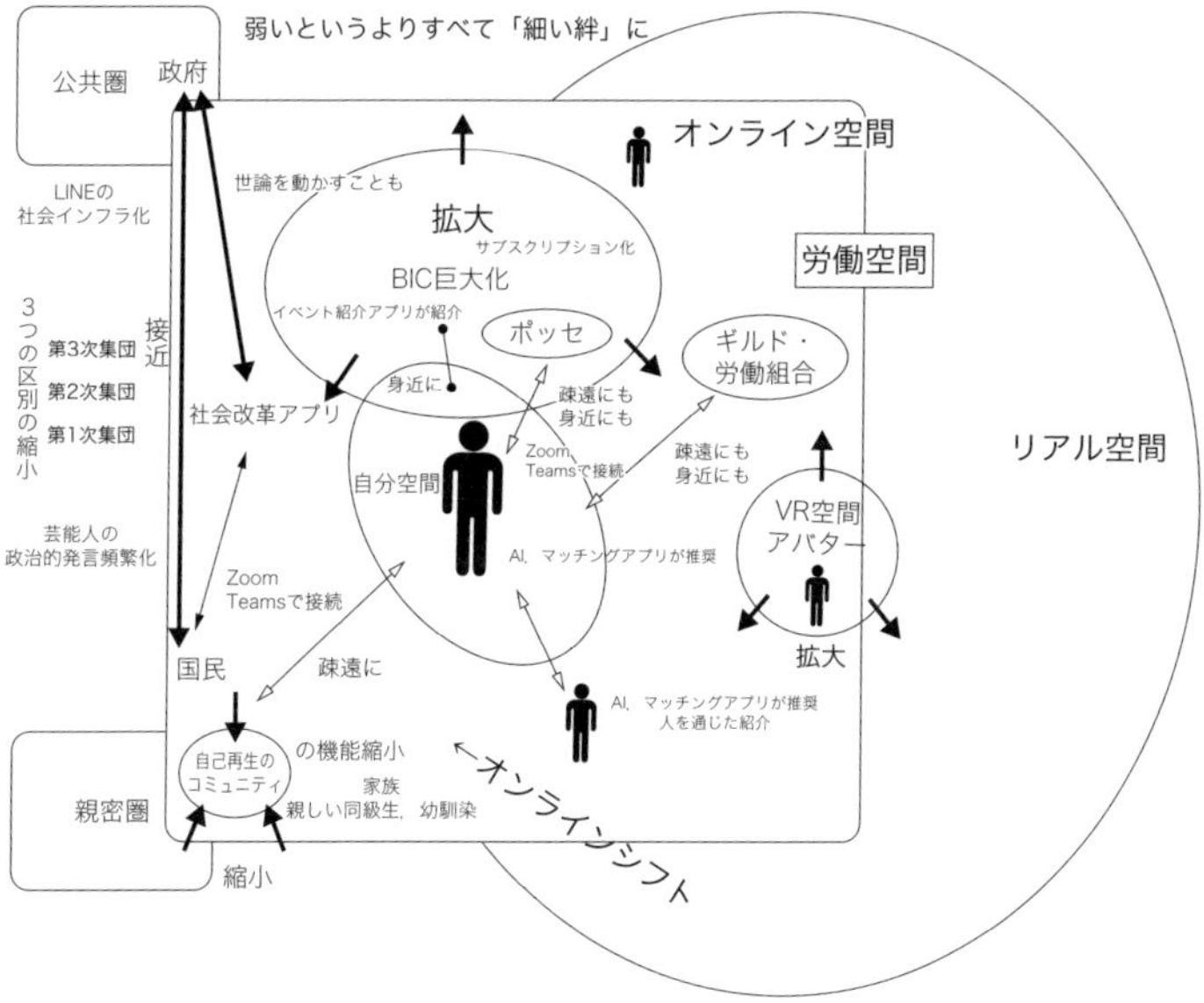

出所：筆者作成。

同調査はそれを象徴する出来事でもあった。

すべての関係性は「弱い絆」というよりは「細い絆」と言って良い〈無線LAN接続〉によってつながるようになった。隣の部屋にいる家族との会話でもLINEなしでは成り立たなくなった。オンラインで帰省することも通常化する可能性すらある。国勢調査もLINEでなされるようになるのではないか（2020年はLINEでは行なわれなかったが）。

自己再生産のコミュニティの機能縮小

これによって3つのソーシャル・ネットワークのうち親密圏に属する「自己再生産のコミュニティ」の価

値は増したかもしれないが、本来的な機能は大幅に縮小した。ZoomやTeamsの接続で得られる満足と効用、コロナ感染の危険性を天秤にかけ、オープンな場所でのバーや、コロナ対策の重装備をしての野外パーティーなどで満たそうとするだろう。

しかし、**いまこそ立ち止まって、「親密圏」に「非親密圏での摩擦や疲労」を再生するほどの「治癒力」が本当にあるかのかどうかも疑うべき**であろう。実はあまりよく知らない人たちである親戚とのつきあいの煩わしさから逃れられる、と思っている人は比較的多いのではないだろうか。もともと人と酒を飲むことや帰省して親族と会うことも嫌いな筆者にとってはこのコミュニティに何も期待していないため、個人的には何の変化もない。**疲れる「再生のコミュニティ」ではなく、今こそ本当の意味で自分が情熱を持って参加でき、そこで成長できるような付き合い、コミュニティを探すべきな**のである。

公共圏と親密圏の接近、「中間圏」の霧散化

LINEが事実上の社会インフラとなり、社会変革アプリ・サイトなどによって公共圏と親密圏自身は接近した。芸能人の政治的発言は頻繁に見られ、知事が毎日テレビと記者会見に登場し、公共圏はかなり身近に感じられるようになった。「耳を傾けすぎる政府」（西田 2020）という現象も生み出した（本当かどうかは疑わしいが）。オンラインでの世論に政府も正面切って逆らえなくなった。今後、韓国のようなネットでの落選運動のようなものも出てくる可能性が高い。

秋津ら（2017）は「中間圏」という概念を使い、「親密圏」と「公共圏＝国家と市民社会、政治的主体の交流圏」との間に位置するべきものとして地域コミュニティやNPOなどの中間集団のネットワークに焦点を当てようとした。しかし「親密圏」の縮小と「公共圏」への接近によって「中間社会圏」がこれに代わって拡大できるチャンスがあるものの、オンライン空間でのリアル空間の置換が人間関係中心の「中間圏」の収縮、霧散化も引き起こしているように思われる。あらためて「中間圏」とは何か、という再考が必要になってくる。

「自分空間」の拡大と「オンラインよそ者」の誕生

リモートシフトで家に閉じこもることも増え、自分の部屋、机の周りがオフィスになり、「自分の空間」から出ることも少なくなった。かつて「カウチポテト族」と呼ばれたもののワーカー版である。ジンメルの「交差的社会圏」のように、自分を中心にさまざまな社会圏がオンラインで交わるような感覚を実感できるようになったのではないか。ある意味で**「社会のこと」がすべて「自分ごと」となるかのような感覚**もあるだろう。

世界のことがつながった向こう側で進行し、それが直接自分にも跳ね返ってくる。かつてあまりなかった親近感が、孤独に結ばれた人々の心に芽生えているのではないか。**自分自身は身体的には移動しない「不動点」として世界を見渡せる「世界の中心」**となり、しかし実際は「**リアルな世界」からオンライン空間に突然放り出された「よそ者」のように、オンライン空間上をさまよう「オンライン・**

図 4-7　自分空間の拡大と分裂

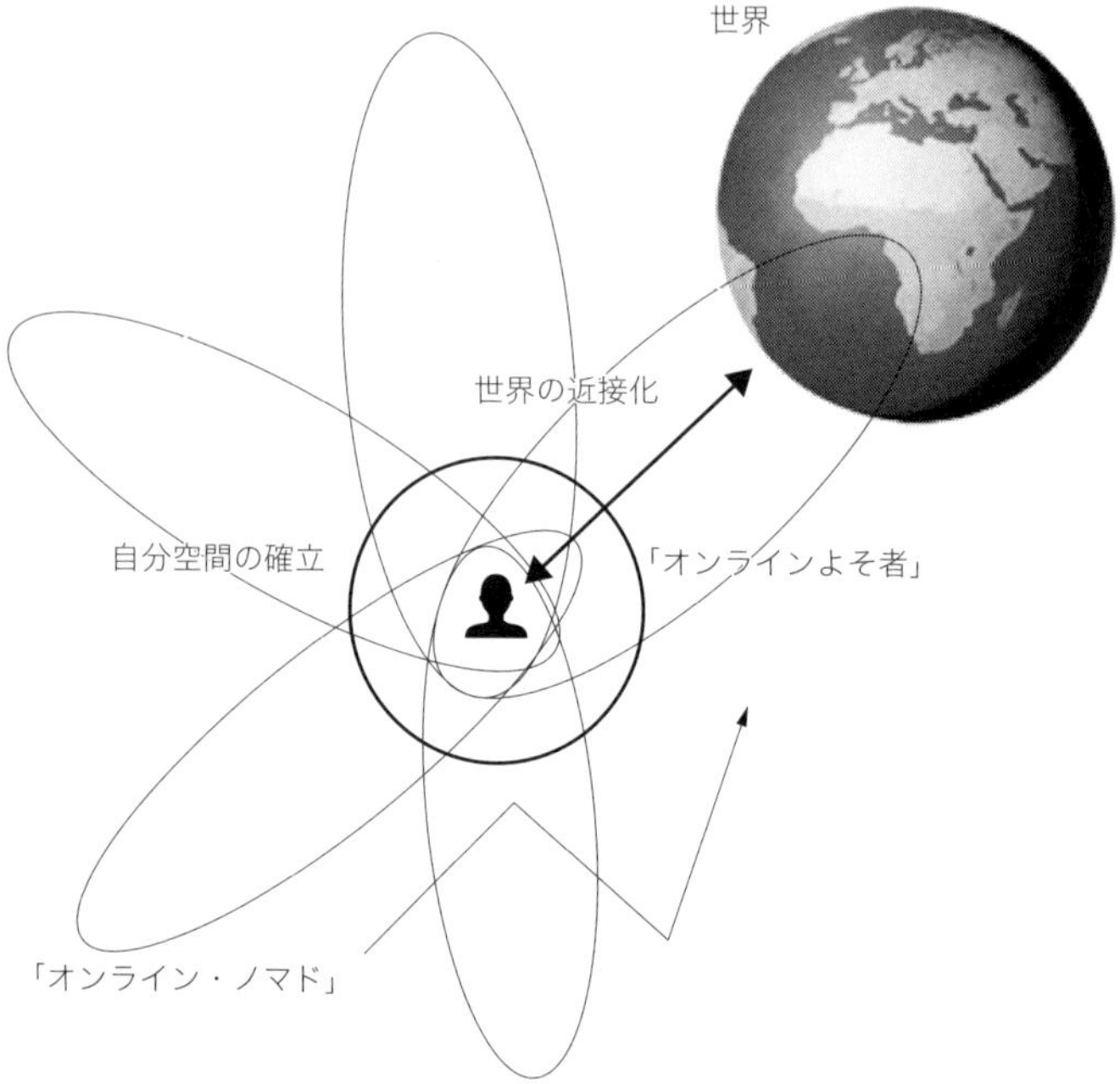

出所：筆者作成。

ノマド」でもあるという分裂的で矛盾した存在になっている。ジンメルも想定できなかった**「オンラインよそ者」**の誕生である。

しかし、世界を鳥瞰し客観化できることが裏目に出て、**政治的にも「不動点」となって保守化してしまう危険性**もある。雇用状態によっては不満分子は右にも左にも振れてしまう。オンラインでの政治活動がどこまで活性化し、これがリアル空間の政治状況にどう反映されていくのかという点について注目すべきである（図4－7）。

巨大ＢＩＣへのアクセスの容易化とサブスクリプション化

ＢＩＣは巨大になり、さまざまなサービスが誕生している。ＢＩＣへ誘うイベントアプリも生まれ、アクセスは容易になった。無料のサービスやイベントはあるが、代わってオンラインのメンバーシップはサブスクリプション化が進められ、基本的にビジネス・プラットフォーム化が進んで商業的になりつつある。これは**情報の囲い込みをも意味するので好ましいことではない。**

ＢＩＣクラウドに気軽に誰でもアクセスできることで、情報自体の価値が低下し、陳腐なものも大量に溢れることになる。本当に価値の高い秘匿的知識は高額な「商品」として売られることになる。インディペンデント・プロデューサーがそこで情熱を傾け、**オンライン形態であっても仲間で本気で学ぶための、何か別の専門的なコミュニティが必要**になるだろう。

ポッセとギルドの役割の機能縮小

本来なら無形資産の資本主義の時代には、創造階級にとってポッセの役割は増すはずであるが、リアルな人間関係によるものでなくなり、オンライン化されることで（対人関係による伝達でしか伝わらないような）コード化されにくい知識が伝わりにくくなり、価値がやや低下する。反面、コード化されたものはSlack《スラック》やZoom、Teamsなどによって非常に管理しやすくなり、種々のデジタルツールと連動しやすくなった。しかし本来対人関係でしか強固に築けないとされる信頼をオンラインでどのように構築し、維持していくかが最大の課題となる。

ギルド・労働組合もオンライン化で連帯の強化、ギルドメンバーのプロフェッショナルとしての地位向上につながるかというと、どちらかといえば難しいのではないかと思われる。オンラインならではの全国を同時に結んだ会議が可能になるとか、世界中の労働者と連帯できるとか、従来にない効果的な仕組みができるかに依存する。しかしテレワークになったオンラインでは、皮肉なことにストライキという強行手段はほとんど効果のないものになる。2020年のブラック・ライヴズ・マター（Black Lives Matter: BLM）のようなストリートに出ての社会運動の持つ熱気とパワーはオンラインでの活動では生まれないからである（余談だが、アメリカ民主党のオンライン選挙活動の盛り上がりのなさとは裏腹に、コロナ・クラスターまで発生させたトランプのリアルな選挙活動は戦略としては正しかったのかもしれない）。

人の出会いのヴァーチャル化

出会いがマッチングアプリに依存したりする場合が多くなり、人の出会いが困難になる。ヴァーチャル空間でアバターが交際を代行してくれるかもしれないが、このような「ゲーム的な世界」については筆者にはよくわからない分野なので、これ以上はふれない。どうせボロが出るので……。

「実践共同体」の可能性

ここからは、3つのライフシフトを可能にするはずであったソーシャル・ネットワークの大部分は縮小してしまったという変化に対して、これを補い、「自分が情熱を持って参加できるようなコミュニティ」あるいは「小規模な相互の信頼で結ばれた仕事仲間の強力なネットワーク」「互いに似たようなスキルと専門知識を持って職業上の成長を支え合うことができるコミュニティ」として、「実践共同体」と呼ばれるネットワークの可能性を考えてみたい。

実践共同体とは、「あるテーマに関する関心や問題、熱意などを共有し、その分野の知識や技巧を持続的な相互交流を通じて深めていく人々の集団」である（Lave and Wenger 1991=1993）。この概念は、XEROX PARCの学習研究所の研究員であるジーン・レイヴとエティエンヌ・ウェンガーが提示した、産婆《さんば》、仕立て屋、操舵手《そうだしゅ》、肉加工職人、断酒中のアルコール中毒者などを文化人類学的に観察することで「学習」に関する社会的関係性を強調した「状況づけられた学習」「正統的周辺参加」の概念に依拠している。「状況づけられた学習」とは学習者は「実践共同体」に参加し、「1人の人の学習意図が受け入れられ、社会的文化的な実践の十全的参加者になるプロセスを通して学習の意味が形作られる」ような社会的過程である（図4-8）。

図4-8　実践共同体のモデル

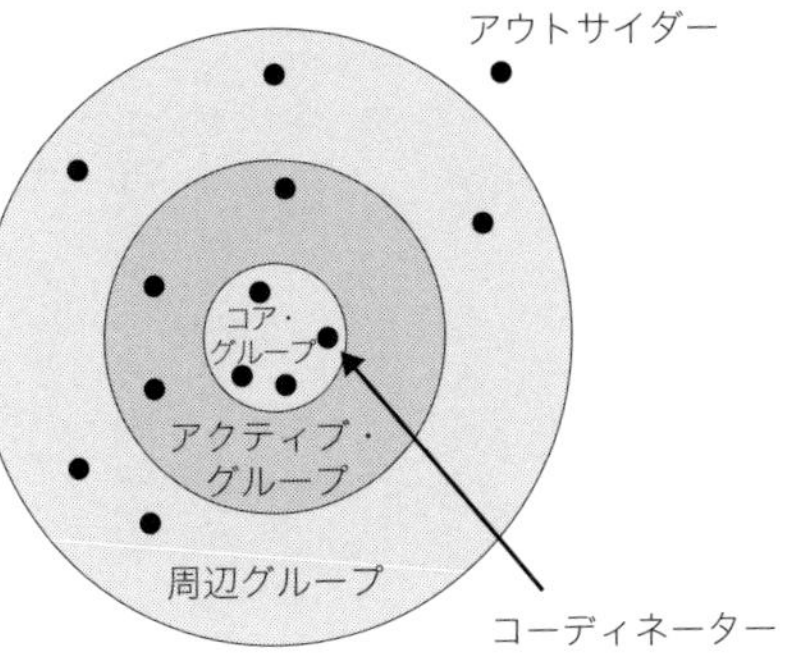

出所：筆者作成。

たとえば、ユカタン半島の産婆見習いの少女は、ベテラン産婆の手伝いをし、何も教わることなくさまざまな使い走りをしながら、徐々に産婆術を身につけていく。西アフリカのヴァイ族とゴラ族の仕立て屋は、子どもを徒弟として預かり、共同生活によって5年ほどで一人前の仕立て屋に育てていく。徒弟は仕立ての全過程を観察しながら、簡単なものからだんだん仕事を任され、服が完成する順序と逆のアイロンがけやボタン付けのような仕事から、最後に型取りや裁断の仕事を任されるようになれば一人前である。弟子は最初周辺的に参加していたが、次第に参加の中心性を深めていく。

つまり「学習」の本質は、学習者がひたすら本などに向き合って孤独に「コト」としての「知識」を身につけることではなくて、参加資格を付与された参加者か、特定の関心のもとに編まれた「コミュニティ」という集団の中で、そこに集う人々との相互交流や人的関係、分化した役割構造を通して経験しながらHowとしての知識を血肉化していくことにある。実践共同体の理論的射程は、現代の企業経営を中心に、いかにして知識を創造するか＝ナレッジ・マネジメントにまで拡大しており（Davenport and Prusak 1998=2000）、また最近では社会ネットワーク的なアプローチが注目され、組織ネットワーク分析を利用した研究も増えている（Cross and Parker 2004; Cross and Thomas 2009; 金光 2010）。

それでは実践共同体は他の組織形態とどのように異なり、何が新しいのであろうか。これに関してはウェンガーら自身が簡潔にまとめている（表4-1）。この共同体は、公式のビジネスユニット、作業チーム、プロジェクト・チームに共通する視界の狭い製品やサービスの提供、職務の追求といっ

表 4-1　実践共同体と他の組織形態との比較

	目的	メンバー	境界	動機	継続期間
実践共同体	知識の創造，拡大，交換，個人能力開発	専門知識やテーマへの情熱により自発的に参加する人々	あいまい	情熱，コミットメント，集団や専門知識への帰属意識	テーマに有用性があり，メンバーが共同学習に価値と関心を覚えるかぎり存続する
公式のビジネスユニット	製品やサービスの提供	マネージャーの部下全員	明確	職務要件および共通の目標	次の組織編成まで存続する
作業チーム	継続的な	マネージャーによって配属された人	明確	業務に対する共同責任	業務が必要であるかぎり存続する
プロジェクトチーム	特定の職務の追求	職務を遂行する上で直接的な役割を果たす人々	明確	プロジェクトの目標と里程表	プロジェクトの完了時
関心共同体	情報を得るため	関心を持つ人なら誰でも	あいまい	情報へのアクセスおよび同じ目的意識	有機的に進化して終わる
非公式なネットワーク	情報を受け取り伝達する誰が誰なのかを知る	友人，仕事上の知り合い，友人の友人	定義できない	共通のニーズ，人間関係	人々が連絡を取り合い，お互いを忘れないかぎり存続する

出所：Wenger, MacDermott and Snyder（2002=2002）を参考に筆者作成。

た目的ではなく、視界の広い目的を有する。この点では関心共同体、非公式ネットワークに近いが、その2つよりもさらに「高邁《こうまい》で高い理想」を追求する。また、メンバー面でも自発的に参加する人々を中心とし、関心共同体、非公式ネットワークに近い。さらに境界のあいまいさについてもやはり関心共同体、非公式ネットワークに近い。動機に関しても関心共同体、非公式ネットワークに近いものの、動機づけが強力でコミットメントも深い点で突出している。継続期間では関心共同体と同じように長く、有機的に進化して終わりうるという点で区別される。つまり実践共同体は他の組織形態と比較し、境界があいまいであるが、情熱やコミットメントに依拠し、より知識の生産・拡大・普及に関連していながら有機的に進化する組織形態である。

実践共同体は、ジョブ制が発達し、職務の範囲が明確で、専門性が要求され、企業の周りに博士号取得者、修士号取得者も多いアメリカの企業でよく見られる。企業内の研究者やＩＴ技術者、さまざまなコンサルタント、弁護士などが存在するからである。しかし、このような共同体は、酒造りや陶磁器生産などの職人的な世界では見出されるものの（松本 2009; 2010）、知的な専門職業層が実践共同体をつくって活動するような機会は、企業の仕切りが明確な「メンバーシップ制」の日本では難しかった。ところがコロナ禍でのテレワーク、リモートワークの普及、それと連動したフリーランス経済化は、自立的な生き方へと向かう大転換を起こしつつあるのではないか。先の図４―７で描かれたように**拡大した「自分の空間」は、開かれた交差的な社会圏に向き合うと共に、一人ひとりが会社人間ではなく、プロフェッショナルとして向き合うという意識も呼び覚ました**のではないだろうか。筆者はそう思いたい。

オンライン上にはたくさんの実践共同体のコミュニティが存在するはずである。あなたが専門的な知識を身につけるために志のある人がさまざまなサイトを立ち上げ、note《ノート》やYouTubeを公開し、自分と同じ志で、同じ分野で学びを深めたいと思っている人がいるはずである。**まずはコーディネー**

ターの役割を果たしている人、果たしそうな人をオンライン空間で見つけるべきである。書店に行って本で探すのも良いだろう。**あなたがコーディネーターになっても良い。**そのような**「情熱を傾けられる分野の知識」をオンラインで知り、仲間と専門知識を深めていく**ことを願う。どんな分野でも構わない。自分の好きなことの知識を深めていこう。

3　女性はいかに100年人生のキャリアを築けるか

テレワーク、リモートワークは労働者に大きな可能性を切り拓く「労働空間機械」である。安全網も整備されているという条件で、フリーランスも不安定な働き方ではなく好きな時間に好きな働き方ができる「労働（時間）機械」である。

結婚、家事、育児、介護などキャリアの転機となる人生イベントの影響を受けやすい女性にとっての在宅労働、テレワーク（＋フリーランス）はそのメリットが大きい労働形態であり、100年とも言われる長い人生において女性はどのようにテレワークを利用しているのか、正確には、利用していたのかを明らかにしたい。これは、最初に提出した「マルチキャリア・マルチイベント・モデル」によって女性のライフキャリアを本格的に論じるための準備作業である。そのために第2章で利用したデータの特殊計算によって、年代ごとに女性テレワーク・カテゴリーがどのように分布しているのかを明らかにし、女性のキャリア人生の年代ごとの変化の軌跡を「予測する」という作業を行なっておこう。ただし、テレワークの普及と、コロナ時代に突入し社会状況が急速に変わった今後、軌跡は大幅に変化する可能性が高いという点は認識しておく必要がある。

計算では以前にも使用した「プロポーショナル・フィッティング」という方法を使った。[23] これによって、たとえ少ない標本数を持つカテゴリーであっても、その分布に基づいて年代ごとのテレワーク分布状況を計算し、さまざまなカテゴリーに分かれる特定の年代の分布状況を期待分布として推測することができる。図4-9（上）は年齢層を5歳刻みで計算した場合の各年代の期待テレワーク分布である。「在宅勤務型」は50代前半を除いて徐々に減っていき、「自営型」が徐々に増加していくことがわかる。また「SOHO会社経営型」と「在宅ワーク型」は「伸び縮み」し「振動している」ことがわかる。つまり、増減を繰り返しているのである。

上（A）の図は年代の刻みが細かい分、小さな変化がわかるものの、大きなトレンドがわかりにくくなるため、以下では10歳刻みに変換した図4-9（下）の結果によってこれを再解釈してみよう。

① 20代では「在宅勤務型」が3分の1を占め、「その他」に分類される層も多い。結婚・育児によるものと思われる。

② 30代は「専門型」（31%）と「在宅勤務型」（20%）との2つで半分を占める。「在宅ワーク型」も増え始める（15%）。20代では少なかった「SOHO会社経営型」が19%と割合を伸ばしてくる。しかし「自営型」はまだ5%にも満たない。正社員退職後の「在宅ワーク型」も増え始め、M字曲線の

図 4-9　20 代～ 60 代までの女性の期待テレワーク分布

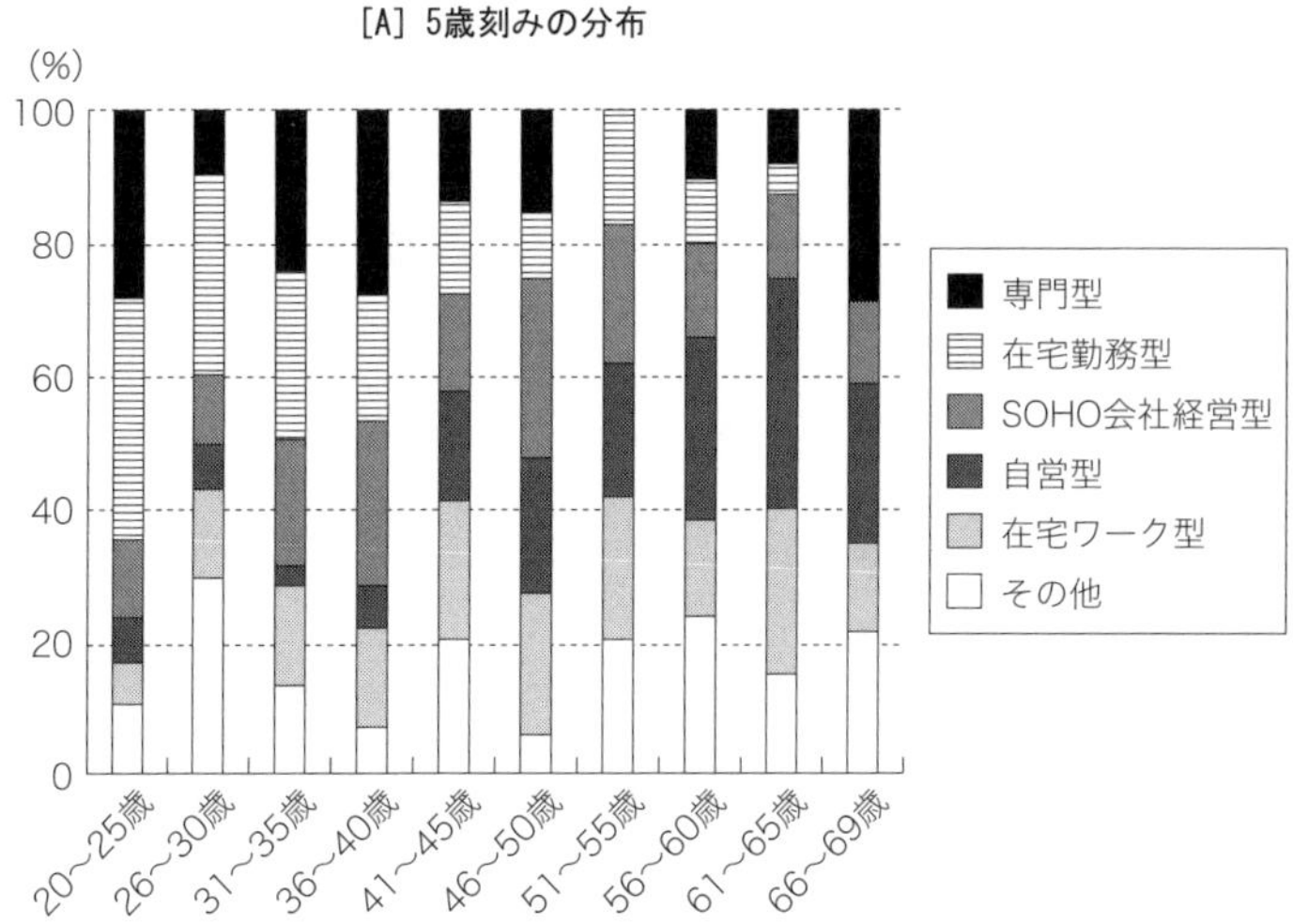

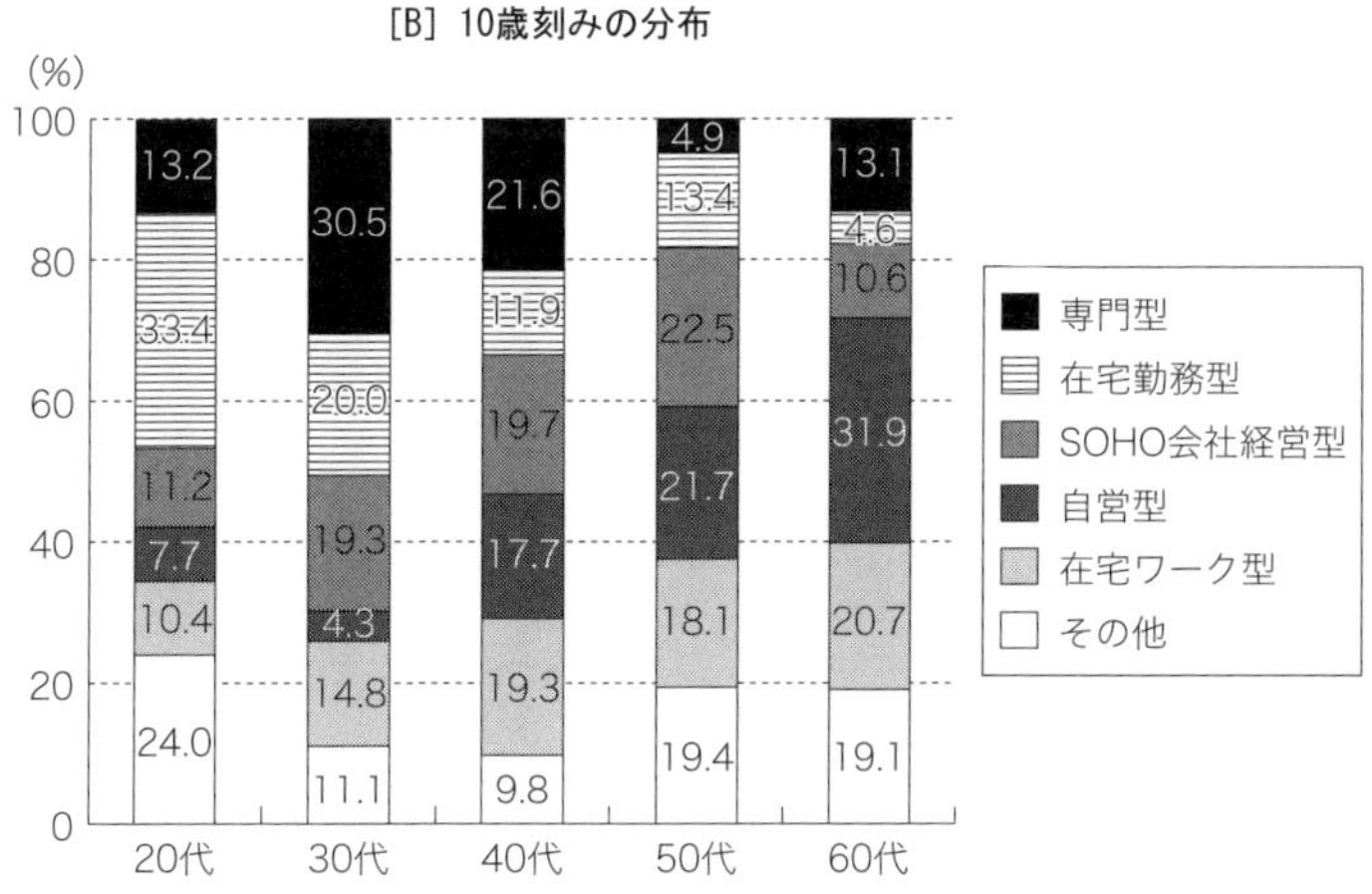

出所：筆者作成。

底時期に当たり、専門型キャリア層が相対的に増えてくるのである。

③40代では「自営型」が急速に増加する。「自営型」と「SOHO会社経営型」を合わせると37%を超える。また「在宅ワーク型」も「SOHO会社経営型」に迫り、20%近くを占めるようになる。「在宅勤務型」は12%までに落ち込む。正社員というキャリアは一部を除いて終わり、主婦としての在宅ワークか、自営的なキャリアへと転換する。

④50代では「専門型」が急減し、管理職層が介護期に突入し、「自営型」と「SOHO会社経営型」を合わせると44%を超えるまでに自営化が進む。中でも「自営型」も「SOHO会社経営型」と変わらない数まで増える。また「その他」に分類されるグループも増え、専門職を除いてさまざまなカテゴリーにほぼ2割で分散する。

⑤60代になると「在宅勤務型」は5%を割るまでになり、「SOHO会社経営型」も11%に半減する。他方で「自営型」が32%となり「在宅ワーク型」の21%を加えて53%、およそ2分の1が自営的なテレワークとなる。

しかし「描かれた軌跡」は、違う時代に過ごしてきた女性の過去のライフキャリアをあたかも同時代の女性が辿るであろうキャリアパスと同じものと考える、という非現実的な仮定に基づいている。そこで現実性を与えるために、時代のトレンドと将来起こるであろう社会変化の予想(と期待)を加えて女性のライフキャリアを描き直してみよう。

よく知られているように、日本女性の間では非正規悪循環による婚姻難を伴った「貧困女子化」が進んでいる（宮本・小杉 2015）。専業主婦モデルは崩壊し、女性も自らキャリアを形成しない限り底なしの貧困地獄に滑り落ちやすくなっている（この状況は男性も同じだと言えるかもしれない）。一方で高学歴女子の正規労働継続や専門職化＋好条件婚により、「女女格差」も同時進行している（橘木 2008）。また経済自体の脱男性化、経済状況の悪化で女性の職場自体は増え、晩婚化、非婚化と相まって女性は長期的な職業キャリアを継続することが求められている。

富裕男性との結婚による「セレブ婚女性」を除いて、女性の生き方としてヒエラルキーのトップに位置する医師や弁護士、会計士、税理士、看護師などの専門職は自由度の高い柔軟な職業生活によってさほどテレワークをしていないという結果もあるが、しかしそのような彼女たちは、それなりに恵まれた収入と蓄積した専門知識をプロボノ的に活かして、**NPOや社会的企業などのソーシャル・セクターで働く高学歴女性＝「N女《エヌじょ》」**（中村 2016）になる。キャリアチェンジすることによって自分のキャリアアップもできる。彼女たちは自らを社会貢献に捧げることで社会的評判を獲得し、自己ブランドも高まるのである。そこには専門的な知識の陳腐化速度が加速度的に速くなり、AIで置き換えられる部分も多くなっているという背景がある。先ほど描き出した「シミュレーション的なキャリア」の中でも50代前半で専門職のテレワークはなくなり、再び専門職は60代後半でテレワークが増えている。この時期はそのキャリアチェンジへのチャンスである。今後はキャリアチェンジのタイミングはもっと早まるだろう。

他方、もともと企業ヒエラルキーの壁から最終的には排除されてきた働く一般女性にとって、組織に留まり続けるメリットは同一賃金・同一労働が完全に実現されたとしても大きくない。体力的にも女性にはキャリアの完全な継続は難しいからである。とは言っても在宅勤務を経たエリート女性の一部は、国家的な企業目標もあって、形だけでも役員（社外取締役や監査役）へ登用され続けるであろう。

何と言っても産休などによる在宅勤務期間は日常生活の見つめ直しとなる絶好の機会である。いわゆる「エクスプローラー」となるのである。特に正社員にとって結婚、育児、病気、ケガなどのさまざまな機会を利用して一時的に避難、充電しつつも「自宅を職場化」「日常生活をビジネス化」するチャンスである。インテリア・コーディネートやアクセサリー、縫い物、食関係を中心とした「ポートフォリオ・ワーカー」としてクラウドソーシングやアプリで副業的な在宅ワークが身近になっている。「すきまフリーランサー」になるのである。

また、そこからの起業はソーシャル・キャピタルに恵まれ、教育レベルも高い彼女たちにとってさほど難しいことではない。在宅勤務はたしかに育児に追われはするが、軽い病気やケガなどであれば学び直しのチャンスでもある。継続雇用という選択をとるにしても、「エクスプローラー」として、さまざまな可能性を探索する期間として利用できる。夫の海外赴任に伴う海外経験もその機会として活用できるであろう。コロナ禍でしばらくは海外赴任や出張も減るであろうが……。

幸運なことに現在はネット上に学習用の動画が溢れており、努力次第では専門的知識を学ぶことができるのである。**夫や親の収入や蓄え、健康状態、育児協力は欠かせないが、専門職への「上昇の道」も決して閉ざされてはいない。「実践共同体」を利用すれば良い。**

非正規女性、派遣社員の場合は、**学び直しと共に、開業資金とビジネスシーズを獲得できれば規模は小さくても起業し、小商いや、SOHOを営むことも可能**である。その際、オンラインによるテレワークは前提である。

さらに、正社員経験のない専業主婦からの巻き返し的展開も不可能ではない。都会の受験戦争では苦戦を強いられるこの層は、夫や子供と共に地方に移住するという選択が賢明である。自治体も移住支援を打ち出しており、このようなファミリー層の地方移住は大きなチャンスとなる（写4−1）。その際、カフェなどの開業と共に副業としてのテレワークが必要になってこよう。また、リモートで大都会とつながったインディペンデント・プロデューサーとして展開することも可能であろう。これは自然環境に恵まれた自給自足的な、持続可能な働き方となる可能性もある。身近でアート・フェスティバルが開催されれば、現代アート好きにはそこは天国となる。

写 4-1　移住が増えている小豆島の公民館（土庄町）

出所：筆者撮影。

テレワークへの最大の追い風となっているのは、官庁の地方移転とそれに伴う地域活性化ブームである。消費者庁の一部は徳島・神山町に移転した。もともとネット環境が整備された神山町はＩＴ企業も進出しており、アーティストも多く移住、滞在していることで注目されている。また、京都では文化庁の全面移転が迫っている（当初予定していた２０２１年度に間に合わず、22年度以降にずれ込みそうであるが）。文化首都をめざす京都は地方に文化を創生させることで地域の活性化を進める政策の中心となりつつあり、アーティストやクリエイターも移住を始めている。地方へのローカルシフトが叫ばれるようになった今、このような官庁だけでなく大企業への地方（＝非首都圏）移転が大きなトレンドになれば、さまざまな地域においてリモートワーク需要が拡大する。地方への移住によって今は狭い東京のアパートやマンションで留まっている住環境は改善され、余裕ある子育ても可能になるであろう。**コロナ禍は災い転じて、地方の活性化、地方文化創生、女性のキャリア形成にとっても可能性を広げることにつながる**のである。こうして**東京は縮小都市への歩みを始める**ことになる。

また、老後に大都市圏を離れてキャリアを積んだ元専門職や元管理職女性が地方に移住することは、地方にとっても重要である。彼ら・彼女らの経験は地方でこそ社会的貢献として活かされるからである。それは同時に、今後大きな市場となるであろう**「老人文化」を形成する上でもプラスに働く**。青春時代に学生運動、バブルとその崩壊などの社会の動乱を経験し、フォークソングやロックを聴き現代アートを鑑賞して育った都会的センスのある「新老人」は、消費意欲も旺盛である。アート・フェスティバル、音楽祭などが自然豊かな地方で次々に開催されれば、文化的経験も少ない地方

図 4-10　女性のキャリアダイナミズムとテレワーク

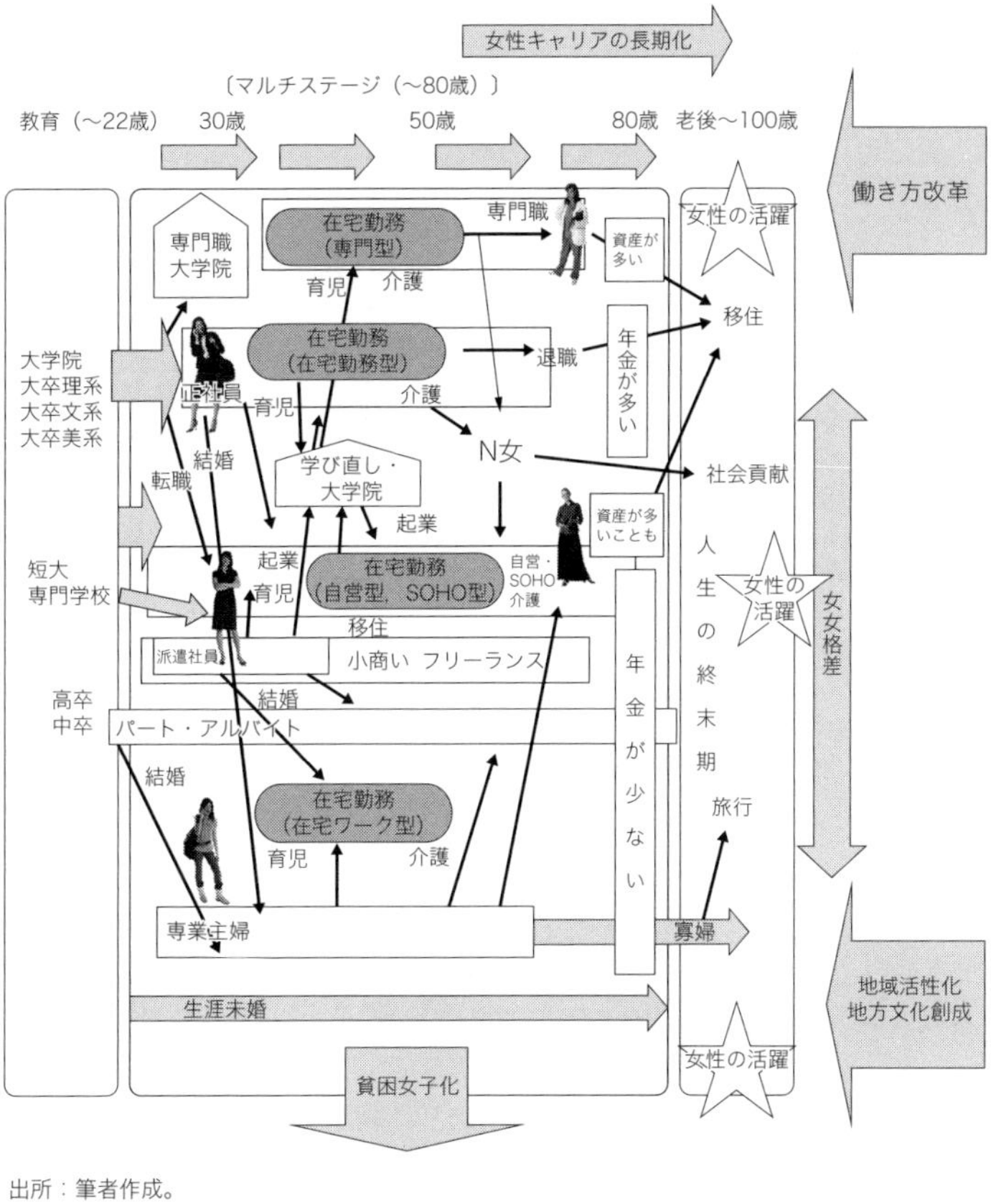

出所：筆者作成。

の若者に「大人の都会文化」を継承し、「文化的価値が付加されたクールな地方」として誇りと文化的アイデンティティをもたらすであろう。日本各地で開催されるようになったアート・プロジェクトはすでにその役割を果たしつつある（熊倉 2014）。

図 4-10で描

いているように**さまざまな戦術・戦略を駆使してこの「女性の貧困化」という下流化の潮流に抵抗することができる。**しかし**労働者に優しい政権の復活と強化、**それに伴う**政府の積極的な労働政策、**部分的な**ベーシックインカム制度の導入などの社会的改革の進展**が、この流れを反転させるのに欠かすことできない政治的課題となる。[24] **社会的公正を求める「N女」という生き方**もそれを加速し、**「社会を変えたい」という志のある人々の参戦は、最前線で必死に戦っている女性労働軍の心強い援軍、援護射撃となろう。**

テレワークは単に企業の遠隔管理＝テレワーク戦略として利用される「派遣戦場」ではなく、育児や介護と悪戦苦闘する女性たちの「自陣地」であり「防空壕」でもある。だからこそ「労働機械」だと定義したのだ。そしてそれは、そこから次の戦場、次のステップへ飛躍するための「スプリングボード」の機能、役割を果たしうる。われわれはそのようなステップアップへの跳躍台となるような制度としてこれを強化していかなければならない。

そしてそのような日々の末、コロナも資本主義もわれわれにとって妖怪ではなくなるだろう。

終章

「3密」から「3疎」への社会戦略はデジタル環境マルクス主義に通じる

「3密」から「3疎」への社会戦略は、具体的には次の3つに集約される。

第1の「疎」戦略＝**「管理中枢からの社会的距離戦略」**は、**勤めている企業や組織からの社会的距離をとる**ことである。**会社からのさらなる自律性**を高め、**どこの場所に居ても働ける「テレワーク権」を確立**し、**労働契約書もなく組織に従属するのではなく、最終的には対等な立場での自律的な組織内労働者として、また企業と対等の立場での個人事業主＝「フリーランス」として生きる**ことをめざすべきだ。テレワークは企業と対等に戦うための「労働空間機械」である。フリーランスはそのための前段階か、パラレルワーカーとしての部分的な時間戦略である。ジョブ制への移行は、まずはテレワーク権、労働者の対等の権利を認めてからの話である。流行りのSDGs（Sustainable Development Goalsの略で「持続可能な開発目標」のこと）などよりも民主的な企業経営を工夫することが先である。それがSDGsにも通じる。

第2の「疎」戦略＝**「中央＝東京からの社会的距離戦略」**は、**過密都市の「東京」、「中央」「中心」から距離をとる**ことである。過密都市がコロナ感染の温床となるのは明らかであり、今回のコロナ禍を東京一局集中是正の好機と捉える論調はかつてなく大きい。しかし官庁を地方に移転したり、中核的な機能を政令指定都市に担わせ、大企業がそこに本社を少数移転させるだけでは不十分である。**放送局、出版社、芸術などの文化産業の地方移転は決定的に重要**である。マスコミが主導して東京に無批判に憧れたりさせる心理的な「中心化」も避ける。あらゆる形態での「中央化する偏向」――これはある種のネットワークメカニズムに含まれている――を遅延させ、抑制する努力が必要である。また高層建築物を建設し、都市改造のためにオリンピックを開催し、カジノなどを建設するのではなく、ミニマルな建築によって大胆に都市空間を再構築する。同時に「よそ者」の視点を持った創造階級の地方移住が重要であり、「文化都市での小商い」というインディペンデント・プロデューサーによる地方都市再生を期待する。もちろん農山漁村への移住も期待する。これは環境負荷の小さい節約的イノベーションとフリーランス経済を実現する。

第3の「疎」戦略＝**「人からの社会的距離戦略」**は、**いかに「密接」を避けてイノベーションのソーシャル・ネットワークを構築するか**という課題である。各個人が「3密」を避けつつ、お互いに踏み込まない人間関係、社会的距離をとるために可能な限りオンラインシフトすることである。オンラインシフトの中にさまざまな新しい可能性がある。つまり個性はオンライン・ポッセやオンラインの実践共同体によって強化され、オンラインでつながって共に学びイノベーションを起こすことが重要になる。それでも格差が拡大する場合はベーシックインカムを導入・強化することも議論する。生み出された知識は公共財として「デジタルマルクス主義」＝デジタル技術の所有による資本主義的生産様式からの労働者の解放への道を拓く。

リモートワーク、テレワークによる自然環境に配慮した地方での生活は、「デジタル環境マルクス主義」の実現につながる。朝は釣りをして、昼は島の現代アートを鑑賞し、夕方から夜にかけてオンラインで働く。われわれはこうして「自由の王国」の主人となるのである。

おわりに

２０２０年8月に第2波のコロナ感染に襲われた日本列島は、秋風が感じられるようになった9月に入ってから少し落ち着き始めているものの、依然として予断を許さない状況である。一方でデジタル・トランスフォーメーション（ＤＸ）が急速に進み、報道では東京からの移住者が増え、テレワークもすでに一般化している状況である。「地方」が本当の意味で注目され始めている。他方で経済的に苦境に立たされる中小事業者、非正規労働者が出る中で、政治状況も慌ただしくなっており、経済社会の不透明感は今後ますます深まっていくと考えられる。混沌とした時代は当分続きそうである。

大学の街・京都では、これまで一度もキャンパスでの授業経験がなかった1年生の少人数授業では対面授業を始めたものの、秋学期も基本的にはオンライン授業を継続している。筆者の大学では島津製作所と協定を結び、キャンパス内で学生や教職員に対するＰＣＲ検査を行なう体制を整えるなどの対策をとっている（図を参照）。最初に大きなクラスター感染を出した大学としての責務である。

実はソーシャル・ネットワークの分析者として筆者はすでにこのクラスターのデータを収集し、

図　大学キャンパス内でのPCR検査センターの設置

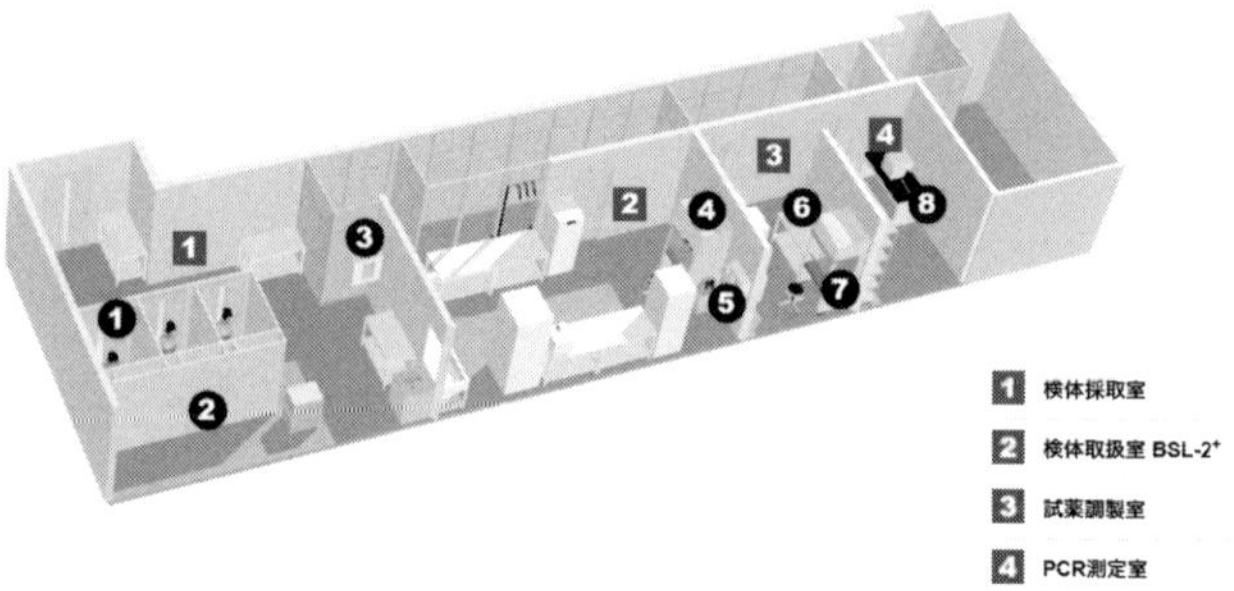

注：2020年10月20日から運用開始。医学部を持たない大学としては類例のない取り組みで，学生等は1回900円で利用できる。このセンターでは，❶検査を受ける方が陰圧ブース内に入室し，自ら唾液採取を行う。❷係員は陰圧ブースの小窓を介して間接的に検体を回収する。❸回収した検体をパスボックス経由で検体取扱室へ送る。❹安全キャビネット内で検体の不活化処理を行う。❺不活化処理後の検体をパスボックス経由で試薬調製室へ送る。❻クリーンベンチ内で試薬を調製する。❼検体に調製済みの試薬を混ぜる。❽検体をPCR装置にセットし，測定を行う。

出所：京都産業大学ウェブサイト。

ネットワークを可視化して詳細な分析を行なっている。しかし、この本ではその発表をあえて控えた。感染を広げたことに関して実名の暴露が続き、大学、関係者のみならず関係のない学生も思わぬ中傷やバッシングを受け、いまだに心の傷を負っている方が多い事情を考慮した結果である。このようなことは今回のコロナ禍での見逃されない「負の遺産」であり、われわれはこのような現象を二度と繰り返してはならない。

＊

本書はもともとポスト・コロナ時代の働き方と社会について、テレワークの観点からソーシャル・ネットワーク論的に考察するための本として6月に執筆を依頼された。慣れないオンライン授業に追われる多忙な中での執筆であったが、筆者が過去に行なった多くの研究成果をこうして「3疎」の社会戦略という形に結びつけることができたのは幸いであった。お話を頂いた編集者の上田哲平氏には、筆者の筆が止まった時にも適切なアドバイスで助けて頂いた。ここに感謝したい。

私事になるが、今回のコロナ禍による自粛期間中の5月末に、50年以上のジャーナリスト人生を務めあげ、5年前、80歳を過ぎてから母親と共に東京から京都に移住してきた父親が逝った。織田信長が明智光秀に討たれた本能寺跡にある福祉施設が父の最期の地となった。この本は反骨、反権力のジャーナリストであった亡き父親に捧げたい。

ここで展開した3つの戦略と描かれる社会の実現性、有効性に関しては、異議を持たれる方も多数おられるであろう。しかし、筆者はディストピアではなく、大胆な発想で楽観的にユートピアを描くことが重要であると信じる。この一風変わった提案が大きな議論を巻き起こし、世論を沸騰させる一助になれば幸いである。

2020年9月　千年の都の中心地、四条烏丸にて

金光　淳

ランドなどでは一部導入実験も始まっている。いずれは北欧やオランダなどの先進国，先進資本主義国全般でも採用される日が来るであろう。

済現象のように「現象それ自体を計る」ことが困難な状況下で代理変数を設定したり，潜在変数を仮定したりする分析において力を発揮する。また通常の回帰分析につきものの多重線形性問題も回避してくれるのできわめて都合が良い方法である。ただしこの方法では効果の正負と大きさはわかるが，因子分析と同じように有意性の検定はできない。

(15) 現代アートでは近年現実の社会に疑問を投げかけ，観客との相互作用を重視する関係性アートと社会変革的なコミットを行なうソーシャル・エンゲージド・アート（SEA）やソーシャル・プラクティスなどの「ソーシャル」なアートが台頭し，注目されている（吉澤 2013; 藤田 2016)。そのためこの分野の社会学的な研究は新たなトレンドとなっている。ソーシャルアートの動きに関しては日本語訳もある Bishop（2012）が参考になる。社会学的には社会運動研究と接点を有すると思われる。

(16) https://www.glocaltimes.jp/8858

(17) アート・フェスティバルにおける若者のボランティアはしばしば「やりがい搾取」と指摘されることがある（仁平 2016; 藤田 2016)。これはアート・プロジェクトの「アキレス腱」と言え，フリーランサーとしてのアーティストおよびその志望者にとって「もろ刃の剣」でもある。芸術祭ボランティアは来場者と同様に圧倒的に若い女性で占められ，非正規が多い彼女たちの社会での居場所となっている側面もある。

(18) BankART1929 は，2004 年から旧日本郵船倉庫（BankART StudioNYK）などで活動を続けていたが，管理する横浜市と所有する日本郵船との賃貸更新契約が更新できなかったため 2018 年 4 月で活動拠点を閉鎖し，活動を中断していたが，みなとみらい線新高島駅の地下倉庫と関内のシルクステーションに新たな拠点を移して 2019 年 2 月に活動を再開している。

(19) https://note.com/usami_0x0_saki/n/neac0e772deba

(20) https://dot.asahi.com/aera/2019020600033.html

(21) https://r.kaonavi.jp/20200610/

(22) 閾値の 0.3 は，すべてのネットワークが連結する最大の相関係数であるために設定した。

(23) 各テレワークカテゴリー内での年齢分布に合わせて，各年代内におけるテレワークの分布確率を推定するという計算は，クロス表分析でよく知られる方法によるものである。これは「プロポーショナル・フィッティング」と呼ばれ，次のような手順で計算できる。①：テレワーク・カテゴリーと年代のクロス表を使い，行プロフィル（各テレワークカテゴリー内での年代分布を正規化したもの）を各行に対して計算する。②：上記①で計算された行列の列プロフィル（各年代内におけるテレワークカテゴリーの分布）を各列について計算する。③：上記②で計算された行列にチアして①②と同じ計算を第 2 回目の反復として計算する。④：次々と反復し，収束するまで計算する。収束しない場合，1 万回ほどで打ち切る。

(24) ベーシック・インカムはすでに欧州では本格的な議論が始まっており，日本でも 2020 年のコロナ禍で 10 万円の現金支給という思わぬ形で実現した。フィン

クラスは2000年の表5，2010年の表6の「管理的職業従事者」「専門的・技術的職業従事者」を合計した。日本のデータの集計は外部労働市場が発達していない状況では職務によらない「職能的」業務である場合も多いと思われる。

(9) https://www.nikkei.com/article/DGXMZO59628620X20C20A5L21000/

(10) この本の社会ネットワーク分析などの特殊な計算にはMathematica（Wolfram 2020）という数学アプリケーションを使用している。

(11) 定住社会と資本主義の関係も変化する。産業資本主義で無形資産の割合が高くなかったときには土地と資本は切り離せず，労働者もマイホームからの通勤という定住社会が適合的であるが，現代の無形資産資本主義＝非物質化した資本主義の時代にはノマド労働も部分的には可能である。オンライン化の進んだポスト・コロナ時代にもさらにこの傾向は強まるだろう。国外からの移民論がコロナ禍で立ち消えになり先行きが不透明化したことで，国内移住論の方が本格化する可能性はある。

(12) 京都にも美術系の大学は多く，10万人当たりの人数は多いものの，彼らの才能を活かせる企業数は限られ，首都圏に流出してしまうと思われる。しかしポスト・コロナ時代には東京で活動することのリスクを考えた場合，自律性も高く，移動性の高いクリエイティブ層の地方分散が進むと予想され，彼らに社会変化の触媒的役割が期待される。

(13) 国土交通省で考案されたアクセシビリティ（accessability）＝接近可能性という指標である。都市jへの接近可能性A_jは，都市jの人口をP_j，都市iとjの距離を$D_{i,j}$としたとき，

$$A_j = \sum_{i=1}^{n} P_i / D_{i,j}$$

で定義される。$D_{i,j}$が都市iとj間の地理的空間距離で定義される場合，都市jへの接近可能性A_jは都市jの人口P_jを他のすべての都市への距離（近さ）で重みづけた「都市間距離ネットワークでの都市jの人口比重」として測定される。この指標は数少ない日本の実証的な創造都市研究であるWestlund and Calidoni (2014) で都道府県レベルの研究において導入された。彼らはこの指標を，外国人を含む異質者を引きつける「寛容性指標」として「登録外国人比率」に代替されるべき尺度としている。彼らの都道府県レベルの研究では，NPOや信頼の尺度などのソーシャル・キャピタル変数は人口増加，新規開業に対して効果はなく，接近可能性が強い効果を持つという結果を示している。しかし都市単位で行なった今回の分析において，より複雑な状況を対象としており，接近可能性は強い負の効果を持つというまったく逆の結果が得られている。厳密な比較は必要だが，この違いは本章での都市レベルの細かい分析の結果の違いと思われる。

(14) PLS回帰分析はもともと計量化学で開発された，因子分析と回帰分析を統合したような分析手法である。この手法は，説明変数が多い場合に，説明変数を直接目的変数に回帰させるのではなく，潜在変数を探索，少数の因子にまとめた上でその因子を目的変数に回帰させパラメータを推計する方法である。社会経

注

(1) 近年，このような出来事のつながりの鎖をDNA解析のように「ソーシャルシークエンス」＝社会的継起として記録し，それを計量的に分析するアプローチも出てきている（Cornwell 2015)。ソーシャル・ネットワーク分析と親和的であるが，本書ではこれについてはふれない。自然，社会，人文科学にわたって適用可能な非常に将来性のある分析方法であり，本格的な応用が期待される。
(2) 図1-16でクラックハートはエゴを「ブリッジ」としているが，本来これは「カット点」である。たしかに「ジンメル紐帯」が問題になっているが，エゴは「点」であり，「紐帯＝線」ではない。その意味で，ここでの議論は少し飛躍がある観は否めない。
(3) 社会学的にSOHO型テレワーカーの調査を行なっている佐藤のこの定義は，1995年のWindows95発売後のインターネット起業ブームの影響を受けている。SOHO型テレワークは一般に政府関係の統計では「自営型テレワーク」の中に括られてしまい，あまり注目されない。総務省や日本テレワーク協会の分類でもSOHO型は排除され，就業形態と労働空間によって「自宅利用型テレワーク」「モバイルワーク」「サテライトオフィス勤務」の3つの形態が抽出されるのみである。佐藤（2008）はテレワークが「未来型労働」と言われながら，日本的労使関係の中で「テレワークという名の自宅残業」「電脳内職」へと転落する可能性などを鋭く指摘している。
(4) たとえば，回答の中にあったものを1つ紹介しておく。アニメーターで東京から故郷の愛知に戻ってきた男性は，「アニメーターをしていますが原画のカットを宅配便でやり取りしているため，納品がどうしても1日遅れてしまう。打ち合わせにスカイプや電話・メールでやり取りしているがどうしても細かい指示漏れが出てしまう。作監作業に入った場合も同様納品が1日遅れるので最悪ARに間に合わない。キャラ・メカ各種デザインもネットや電話では限界がある」と不満を漏らしている。
(5) 統計分析にはJMP12 Mac版を使用した。
(6) 高い満足感には，狭い労働市場しかない中四国（実質広島が多い）が先進的な人事制度を導入しやすい土地柄であることも影響しているかもしれない。発祥の地で実質本社機能のある食品メーカー，カルビーは先進的な在宅勤務制度の導入企業として有名である。また広島電鉄はワークシェアにより非正規社員の正規化を推進したことで有名である。カルビーのリモートワークは今回のコロナ禍での議論でもしばしば取り上げられている（日本経済新聞2020年8月18日朝刊)。
(7) NHK総合2020年8月16日放送「コロナの街を走って〜フードデリバリー・配達員たちの夏〜」。
(8) 残念ながら日本ではこのような細かい職業分類はできないが，国勢調査からクリエイティブ・クラスに相当する人口を推計できる。具体的にはクリエイティブ・

JILPT Discussion Paper, 05-011.
Simmel, George, 1908, *Soziologie: Untersuchengen über die Formen der Vergesellschaftung*, Duncker & Humblot.（＝居安正訳，1994,『社会学　上・下』白水社.
鈴木雅矩，2016,『京都の小商い：就職しない生き方ガイド』三栄書房.
橘木俊詔，2008,『女女格差』東洋経済新報社.
田中輝美，2017,『関係人口をつくる：定住でも交流でもないローカルイノベーション』木楽舎.
徳田剛，2020,『よそ者／ストレンジャーの社会学』晃洋書房.
徳田剛・杉本学・川本格子・浜日出夫，2018,『ジンメルの論点』ハーベスト社.
冨山和彦，2020,「再生の鍵・ローカル産業の DX」『月刊 事業構想 大特集 コロナ禍後の推測 各界の考察 35 人』2020 年 7 月号 : 12-13.
Travers, Jeffrey and Stanley Milgram, 1969, "An Experimental Study of the Small World Problem," *Sociometry*, 33: 425-443.
椿昇・原田祐馬・多田智美編，2014,『小豆島にみる日本の未来のつくり方：瀬戸内国際芸術祭 2013 小豆島 醤の郷＋坂手港プロジェクト『観光から関係へ』ドキュメント』誠文堂新光社.
内田樹・矢内東紀・中田考，2020,『しょぼい生活革命』晶文社.
Urry, John, 2002, *Global Complexity*, Polity.（＝吉原直樹監訳，2014,『グローバルな複雑性』法政大学出版局.）
Urry, John, 2007, *Mobilities*, Polity.（＝吉原直樹・伊藤喜高訳，2015,『モビリティーズ：距離の社会学』作品社.）
Vedres, Balázs and David Stark, 2010, "Structural Folds: Generative Disruption in Overlapping Groups," *American Journal of Sociology*, 115(4): 1150-1190.
Watts, Duncan and Steven Strogatz, 1998, "Collective Dynamics of 'Small-World' Networks," *Nature*, 393: 440-442.
Wenger, E., R. MacDermott and M. W. Snyder, 2002, *Cultivating Community of Practice: A Practical Guide to Managing Knowledge*, Harvard Business School Press.（＝櫻井祐子訳，2002,『コミュニティ・オブ・プラクティス：ナレッジ社会の新たな知識形態の実践』翔泳社.）
Westlund, Hans and Federica Calidoni, 2014, "Regional development and creative class in Japan," C. Mellander, R. Florida, B. Aheim and M. Gertler eds., *Creative Class Go Global*, Routledge.
Wolfram, Inc., 2020, Wolfram Mathematica 12.
Woolcock, Michael, 2001, "Microenterprise and Social Capital: A Framework for Theory, Research, and Policy," *The Journal of Socio-Economics*, 30: 193-198.
矢内東紀，2019a,『しょぼ婚のすすめ』ベストセラーズ.
矢内東紀，2019b,『静止力』ベストセラーズ.
矢内東紀，2019c,『ビジネスで勝つネットゲリラ戦術 詳説』ワニの本.
安田雪，1996,『社会ネットワーク分析：何が行為を決定するか』新曜社.
吉澤弥生，2013,『芸術は社会を変えるか？：文化生産の社会学からの接近』青弓社.
吉原直樹，2018,『都市社会学：歴史・思想・コミュニティ』東京大学出版会.

カー』勁草書房.
Milgram, Stanley, 1967, "The Small World Problem," *Psychology Today*, I: 61-67.（＝野沢慎司・大岡栄美訳，2006,「小さな世界問題」野沢慎司監訳『リーディングス ネットワーク論：家族・コミュニティ・社会関係資本』勁草書房，97-121.）
三隅譲二・木下冨雄，1992,「『世間は狭い』か？：日本社会の目に見えない人間関係ネットワークを推定する」『心理学研究』7(1): 8-18.
三島重顕，2006,「フリー・エージェントの分類と動向：労働者の視点から」『經濟論叢』177(1): 34-55.
三浦まり編，2018,『社会への投資：〈個人〉を支える〈つながり〉を築く』岩波書店.
Moody, James A. and Douglas R. White, 2003, "Structural Cohesion and Embedded-ness: A Hierarchical Concept of Social Groups," *American Sociological Review*, 68(1): 103-127.
諸富徹，2015,「資本主義経済の非物質的転回」諸富徹編『岩波講座 現代資本主義経済システムの展望』岩波書店.
諸富徹，2020,『資本主義の新しい形』岩波書店.
中村安希，2016,『N 女の研究』フィルムアート社.
仁平典宏，2016,「遍在化／空洞化する『搾取』と労働としてのアート：やりがい搾取論を越えて」北田暁大・神野真吾・竹田恵子編『社会の芸術／芸術という社会：社会とアートの関係，その再創造に向けて』フィルムアート社，201-226.
日本テレワーク協会，2016,『テレワークで働き方が変わる！ テレワーク白書 2016』インプレス R&D.
日経クロステック編，2020,『アフターコロナ：見えてきた 7 つのメガトレンド』日経 BP.
西田亮介，2020,『コロナ危機の社会学：感染したのはウイルスか，不安か』朝日新聞出版.
野田邦弘，2008,『創造都市横浜の挑戦：クリエイティブシティへの挑戦』学芸出版社.
Obstfeld, David, 2005, "Social Networks, the Tertius iungens Orientation, and Involvement in Innovation," *Administrative Science Quarterly*, 50: 100-130.
Pink, Daniel, 2001, *The Free Agent Nation*, Grand Central Publishing.（＝池村千秋訳，2014,『フリーエージェント社会の到来：組織に雇われない新しい働き方〔新装版〕』ダイヤモンド社.）
Reagans, R. and E. W. Zuckerman, 2001, "Networks, diversity, and productivity: The social capital of corporate R&D teams," *Organization Science*, 12: 502-517.
Reagans, R., E. W. Zuckerman and B. McEvily, 2004, "How to make the team: Social networks vs. demography as criteria for designing effective teams," *Administrative Science Quarterly*, 49: 101-133.
佐々木雅幸・川井田祥子・萩原雅也編，2014,『創造農村：過疎をクリエイティブに生きる戦略』学芸出版社.
佐藤彰男，2006,『テレワークの社会学的研究』御茶の水書房.
佐藤彰男，2008,『テレワーク：「未来型労働」の現実』岩波書店.
周燕飛，2005,「雇われない，雇わない働き方：個人請負の労働実態に関する比較研究」

のか：島連想イメージのネットワーク分析」『理論と方法』33(1): 114-131.
金光淳編，2018b,『ソーシャル・キャピタルと経営：企業と社会をつなぐネットワークの探究』ミネルヴァ書房.
金光淳, 2019,「創造的企業ソーシャル・キャピタルを生み出す企業メセナ：アート・フェスティバル協賛の経済社会学的分析」『京都マネジメント・レビュー』34: 27-62.
金光淳，2020,「無形資産産出を担う創造階級の空間的編成とその効果：『ポストコロナ社会』のソーシャル・イノベーションに求められるもの」『思想』1156: 133-149.
加藤政洋・大城直樹編，2006,『都市空間の地理学』ミネルヴァ書房.
北沢猛＋UDSY，2008,『未来社会の設計：横浜の環境空間計画を考える』BankART1929.
Klein, Naomi, 2010, *The Shock Doctrine: The Rise of Disaster Capitalism*, Metropolitan Books.（＝磯島幸子・村上由見子訳，2011,『ショック・ドクトリン：惨事便乗型資本主義の正体を暴く　上・下』岩波書店.
小林慶一郎・森川正之，2020,『コロナ危機の経済学：提言と分析』日本経済新聞出版.
Korte, Charles and Stanley Milgram, 1970, "Acquaintance networks between racial groups: application of the small world method," *Journal of Personality and Social Psychology*, 15(2): 101-108.
小杉真理子・宮本みちこ，2015,『下層化する女たち』勁草書房.
Krackhardt, David, 1992, "The Strength of Strong Ties: The Importance of *philos* in Organizations," N. Nohria and R. G. Eccles eds., *Networks and Organizations: Structure, Form and Action*, Harvard Business School Press, 216-239.
Krackhardt, David, 1998, "Simmelian ties: Super strong and sticky," R. Kramer and M. Neale eds., *Power and influence in organizations*, Sage, 21-38.
Krackhardt, David, 1999, "The ties that torture: Simmelian tie analysis in organization," *Research in the Sociology of Organizations*, 616: 183-210.
隈研吾, 2020,「20世紀型『大箱都市』の終焉」日経クロステック編『アフターコロナ：見えてきた7つのメガトレンド』日経BP，96-97.
隈研吾・清野由美，2020,『変われ！東京：自由で，ゆるくて，閉じない都市』集英社.
熊倉純子監修，2014,『アートプロジェクト：芸術と共創する社会』水曜社.
Latour, Bruno, 2005, *Reassembling the Social: An Introduction to Actor-network-theory*, Oxford University Press.（＝伊藤喜高訳, 2019,『社会的なものを組み直す：アクターネットワーク理論入門』法政大学出版局.）
Lave, J. and E. Wenger, 1991, *Situated Learning: Legitimate Peripheral Participation*, Cambridge University Press.（＝佐伯胖訳，1993,『状況に埋め込まれた学習』産業図書.）
松本雄一，2009,「『自治体マイスター制度』における技能伝承についての研究：『実践共同体』概念をてがかりに」『日本労務学会誌』11(1): 48-61.
松本雄一，2010,「陶磁器産地における実践共同体の形成と技能の学習」『日本認知科学会第28回大会発表論文集』2010: 657-662.
松下慶太，2019,『モバイルメディア時代の働き方：拡散するオフィス，集うノマドワーロナ後の世界』文藝春秋.
Haskel, Jonathan and Stian Westlake, 2018, *Capitalism without Capital: The Rise of the Intangible Economy*, Princeton University Press.（＝山形浩生訳, 2020,『無形資産が経済を支配する：資本のない資本主義の正体』東洋経済新報社.）
Hansen, Morten, 1999, “The search-transfer problem: The role of weak ties in sharing knowledge across organization subunits,” *Administrative Science Quarterly*, 44: 82-111.
Hansen, Morten, 2002, “Knowledge networks: Explaining effective knowledge sharing in multiunit companies,” *Organization Science*, 13: 232-248.
橋本健二・浅川達人, 2020,『格差社会と都市空間：東京圏の社会地図 1990-2010』鹿島出版会.
比嘉邦彦・井川甲作, 2014,『クラウドソーシングの衝撃：雇用流動化時代の働き方・雇い方革命』インプレスジャパン.
広井良典, 2019a,『人口減少社会のデザイン』東洋経済新報社.
広井良典, 2019b,『AI ×地方創生：データで読み解く地方の未来』東洋経済新報社.
広井良典, 2020,「『分散型システム』への転換」『月刊 事業構想 大特集 コロナ禍後の推測 各界の考察 35 人』2020 年 7 月号 : 72-73.
Ingold, Tim, 2007, *Lines: A Brief History*, Routledge.（＝工藤晋訳, 2014,『ラインズ：線の文化史』左右社.）
Ingold, Tim, 2015, *The Life of Lines*, Routledge.（＝筧菜奈子・島村幸忠・宇佐美達朗訳, 2018,『ライフ・オブ・ラインズ：線の生態人類学』フィルムアート社.）
入山章栄, 2019,『世界標準の経営理論』ダイヤモンド社.
石黒勝彦・林浩平, 2016,『関係データ学習』講談社.
金光淳, 2003,『社会ネットワーク分析の基礎：社会的関係資本論にむけて』勁草書房.
金光淳, 2007,「ブランド・パワー測定とブランド・ポートフォリオのためのネットワーク・モデル」『京都マネジメント・レビュー』12: 151-160.
金光淳, 2009,「ネットワーク分析をビジネス利用に活かす実践的入門」『一橋マネジメントレビュー』57(2): 52-65.
金光淳, 2010,「『実践共同体』を捉える社会ネットワーク・モデル」『京都マネジメント・レビュー』16: 47-61.
金光淳, 2011,「経営・ネットワーク理論」稲葉陽二・大守隆・近藤克則・宮田加久子・矢野聡・吉野諒三編『ソーシャル・キャピタルのフロンティア：その到達点と可能性』ミネルヴァ書房, 81-108.
金光淳, 2014,「ソーシャル・キャピタルと経営」稲葉陽二・大守隆・金光淳・近藤克則・辻中豊・露口健司・山内直人・吉野諒三『ソーシャル・キャピタル 「きずな」の科学とは何か』ミネルヴァ書房, 127-152.
金光淳, 2017a,「都市ブランドは文化資本, 創造資本と寛容性で決まる：地理空間次元を組み込んだ多重都市データによる分析」『京都マネジメント・レビュー』29: 27-50.
金光淳, 2017b,「『e ホームワーク』の実態と可能性：人生 100 年時代の『在宅労働』の役割と行方」『京都マネジメント・レビュー』31: 67-94.
金光淳, 2018a,「アート・フェスティバルは地域をどのように表象し何を可視化する

Cross, Rob and Robert J. Thomas, 2009, *Driving Results Through Social Networks: How Top Organizations Leverage Networks For Performance and Growth*, Jossey-Bass.
Davenport, T. H. and L. Prusak, 1998, *Working Knowledge: How Organizations Manage What They Know*, Harvard Business School Press.（＝梅本勝博訳，2000,『ワーキング・ナレッシ：「知」を活かす経営』生産性出版.）
Deleuze, Gilles and Félix Guattari, 1980, *Mille Plateaux: Capitalisme et Schizophrénie*, Éditions de Minuit.（＝宇野邦一ほか訳，1994,『千のプラトー：資本主義の分裂章』河出書房新社.）
Florida, Richard, 2002, *The Rise of the Creative Class: And How It's Transforming Work, Leisure, Community and Everyday Life*, Basic Books.（＝井口典夫訳，2008,『クリエイティブ資本論：新たな経済階級の台頭』ダイヤモンド社.）
Florida, Richard, 2005a, *The Flight of the Creative Class: The New Global Competition for Talent*, Harper.（＝井口典夫訳，2007,『クリエイティブ・クラスの世紀』ダイヤモンド社.）
Florida, Richard, 2005b, *Cities and the Creative Class*, Routledge.（＝長谷川一之訳，2010,『クリエイティブ都市経済論：地域活性化の条件』日本評論社.）
Florida, Richard, 2009, *Who's Your City? How the Creative Economy is Making Where to Live the Most Important Decision of Your Life*, Basic Books.（＝井口典夫訳，2009,『クリエイティブ都市論』ダイヤモンド社.）
Florida, Richard, 2014, *The Rise of the Creative Class: And How It's Transforming Work, Leisure, Community and Everyday Life*, Basic Books.（＝井口典夫訳，2014,『新 クリエイティブ資本論：才能が経済と都市の主役となる』ダイヤモンド社.）
福武總一郎・北川フラム，2016,『直島から瀬戸内国際芸術祭へ：芸術が地域を変えた』現代企画室.
藤田直哉編，2016,『地域アート：美学／制度／日本』堀之内出版.
Gieseck, Johan, 2017, *Modern Infectious Disease Epidemiology*, Third Edition, Taylor & Francis Group, LLC.（＝山本太郎訳，2020,『感染症疫学：感染症の計測・数学モデル・流行の構造〔新版〕』昭和堂.）
Granovetter, M. S., 1973, "The Strength of Weak Ties," *American Journal of Sociology*, 78: 1360-1380.（＝大岡栄美訳，2006,「弱い絆の強さ」野沢慎司監訳『リーディングス ネットワーク論：家族・コミュニティ・社会関係資本』勁草書房，123-158.）
Granovetter, M. S., 1974, *Getting a Job: A Study of Contacts and Careers*, Chicago University Press.（＝渡辺深訳，1998,『転職：ネットワークとキャリアの研究』ミネルヴァ書房.）
Gratton, Lynda, 2011, *The Shift: The future of work is already here*, Harper Collins Reference.（＝池村千秋訳，2012,『ワーク・シフト：孤独と貧困から自由になる働き方の未来図〈2025〉』東洋経済新報社.）
Gratton, Lynda and Andrew Scott, 2016, *The 100-Year Life Living and Working in an Age of Longevity*, Bloomsbury Business.（＝池村千秋訳，2016,『ライフ・シフト：100 年時代の人生戦略』東洋経済新報社.）
グラットン，リンダ，2020,「ロックダウンで生まれた新しい働き方」大野和基編『コ

参考文献一覧

Adler, P. S., and S. Kwon, 2002, "Social capital: Prospects for a new concept," *Academy of Management Review*, 27: 17-40.

Ahuja, G., 2000, "Collaboration networks, structural holes, and innovation: A longitudinal study," *Administrative Science Quarterly*, 45: 425-455.

秋津元輝・渡邊拓也編, 2017,『せめぎ合う親密と公共：中間圏というアリーナ』京都大学学術出版会.

Attali, Jacques, 2006, *Une brève histoire de l'avenir*, Fayard.（＝林昌宏訳, 2008,『21 世紀の歴史：未来の人類から見た世界』作品社.）

Barabási, Albert-László, 2016, *Network Science*, Cambridge University Press.（＝池田裕一・井上寛康・谷澤敏弘監訳, 2019,『ネットワーク科学：ひと・もの・ことの関係性をデータから解き明かす新しいアプローチ』共立出版.）

Barabási, Albert-László and Réka Albert, 1999, "Emergence of scaling in random networks," *Science*, 286: 509-512.

Bauman, Zigmund, 2000, *Liquid Modernity*, Polity.（＝森田典正訳, 2001,『リキッド・モダニティ：液状化する社会』大月書店.）

Bishop, Claire, 2012, *Artificial Hells: Participatory Art and the Politics of Spectatorship*, Verso.（＝大森俊克訳, 2016,『人工地獄:現代アートと観客の政治学』フィルムアート社.

Bourdieu, Pierre, 1979, *La Distinction: Critique sociale du jugement*, Éditions de Minuit.（＝石井洋二郎訳, 1989,『ディスタンクシオン：社会的判断力批判』藤原書店.）

Bourdieu, Pierre, 1993, *La Misère du monde*, Éditions du Seuil.（＝荒井文雄・櫻本陽一監訳, 2019,『世界の悲惨　I・II・III』藤原書店.）

Burt, Ronald, 1992, *Structural Holes: The Social Structure of Competition*, Harvard University Press.（＝安田雪訳, 2006,『競争の社会的構造：構造的空隙の理論』新曜社.）

Burt, Ronald, 2005, *Brokerage and Closure: An introduction to social capital*, Oxford University Press.

Cohen, Robin, 2019, *Migration: The Movement of Humankind from Prehistory to the Present*, André Deutsch Limited.（＝小巻靖子訳, 2010,『移民の世界史』東京書籍.）

Coleman, James, 1988, "Social Capital in the Creation of Human Capital," *American Journal of Sociology*, 94: S95-S120.（＝金光淳訳, 2006,「人的資本の形成における社会関係資本」野沢慎司監訳『リーディングス ネットワーク論:家族・コミュニティ・社会関係資本』勁草書房, 205-241.）

Cornwell, Benjamin, 2015, *Social Sequence Analysis: Methods and Applications*, Cambridge University Press.

Cross, Rob and Andrew Parker, 2004, *The Hidden Power of Social Networks*, Harvard Business School Press.

【著者紹介】

金光　淳（かなみつ じゅん）　京都産業大学現代社会学部教授

岡山県生まれ。シカゴ大学大学院修士課程修了（M.A.），ピッツバーグ大学大学院博士課程修了。

専門はネットワーク科学，社会ネットワーク論，組織論，経営社会学，経済社会学，数理社会学。

〔主要著書〕

『ソーシャル・キャピタルと経営：企業と社会をつなぐネットワークの探究』（単編著）ミネルヴァ書房，2018 年

『ソーシャル・キャピタル「きずな」の科学とは何か』（稲葉陽二・大守隆・近藤克則・辻中豊・露口健司・山内直人・吉野諒三との共著）ミネルヴァ書房，2014 年

『リーディングス ネットワーク論：家族・コミュニティ・社会関係資本』（野沢慎司・立山徳子・大岡栄美との共訳）勁草書房，2006 年

『社会ネットワーク分析の基礎：社会的関係資本論にむけて』勁草書房，2003 年

「3密」から「3疎」への社会戦略
――ネットワーク分析で迫るリモートシフト

二〇二〇年一一月二〇日　初版第一刷発行

著　者――金光　淳
発行者――大江道雅
発行所――株式会社明石書店
〒一〇一-〇〇二一　東京都千代田区外神田六-九-五
電　話　〇三-五八一八-一一七一
ＦＡＸ　〇三-五八一八-一一七四
https://www.akashi.co.jp/
装　幀――明石書店デザイン室
印　刷――株式会社文化カラー印刷
製　本――協栄製本株式会社

ISBN 978-4-7503-5099-8